Die fünf Schlüssel zum Glück

Derek Walters

Die fünf Schlüssel zum Glück

Der taoistische Weg zu einem langen,
gesunden und erfolgreichen Leben

Aus dem Englischen von
Diane von Weltzien

Ansata

Der Ansata-Verlag ist ein Unternehmen
der Econ Ullstein List Verlag GmbH & Co. KG

ISBN 3-7787-7164-7

Originalausgabe
© 2000 by Derek Walters
© 2000 für die deutsche Ausgabe by
Econ Ullstein List Verlag GmbH & Co. KG, München
Alle Rechte sind vorbehalten. Printed in Austria.
Umschlaggestaltung: Ateet Frankl, unter Verwendung eines Motivs
der Neun-Drachen-Mauer in Peking
Gesetzt aus der Aldus und Benguiat
by Franzis print & media GmbH, München
Druck und Bindung: Wiener Verlag, Himberg

Inhalt

Danksagung

Es wird gemeinhin angenommen, dass sich Schriftsteller für ihre Arbeit an einen ruhigen Ort auf dem Lande zurückziehen und dort frühmorgens, noch bevor der Tau trocknet und inspiriert vom Gezwitscher der Vögel vor Tagesanbruch, in ihrem Garten Weises oder Unterhaltsames in eine antiquierte Schreibmaschine tippen. Zu diesem Zweck habe ich mir an der englischen Nordwestküste, zwischen dem Lake District auf der einen und den Yorkshire Dales auf der anderen Seite, ein Häuschen an einer für einzigartige Sonnenuntergänge prädestinierten Bucht gekauft.

Während ich an diesem Buch schrieb, gelang es mir jedoch leider immer seltener, diesen Ort wenigstens ab und zu für ein paar Stunden aufzusuchen. Die meiste Zeit war ich zwischen Manchester und Deutschland unterwegs, mit kurzen Zwischenaufenthalten in Frankreich, China, Russland und in der Schweiz. Dass das Buch überhaupt fertig wurde, ist allein meinem Freund Jim zu verdanken, der zu einem unerwarteten Besuch aus Spanien kam. Er sorgte dafür, dass ich während meiner kurzen Aufenthalte zu Hau-

7

se gut zu essen bekam und ungestört blieb, wenn ich meditierend vor meinem Computer saß. Während dieser kurzen Perioden, die sich als schöpferische Phasen erwiesen, wurden meine Koffer auf wundersame Weise aus- und neu gepackt und standen für meine nächste Reise bereit.

Besonders möchte ich mich für die wertvolle Hilfe und Unterstützung bedanken, die mir Professor Xu Zhentao vom Observatorium in Nanjing sowie mein Freund und Mentor Richard Tsui, Wahrsager des Wong-Tai-Sin-Tempels in Hongkong, zuteil werden ließen.

Anmerkung zur Übertragung chinesischer Schriftzeichen

Es wurden zahlreiche Methoden entwickelt, um chinesische Schriftzeichen in lateinische Buchstaben zu übertragen. In den letzten Jahren hat die chinesische Regierung ein in sich konsistentes Regelwerk namens Pinyin-Umschrift eingeführt. Im vorliegenden Buch kommt vor allem diese Pinyin-Umschrift zur Anwendung. Folglich erscheint der bekannte Ausdruck für den Fluss der Kraft oder des Atems als »Qi« und nicht wie in älteren Transkriptionen als Ch'i, Chi, Tschi oder sogar Ki. Gleiches gilt für den Begriff »Weg«, der als Dao statt wie früher als Tao wiedergegeben wird. Der »Alte Meister« Lao-tse oder Lao-tzu wird durch Laozi (6. Jahrhundert v. Chr.) ersetzt und Chuang-tzu durch Zhuangzi (369 bis 286 v. Chr.). Der latinisierte Name Konfuzius für K'ung-tzu oder Kungfutse (551 bis 479 v. Chr.) wurde jedoch beibehalten, da es nicht nur pedantisch, sondern unnötig verwirrend wäre, den Philosophen neu als »Meister K'ung« einzuführen.

Einführung:

Die Schlüssel des Dao zu den fünf Arten von Glück

Während meiner gut 40 Jahre und länger zurückliegenden Studentenzeit sah ich einen damals beliebten Spielfilm namens *Die Herberge zur sechsten Glückseligkeit* (1958) mit Ingrid Bergman und Curd Jürgens. Der Film, der im vorrevolutionären China spielt, löste mein Interesse für dieses ferne, fremde Land aus, das mich bis zum heutigen Tag fasziniert. Besonders an diesem bemerkenswerten Film war die Tatsache, dass er nicht in China, sondern in der hügeligen Umgebung eines abgelegenen Dorfes in Wales gedreht worden war. Eines Tages machte ich mich pflichtschuldig zu diesem Ort auf, um dort die Überreste des mittelalterlichen Dorfes, die in dem Film gezeigten Straßen und möglicherweise sogar die Herberge anzusehen. Doch die heute gängigen Marketingpraktiken waren damals noch nicht üblich, und niemand war auf die Idee gekommen, die Filmkulissen als Touristenattraktion zu erhalten. Sie dürfen nicht vergessen, dies ereignete sich einige Jahre vor dem weltweiten Siegeszug von McDonald's. Stattdessen erstreckte sich vor mir die beeindruckende Landschaft still und karg bis zum

Horizont, und es blieb mir selbst überlassen, dem auf Zelluloid gebannten Bild des alten China in meinem späteren Leben nachzugehen.

Die Herberge, nach der der Film benannt ist, war ein Heim für Waisenkinder, und ihr Name leitete sich aus dem chinesischen Glauben ab, dass es fünf Arten von Glück gibt: langes Leben, Reichtum, Frieden, Tugend und ein ehrenvolles Lebensende – allesamt Dinge, die diese elternlosen Kinder niemals erlangen würden, es sei denn, sie hätten das Glück, ihrem Schicksal entfliehen zu können. So erklärt sich das schwer fassbare »sechste Glück« im Filmtitel.

Doch wir, die dieses sechsten Glücks nicht bedürfen, können uns bereits glücklich schätzen, wenn wir die übrigen fünf Arten erlangt haben: ein langes und tugendhaftes Leben frei von Streitigkeiten zu führen, das nicht nur spirituellen, sondern auch materiellen Lohn einbringt, und diese Welt selig verlassen, nachdem wir uns durch unsere Verdienste Achtung erworben haben. Und in der Tat sagen uns die klassischen chinesischen Texte, dass wahres Glück darin liegt, um das eigene Glück zu wissen.

Den Weg, auf dem dieses wahre Glück zu erreichen ist, nennen die Chinesen *Dao*, was schlicht »der Weg« bedeutet. Eigentlich bezeichnet Dao nichts anderes als die Art und Weise, ein gesittetes Leben zu führen. Als philosophisches System lässt sich der Daoismus auf die Schriften so berühmter Philosophen wie Laozi und Konfuzius zurückführen. Er gab Regeln und Anweisungen für das persönliche Verhalten, familiäre wie geschäftliche Angelegenheiten und sogar für Regierung und Staatsführung vor. Im Laufe der Zeit fanden andere Begriffe und Vorstellungen wie etwa schamanistische Rituale und lokale Mythen Eingang in den Daoismus, und bis zum 1. Jahrhundert v. Chr. hatte er schließlich den Status einer Religion erlangt. Zu diesem

Zeitpunkt meinten die »neuen Daoisten« fälschlicherweise, die Philosophen hätten mit »Unsterblichkeit« die Verlängerung des Lebens der Menschen gemeint und begannen mit der Suche nach einem entsprechenden Elixier. Doch die Zutaten für das Elixier waren ausnahmslos rar und teuer – Perlen, Zinnober (darauf werden wir noch zurückkommen), seltene Pflanzen und tierische Bestandteile. Um ihre kostspieligen pharmazeutischen Forschungen finanzieren zu können, verbanden sie sie mit der Suche nach dem »Stein der Weisen«, mit dessen Hilfe sie hofften, Grundstoffe in Gold verwandeln zu können. Es ist kaum bekannt, dass die daoistischen Magier und Experimentatoren am Hof von Kaiser Wudi (er regierte von 140 bis 87 v. Chr.) den Alchemisten Europas um etwa 1500 Jahre zuvorkamen.

Die Unsterblichkeitspillen

Einer der wertvollsten Bestandteile des *elixir vitae* war Zinnober (Cinnabarit, HgS). Dieses Erz mit hohem Quecksilberanteil (86 Prozent) spielt eine entscheidende Rolle bei der Verfeinerung von Gold und lieferte als Zinnoberrot außerdem das tiefrote Pigment für die Tinte des kaiserlichen Siegels. In einem 2000 Jahre alten Grab fand man neben anderen Gegenständen etwa ein Dutzend dieser »Unsterblichkeitspillen«, die kürzlich in einem Museum in Nanjing ausgestellt wurden. Doch ist es nicht ratsam, sie auf ihre Wirksamkeit hin zu überprüfen, da Zinnober beziehungsweise Quecksilbersulfid äußerst giftig ist.

Es heißt, der Prinz von Huainan, Autor eines der wichtigsten Bücher über chinesische Astrologie und verwandte Themen, habe ein solches Elixier hergestellt. Nachdem er ein paar Tropfen getrunken habe, sei er sofort gen Himmel aufgestiegen. Als er so in die Lüfte hinaufsegelte, sei ihm der Becher aus der Hand gefallen und sein Hund, der die Reste aufgeleckt habe, sei seinem Herrn unmittelbar in den Himmel gefolgt, wo sie ihre Plätze am Firmament einnahmen.

Wahrscheinlicher ist jedoch, dass der Prinz, gleich nachdem er von der giftigen Flüssigkeit gekostet hatte, tot zu Boden fiel. Seine Diener wagten es nicht, dem Kaiser mitzuteilen, dass sein Lieblingsneffe gestorben war, und ließen die Leiche verschwinden. Da der treue Hund die traurige Wahrheit hätte ans Licht bringen können, musste er ebenfalls beiseite geschafft werden. Nachdem die Beweismittel aus dem Weg geräumt waren, konnten die Höflinge die Geschichte von der Apotheose des Prinzen verbreiten, von der sie wussten, dass sie dem Kaiser gefallen würde. Natürlich ist diese Erklärung nur eine Mutmaßung, und möglicherweise hat ja der Prinz von Huainan tatsächlich das Geheimnis der Unsterblichkeit entdeckt. In gewissem Sinne ist ihm dies auch gelungen, denn sein Name und seine Schriften sind bis in unsere Zeit überliefert.

Dao und Glück

Die Unsterblichkeit, von der die Begründer des Daoismus sprachen, war eine spirituelle. Laozi befasste sich nicht mit chemischen Stoffen oder wundersamen Kräutern, und Konfuzius war nicht interessiert an Geistern, Göttern und dem Übernatürlichen. Stattdessen interessierte sich Laozi mehr dafür, wie innerer spiritueller Frieden und große Harmonie mit dem Universum zu erreichen sein könnte. Der Weg zu diesem Ziel führte über die Einfachheit:

- Offenheit bekunden,
- Einfachheit annehmen,
- Egoismus reduzieren,
- wenige Wünsche haben.

Laozis Worte mögen für die weniger weltlich Gesinnten geeignet sein. Doch ist es eine Sache, in einem idyllischen Paradies zu leben, und eine andere, mit dem Leben im 21. Jahrhundert fertig zu werden. Während Laozis Wörter ein idealisiertes Bild zeichnen, ist Konfuzius eher praktisch orientiert. Er war vertraut mit dem Leben bei Hofe und dem von Regierungsbeamten, das sehr viel komplexer als das des einfachen Landbewohners war. Könige, Fürsten und Staatsminister mussten sich mit Hungersnöten, Naturkatastrophen, Seuchen, Kriegen, dem Handel und dem Bau von Straßen sowie Kanälen auseinander setzen. Doch eine gute Regierung sollte dennoch möglichst frei von Belastungen und Sorgen sein.

Konfuzius beschrieb die drei wichtigen Attribute des Dao folgendermaßen:

- Tugend vertreibt die Sorgen,
- Weisheit vertreibt Erstaunen,
- Kühnheit vertreibt Angst.

Für das innere Glück ist also ein reines Gewissen, eine einwandfreie Erziehung und die Entschlossenheit zum Erfolg erforderlich.

Voraussetzungen für das Glück

Auch wenn wir unser Leben nach den Grundsätzen der großen Philosophen ausrichten, gibt es viele Faktoren, über die wir keinerlei Kontrolle haben. Zum Beispiel können wir nicht darüber bestimmen, wann und wo wir geboren werden. Doch gibt es viele andere Gelegenheiten in unserem Leben, zu denen wir über Zeit und Ort entscheiden können. Die Chinesen glauben, dass die Faktoren Zeit und Ort, die Mandate von Himmel und Erde, ebenfalls Einfluss auf unser Glück nehmen. Einfach ausgedrückt: Welchen Sinn hat es, an einem Tag zum Markt zu gehen, an dem dieser nicht stattfindet? Oder zwar am richtigen Tag aufzubrechen, doch am falschen Ort anzulangen? Für den Chinesen ist es auch heute noch entscheidend, für jede Art von Aktivität die Bedeutung von Zeit und Ort zu berücksichtigen. Sei es eine große Hochzeit oder nur die informelle Begegnung zweier Menschen beim Teetrinken, der Erfolg des Unternehmens wird unweigerlich durch Kalender und Lageplan mitbestimmt.

Die Beachtung von Zeit und Ort mag von europäischen Zynikern als Astrologie abgetan werden. Doch der Begriff »Astrologie« bedeutet für den Europäer, dass der Mensch durch die Gestirne beeinflusst wird. Für den Chinesen hingegen ist es nicht der Einfluss durch Himmelskörper, der das Ergebnis eines Unternehmens bestimmt, sondern die Tatsache, dass sie bestimmte Zeitabschnitte kennzeichnen.

Einer der beliebtesten Komiker Englands war der inzwischen verstorbene Eric Morecambe. Er war berühmt dafür, seine Sprüche immer im richtigen Augenblick anzubringen. Als ein Journalist vermutete, sein Erfolg sei auf diese Fähigkeit zurückzuführen, entgegnete Morecambe: »Im ganzen

Leben geht es um nichts anderes als um die Wahl des richtigen Augenblicks.« Dies war ein Ausspruch ganz im Sinne der alten chinesischen Philosophen.

Erstes Kapitel:
Das Glück der Tugend

Was Konfuzius rät

*Ein tugendsames Leben ist der
erste Schlüssel zum Glück.
Ohne Tugend schaffen Gesundheit und Wohlstand
nur Besorgnis, Bitterkeit und Strafe.*

Die Überlieferungen des Konfuzius haben bis zum heutigen Tag großen Einfluss auf die chinesische Gesellschaft. Bei den *Lunyu* oder »Gesprächen« handelt es sich um von seinen Schülern übermittelte Analekten, die zu einem Klassiker der chinesischen Literatur geworden sind. Obgleich Konfuzius sich als Autor mehrerer Bücher hervorgetan hat, ist er insbesondere für diese Lehrgespräche und Weisheiten berühmt, die er gar nicht selbst geschrieben hat. Die *Lunyu* sind weitgehend eine Sammlung von markigen Kommentaren, die der Philosoph im Verlauf von Gesprächen zu Erziehung, gutem Benehmen und Wohlverhalten gab. Ihr Ziel ist es, die Eigenschaften des »Edlen« sichtbar zu machen, die Eigenschaften einer Person, die tugendhaft und aufrichtig ist und der man in ihrem Verhalten nichts vorwerfen kann. In den konfuzianischen Dialogen wird immer wieder hervorgehoben, dass Güte und Glück jedermann unabhängig von Rang und sozialer Position offen stehen, denn ein »Edler« zu sein, hat nichts mit der Stellung in der Gesellschaft zu tun. In einem Gespräch mit Konfuzius möchte Dsï Gung, einer seiner besten Kommentatoren, wissen, wodurch sich ein Gebildeter auszeichnet. Konfuzius antwortet: »Wer in seinem persönlichen Benehmen Ehrgefühl hat und wer, entsandt in die vier Himmelsrichtungen, dem Auftrag seines Fürsten keine Schande macht, den kann man einen Gebildeten nennen. Wen seine Verwandten gehorsam nennen und wen seine Landsleute brüderlich nennen. Wer sein Wort unter allen Umständen hält, wer seine Arbeiten unter allen Umständen fertig macht; solche Leute mögen hartköpfige Pedanten sein, dennoch stehen sie vielleicht auf der nächsten Stufe.« (*Lunyu* XIII, 20)

Es ist offensichtlich, dass die »Gespräche« von mehreren Personen zusammengestellt wurden. Ein Blick auf die nachfolgende Auswahl macht den Unterschied zwischen den frühen und den späteren Beispielen sichtbar. Während die ersten Analekten knapp gehalten sind und Sprichwörtern ähneln, weisen die späteren einen eher erzählenden Stil auf. Die bekanntere Form der Lehrgespräche ist jene, die mit den Worten »Der Meister sprach« eingeleitet wird. Einige der späteren Analekten schweifen ab, sind mit Details und Erklärungen überfrachtet. Doch die meisten von ihnen sind kurz und prägnant.

Alles in allem sind die Analekten in 20 Schriftrollen oder Büchern gesammelt, aufgeteilt in Kapitel unterschiedlicher Länge. Da es sich bei den »Gesprächen« um eine Sammlung verschiedener Autoren handelt, werden einige der bekannteren Aussprüche gelegentlich wiederholt. Im XIX. Buch kommt Konfuzius selbst kaum zur Sprache, sondern die Worte und Taten mehrerer seiner Anhänger. Gelegentlich bilden Passagen, die keinen Bezug zum übrigen Text zu haben scheinen, den Abschluss einiger Kapitel. Das XVIII.

Buch zum Beispiel endet mit einer Auflistung von vier Zwillingspaaren, während das XX. Buch mit einer unbestimmten Bezugnahme auf legendäre chinesische Kaiser beginnt.

Neben den sprichwortähnlichen Weisheiten gibt es lange beschreibende Abschnitte, in denen Konfuzius beschrieben wird, seine Kleidung, seine Art zu gehen, sein Auftreten und sogar sein Musikgeschmack. Mehrere Absätze schildern Ereignisse aus seinem Leben. Beispielsweise erfahren wir, dass es Zeiten gab, in denen Konfuzius und seine Anhänger sich in den Palästen der Könige aufhielten, und andere, in denen ihnen fast der Hungertod drohte. Solche Passagen sind in diesem Buch nicht enthalten. Sie setzen uns zwar detailliert über die Eigenarten des Weisen in Kenntnis, können uns jedoch nicht als Modell für unser eigenes Verhalten dienen. Zwar sind sie für den Biographen oder Historiker von großem Interesse, doch tragen sie nichts dazu bei, den Weg zu den fünf Arten von Glück zu weisen. Da es jedoch ein Jammer wäre, auf die folgende Anekdote verzichten zu müssen, gebe ich sie hier wieder:

Konfuzius und vier seiner Schüler – Zilu, Yenyu, Gongxi Hua und Cangxi – führten ein ungezwungenes Gespräch miteinander. Beiläufig fragte der Meister sie, was sie täten, wenn der König sie auserwähle und ihnen eine Position bei Hofe anböte. Ungestüm antwortete Zilu, er würde gerne für ein vom Hunger heimgesuchtes und vom Krieg verwüstetes Land zuständig sein. In drei Jahren, so brüstete er sich, würde er es zur früheren Herrlichkeit zurückführen. Konfuzius lächelte und wandte sich dem zweiten Schüler zu.

Yenyu zeigte sich bescheidener in seinem Ehrgeiz und erklärte, er zöge es vor, einen kleinen Staat zu regieren, den er innerhalb von drei Jahren zum Wohlstand führen wolle. Er wolle sich jedoch nicht um Riten und Zeremonien kümmern, sondern auf einen Berufeneren warten, der sich mit diesem Aspekt beschäftigen solle.

Damit kam er den Vorstellungen des nächsten Schülers, Gongxi Hua, nahe. Dieser antwortete, statt einen Staat zu regieren, zöge er es vor, in den Tempeln der Vorfahren zu dienen.

Schließlich wandte sich Konfuzius dem vierten Schüler, dem jungen Cangxi, zu, der inzwischen verträumt auf seiner Laute geklimpert hatte. Er legte seine Laute nieder, und während die Saiten noch klangen, sagte er: »Mein Wunsch gleicht nicht jenen dieser lobenswerten Herren. Stattdessen würde ich mich nach der neuesten Mode kleiden, ein paar Freunde um mich versammeln, im Fluss schwimmen und dann tanzend und singend nach Hause gehen.«

Konfuzius schüttelte den Kopf, seufzte und sagte: »Das würde ich auch tun.«

Die »Gespräche« lesen

Die nachfolgende Sammlung von 100 Weisheiten soll nicht in einem Stück gelesen werden. Stattdessen kann man in ihr stöbern, sich mit einem der Aussprüche näher befassen oder nach dem Zufallsprinzip einen als »Begleiter für einen Tag« auswählen. Zitiert werden Abschnitte aus allen 20 Büchern, auch aus dem XIX. Buch, das nur indirekt Bezug auf Konfuzius nimmt. Obgleich sie fast alle aufgrund ihrer Relevanz für das moderne Berufs- und Privatleben ausgewählt wurden, befinden sich ein oder zwei darunter, die ihre Aufnahme ihrem, vom historischen Standpunkt betrachtet, interessanten Gehalt verdanken.

Viele der Ratschläge für den Arbeitsplatz sind heute ebenso zutreffend wie vor 2000 Jahren. Personen in leitenden Positionen finden hier vernünftige Regeln für das Abwickeln von Geschäften und den Umgang mit Mitarbeitern, deren Wahrheit für sich selbst spricht. Wird solchen weisen Richtlinien auch Folge geleistet? Angefangen beim höhnischen Chef bis hin zum Bürospitzel, beim wetterwendischen Opportunisten bis hin zum einfältigen Portier, der sich an die Geburtstage aller erinnert, Konfuzius kannte sie alle, wusste um ihre Ziele, ihren Charakter, ihre Schwächen und guten Eigenschaften.

In der folgenden Tabelle sind die meisten der 100 Weisheiten des Konfuzius nach Themen geordnet:

Für Manager:	10, 20, 26, 34, 38, 42, 44, 51, 52, 58, 60, 63, 65, 67, 68, 73, 77, 80, 94, 99
Über das Regieren:	6, 39, 61, 66, 67, 73, 77, 82
Über das persönliche Verhalten:	4, 5, 9, 14, 20, 30, 33, 35, 36, 38, 40, 46, 48, 50, 52, 53, 57, 58, 59, 60, 64, 65, 77, 78, 81, 83, 85, 87, 89, 92
Über das Bewerten eines Charakters:	3, 7, 25, 47, 70, 74, 84, 88, 90, 91, 93, 95
Für jene, die lernen:	1, 8, 11, 12, 40, 43, 65
Für jene, die eine bessere Stellung suchen:	28
Ratschläge für Vorstellungsgespräche:	12, 13, 49, 86
Über die Führung eines Haushalts:	18, 23, 99
Für jene, die umziehen:	21

Bedienen Sie sich der folgenden Tabelle, um nach dem Zufallsprinzip aus den 100 Weisheiten des Konfuzius diejenige auszuwählen, mit der Sie sich beschäftigen wollen (z. B. indem Sie bei geschlossenen Augen mit dem Finger auf irgendein Zahlenfeld tippen):

1	97	64	96	66	59	68	94	22	57
19	2	79	41	95	14	23	58	36	93
78	63	3	65	24	42	35	56	69	92
77	18	25	4	34	67	13	43	91	37
26	81	80	62	5	55	70	98	90	44
38	82	17	33	54	6	99	12	27	89
76	45	75	53	74	61	7	28	71	88
83	39	32	16	47	29	73	8	11	50
84	52	46	30	60	100	48	72	9	20
51	31	40	85	15	86	87	21	49	10

100 konfuzianische Weisheiten[1]

1. Der Meister sprach: »Lernen und fortwährend üben: Ist das denn nicht auch befriedigend? Freunde haben, die aus fernen Gegenden kommen: Ist das nicht auch fröhlich?« (I, 1)

2. [Der Meister]: »Wenn die Menschen einen nicht erkennen, doch nicht murren: Ist das nicht auch edel?« (I, 1)

---

[1] Die folgenden 100 Weisheiten sind zitiert aus: Kungfutse, Gespräche – Lun Yü, Diederichs, teilweise in gekürzter Fassung.

3. Der Meister sprach: »Glatte Worte und einschmeichelnde Mienen sind selten vereint mit Sittlichkeit.« (I, 3)

4. Der Meister sprach: »Habe keinen Freund, der dir nicht
gleich ist.« (IX, 24)

5. Der Meister sprach: »Hast du Fehler, scheue dich nicht,
sie zu verbessern.« (I, 8 oder IX, 24)

6. Der Meister sprach: »Wenn man durch Erlasse leitet und
durch Strafen ordnet, so weicht das Volk aus und hat
kein Gewissen. Wenn man durch Kraft des Wesens leitet und durch Sitte ordnet, so hat das Volk Gewissen und
erreicht (das Gute).« (II, 3)

7. Der Meister sprach: »Sieh, was einer wirkt, schau wovon
er bestimmt wird, forsche, wo er Befriedigung findet:
wie kann ein Mensch da entwischen?« (II, 10)

8. Der Meister sprach: »Das Alte üben und das Neue kennen: dann kann man als Lehrer gelten.« (II, 11)

9. Dsï Gung fragte nach dem (Wesen des) Edlen. Der Meister sprach: »Erst handeln und dann mit seinen Worten
sich danach richten.« (II, 13)

10. Der Meister sprach: »Der Edle ist vollkommen und nicht
engherzig. Der Gemeine ist engherzig und nicht vollkommen.« (II, 14)

11. Der Meister sprach: »Lernen und nicht denken ist nich-
tig.« (II, 15)

12. Der Meister sprach: »Was man weiß, als Wissen gelten
lassen, was man nicht weiß, als Nichtwissen gelten lassen: das ist Wissen.« (II, 17)

13. Der Meister sprach: »Viel hören, das Zweifelhafte beiseite lassen, vorsichtig das Übrige aussprechen, so macht
man wenig Fehler.« (II, 18)

14. Der Meister sprach: »Viel sehen, das Gefährliche beiseite lassen, vorsichtig das Übrige tun, so hat man wenig
zu bereuen.« (II, 18)

15. Fürst Ai fragte und sprach: »Was ist zu tun, damit das Volk fügsam wird?« Meister Kung entgegnete und sprach: »Die Geraden erheben, dass sie auf die Verdrehten drücken: so fügt sich das Volk.« (II, 19)

16. Der Meister sprach: »Ein Mensch ohne Glauben: ich weiß nicht, was mit einem solchen zu machen ist. Ein großer Wagen ohne Joch, ein kleiner Wagen ohne Kummet, wie kann man den voranbringen?« (II, 22)

17. Der Meister sprach: »Die Pflicht sehen und nicht tun, ist Mangel an Mut.« (II, 24)

18. Lin Fang fragte nach der Wurzel der Formen. Der Meister sprach: »Bei den Formen des Verkehrs ist wertvoller als Prunk die Einfachheit. Bei Trauerfällen ist wertvoller als Leichtigkeit die Trauer.« (III, 4)

19. Der Meister sprach: »Wer gegen den Himmel sündigt, hat niemand, zu dem er beten kann.« (III, 13)

20. Der Meister sprach: »Über Taten, die geschehen sind, ist es umsonst, zu sprechen. Bei Taten, die ihren Lauf genommen haben, ist es umsonst, zu mahnen; wollen wir, was vorüber ist, nicht tadeln.« (III, 21)

21. Der Meister sprach: »Gute Menschen machen die Schönheit eines Platzes aus. Wer die Wahl hat und nicht unter guten Menschen wohnen bleibt, wie kann der wirklich weise (genannt) werden?« (IV, 1)

22. Der Meister sprach: »Der Sittliche findet in der Sittlichkeit Frieden, der Weise achtet die Sittlichkeit für Gewinn.« (IV, 2)

23. Der Meister sprach: »Reichtum und Ehre sind es, was die Menschen wünschen; aber wenn sie einem unverdient zuteil werden, so soll man sie nicht festhalten.« (IV, 5)

24. Der Meister sprach: »Wer das Sittliche liebt, dem geht nichts darüber.« (IV, 6)

25. Der Meister sprach: »Der Gebildete richtet sein Streben

auf die Wahrheit; wenn einer aber sich schlechter Kleider und schlechter Nahrung schämt, der ist noch nicht reif, um mitzureden.« (IV, 9)

26. Der Meister sprach: »Der Edle hat für nichts auf der Welt eine unbedingte Voreingenommenheit oder eine unbedingte Abneigung. Das Rechte allein ist es, auf dessen Seite er steht.« (IV, 10)

27. Der Meister sprach: »Der Edle liebt den inneren Wert, der Gemeine liebt das Irdische.« (IV, 11)

28. Der Meister sprach: »Nicht das soll einen bekümmern, dass man kein Amt hat, sondern das muss einen bekümmern, dass man dafür tauglich werde.« (IV, 14)

29. Der Meister sprach: »Nicht wahr, Schen, meine ganze Lehre ist in Einem befasst.« (IV, 15) (*Diese Aussage wird für die tief greifendste der Analekten gehalten.*)

30. Der Meister sprach: »Wenn du einen Würdigen siehst, so denke darauf, ihm gleich zu werden. Wenn du einen Unwürdigen siehst, so prüfe dich selbst in deinem Innern.« (IV, 17)

31. Der Meister sprach: »Die durch Beschränkung verloren haben, sind selten.« (IV, 23)

32. Der Meister sprach: »Innerer Wert bleibt nicht verlassen; er findet sicher Nachbarschaft.« (IV, 25)

33. Dsï Yu sprach: »Zwischen Freunden führen lästige Vorwürfe zu Entfremdung.« (IV, 26)

34. Der Meister sprach: »Faules Holz kann man nicht schnitzen.« (V, 9)

35. Der Meister sprach: »Glatte Worte, einschmeichelnde Mienen, übertriebene Höflichkeit – solcher Dinge schämte sich Dso Kiu Ming, ich schäme mich ihrer auch. Seinen Ärger verhehlen und mit seinem Feinde freundlich tun – dessen schämte sich Dso Kiu Ming, ich schäme mich dessen auch.« (V, 24)

36. Der Meister sprach: »Den Alten möchte ich Frieden geben, mit Freunden möchte ich in Treuen verkehren, die Kleinen möchte ich herzen.« (V, 25)

37. Der Meister sprach: »Bei wem der Gehalt die Form überwiegt, der ist ungeschlacht, bei wem die Form den Gehalt überwiegt, der ist ein Schreiber. Bei wem Form und Gehalt im Gleichgewicht sind, der erst ist ein Edler.« (VI, 16)

38. Er sprach: »Der Sittliche setzt die Schwierigkeit voran und den Lohn hintan: das mag man Sittlichkeit nennen.« (VI, 20)

39. Der Meister sprach: »Eine Eckenschale ohne Ecken: was ist das für eine Eckenschale, was ist das für eine Eckenschale!« (VI, 23)

40. Dsai Wo fragte und sprach: »Wenn ein sittlich-guter Mensch auch nur sagen hörte, es sei ein sittlicher Mensch im Brunnen, so würde er wohl sofort nachspringen.« Der Meister sprach: »Wozu denn das? Ein Edler würde hingehen, aber nicht hineinspringen. Man kann ihn belügen, aber nicht zum Narren haben.« (VI, 24)

41. Der Meister sprach: »Dass Gelerntes nicht besprochen wird: das sind Dinge, die mir Schmerz machen.« (VII, 3)

42. Der Meister sprach: »Wenn einer mit der bloßen Faust einem Tiger zu Leibe rückt, über den Fluss setzt ohne Boot und den Tod sucht ohne Besinnung: einen solchen würde ich nicht mit mir nehmen, sondern es müsste einer sein, der, wenn er eine Sache unternimmt, besorgt ist, der gerne überlegt und etwas zustande bringt.« (VII, 10)

43. Der Meister sprach: »Wenn der Reichtum (vernünftigerweise) erjagt werden könnte, so würde ich es auch tun, und sollte ich mit der Peitsche in der Hand dienen; da man ihn aber nicht erjagen kann, so folge ich meinen Neigungen.« (VII, 11)

44. Der Meister sprach: »Gewöhnliche Speise zur Nahrung, Wasser als Trank und den gebogenen Arm als Kissen: auch dabei kann man fröhlich sein; aber ungerechter Reichtum und Ehren dazu sind für mich nur flüchtige Wolken.« (VII, 15)

45. Der Meister sprach: »Wenn mir noch einige Jahre vergönnt wären, dass ich das Buch des Wandels (*Yijing*) fertig studieren könnte.« (VII, 16)

46. Der Meister sprach niemals über Zauberkräfte und widernatürliche Dämonen. (VII, 20)

47. Der Meister sprach: »Wenn ich selbdritt gehe, so habe ich sicher einen Lehrer. Ich suche ihr Gutes heraus und folge ihm, ihr Nichtgutes und verbessere es.« (VII, 21)

48. Der Meister lehrte vier Gegenstände: die Kunst, den Wandel, die Gewissenhaftigkeit, die Treue. (VII, 24)

49. Der Meister sprach: »Ehrerbietung ohne Form wird Kriecherei, Vorsicht ohne Form wird Furchtsamkeit, Mut ohne Form wird Auflehnung, Aufrichtigkeit ohne Form wird Grobheit.« (VIII, 2)

50. Meister Dsong redete und sprach also: »Drei Grundsätze sind, die ein Fürst hochhalten muss: In seinem Benehmen und allen Bewegungen halte er sich fern von Rohheit und Nachlässigkeit, er ordne seinen Gesichtsausdruck, dass er Vertrauen einflößt, er bemüht sich, bei allen seinen Reden sich fernzuhalten von Gemeinheit und Unschicklichkeit.« (VIII, 4)

51. Der Meister sprach: »Das Volk kann man dazu bringen, (dem Rechten) zu folgen, aber man kann es nicht dazu bringen, es zu verstehen.« (VIII, 9)

52. Der Meister sprach: »Wer nicht das Amt dazu hat, der kümmere sich nicht um die Regierung.« (VIII, 14 oder XIV, 27)

53. Der Meister war frei von vier Dingen: Er hatte keine

Meinungen, keine Voreingenommenheit, keinen Starr-sinn, keine Selbstsucht. (IX, 4)

54. Der Meister sprach: »Einem Heer von drei Armeen kann man seinen Führer nehmen; dem geringsten Mann aus dem Volk kann man nicht seinen Willen nehmen.« (IX, 25)

55. Der Meister sprach: »Der keinem schadet, nichts begehrt, wie tät' er nicht, was gut und recht?« (IX, 26)

56. Der Meister sprach: »Weisheit macht frei von Zweifeln, Sittlichkeit macht frei von Leid, Entschlossenheit macht frei von Furcht.« (IX, 28)

57. Der Meister sprach: »Was nicht dem Gesetz der Schön-heit entspricht, darauf schaue nicht; was nicht dem Schönheitsideal entspricht, darauf höre nicht; was nicht dem Gesetz der Schönheit entspricht, davon rede nicht; was nicht dem Schönheitsideal entspricht, das tue nicht.« (XII, 1)

58. Dschung Gung fragte nach (dem Wesen) der Sittlichkeit. Der Meister sprach: »Trittst du zur Tür hinaus, so sei wie beim Empfang eines geehrten Gastes. Was du selbst nicht wünschest, das tue nicht den Menschen an.« (XII, 2)

59. Der Meister sprach: »Wenn einer sich innerlich prüft, und kein Übles da ist, was sollte er da traurig sein, was sollte er fürchten?« (XII, 4)

60. Dsï Dschang fragte nach (dem Wesen) der Klarheit. Der Meister sprach: »Auf wen langsam durchsickernde Ver-leumdungen und durch die Haut dringende Klagen nicht wirken, den kann man als klar bezeichnen.« (XII, 6)

61. Dsï Gung fragte nach (der rechten Art) der Regierung. Der Meister sprach: »Für genügende Nahrung, für genügende Wehrmacht und für das Vertrauen des Volkes (zu seinem Herrscher) sorgen.« Dsï Gung sprach: »Wenn man aber keine Wahl hätte, als etwas davon auf-

zugeben: auf welches von den drei Dingen könnte man am ehesten verzichten?« (Der Meister) sprach: »Auf die Wehrmacht.« (XII, 7)

62. Der Fürst Ging von Tsi fragte den Meister Kung über die Regierung. Meister Kung sprach: »Der Fürst sei Fürst, der Diener sei Diener; der Vater sei Vater, der Sohn sei Sohn.« (XII, 11)

63. Der Meister sprach: »Das Wesen des Herrschers ist der Wind, das Wesen der Geringen ist das Gras. Das Gras, wenn der Wind darüber hinfährt, muss sich beugen.« (XII, 19)

64. Fan Tschï fragte nach (dem Wesen) der Sittlichkeit (Menschlichkeit). Der Meister sprach: »Menschenliebe.« Er fragte nach (dem Wesen) der Weisheit. Der Meister sprach: »Menschenkenntnis.« (XII, 22)

65. Der Meister sprach: »Wenn die Begriffe nicht richtig sind, so stimmen die Worte nicht; stimmen die Worte nicht, so kommen die Werke nicht zustande.« (XIII, 3)

66. Der Meister sprach: »Wenn ein König käme, so wäre nach einem Menschenalter die Sittlichkeit erreicht.« (XIII, 12)

67. Der Fürst von Schê fragte nach dem Wesen der Regierung. Der Meister sprach: »Wenn die Nahen erfreut werden und die Fernen herankommen.« (XIII, 16)

68. Der Meister sprach: »Man darf keine raschen (Erfolge) wünschen und darf nicht auf kleine Vorteile sehen. Wenn man rasche Erfolge wünscht, so (erreicht man) nichts Gründliches; wenn man auf kleine Vorteile aus ist, so bringt man kein großes Werk zustande.« (XIII, 17)

69. (Im Buch der Wandlungen steht:) »Wer nicht beständig macht seinen Geist, der wird Beschämung empfangen.« (XIII, 22)

70. Dsï Gung fragte und sprach: »Wen seine Landsleute lieben, wie ist der?« Der Meister sprach: »Das sagt noch

nichts.« »Wen seine Landsleute alle hassen, wie ist der?«
Der Meister sprach: »Auch das sagt noch nichts. Besser
ist's, wenn einen die Guten unter den Landsleuten lieben und die Nichtguten hassen.« (XIII, 24)

71. Der Meister sprach: »Der Edle ist leicht zu bedienen,
aber schwer zu erfreuen.« (XIII, 25)

72. Der Meister sprach: »Feste Entschlossenheit, verbunden
mit einfacher Wortkargheit, steht der Sittlichkeit nahe.«
(XIII, 27)

73. Hiën fragte, (was) Schande (sei). Der Meister sprach: »Ist
ein Land auf rechter Bahn, (so habe man sein) Einkommen. Ist ein Land nicht auf rechter Bahn, (und man
genießt dennoch ein amtliches) Einkommen: das ist
Schande.« (XIV, 1)

74. Der Meister sprach: »Der Sittliche hat sicher auch Mut,
aber der Mutige hat noch nicht notwendig Sittlichkeit.«
(XIV, 5)

75. Der Meister sprach: »Der Edle ist erfahren in hohen
(Dingen), der Gemeine ist erfahren in niedrigen (Dingen).« (XIV, 24)

76. Es sprach jemand: »Durch Güte Unrecht zu vergelten,
wie ist das?« Der Meister sprach: »Womit soll man dann
Güte vergelten? Durch Geradheit vergelte man Unrecht,
durch Güte vergelte man Güte.« (XIV, 36)

77. Der Meister sprach: »Wer nicht das Ferne bedenkt, dem
ist Betrübnis nahe.« (XV, 11)

78. Der Meister sprach: »Der Edle stellt Anforderungen an
sich selbst, der Gemeine stellt Anforderungen an die
(andern) Menschen.« (XV, 20)

79. Dsï Gung fragte und sprach: »Gibt es Ein Wort, nach
dem man das ganze Leben hindurch handeln kann?« Der
Meister sprach: »Die Nächstenliebe. Was du selbst nicht
wünschest, tu nicht an andern.« (XV, 23)

80. Der Meister sprach: »Ist man im Kleinen nicht nachsichtig, so stört man große Pläne.« (XV, 26)

81. Der Meister sprach: »Der Edle ist beharrlich, aber nicht hartnäckig.« (XV, 36)

82. Der Meister sprach: »Beim Lehren gibt es keine Standesunterschiede.« (XV, 38)

83. Der Meister sprach: »Wenn man in den Grundsätzen nicht übereinstimmt, kann man einander keine Ratschläge geben.« (XV, 39)

84. Meister Kung sprach: »Es gibt dreierlei Freunde, die von Nutzen sind, und dreierlei Freunde, die vom Übel sind. Freundschaft mit Aufrichtigen, Freundschaft mit Beständigen, Freundschaft mit Erfahrenen ist von Nutzen. Freundschaft mit Speichelleckern, Freundschaft mit Duckmäusern, Freundschaft mit Schwätzern ist vom Übel.« (XVI, 4)

85. Meister Kung sprach: »Es gibt dreierlei Freuden, die von Nutzen sind, und dreierlei Freuden, die vom Übel sind: Freude an der Selbstbeherrschung durch Kultur und Kunst, Freude am Reden über andrer Tüchtigkeit, Freude an vielen würdigen Freunden: das ist von Nutzen. Freude an Luxus, Freude am Umherstreichen, Freude an Schwelgerei: das ist vom Übel.« (XVI, 5)

86. Meister Kung sprach: »Im Zusammensein mit einem (älteren) Herren gibt es drei Vergehen: wenn er das Wort noch nicht an einen gerichtet hat, zu reden: das ist vorlaut; wenn er das Wort an einen gerichtet hat, nicht zu reden: das ist versteckt; ehe man seine Miene beobachtet hat, zu reden: das ist blind.« (XVI, 6)

87. Meister Kung sprach: »Der Edle hütet sich vor dreierlei. In der Jugend, wenn die Lebenskräfte noch nicht gefestigt sind, hütet er sich vor der Sinnlichkeit. Wenn er das Mannesalter erreicht, wo die Lebenskräfte in vol-

ler Stärke sind, hütet er sich vor der Streitsucht. Wenn er das Greisenalter erreicht, wo die Lebenskräfte schwinden, hütet er sich vor dem Geiz.« (XVI, 7)

88. Meister Kung sprach: »Bei der Geburt schon Wissen zu haben, das ist die höchste Stufe. Durch Lernen Wissen zu erwerben, das ist die nächste Stufe. Schwierigkeiten haben und doch zu lernen, das ist die übernächste Stufe. Schwierigkeiten haben und nicht lernen: das ist die unterste Stufe des gemeinen Volks.« (XVI, 9)

89. Meister Kung sprach: »Der Edle hat neun Dinge, worauf er denkt: beim Sehen denkt er auf Klarheit, beim Hören denkt er auf Deutlichkeit, in seinen Mienen denkt er auf Milde, in seinem Benehmen denkt er auf Würde, in seinen Worten denkt er auf Wahrheit, in seinen Geschäften denkt er auf Gewissenhaftigkeit, in seinen Zweifeln denkt er an das Fragen, im Zorn denkt er an die Schwierigkeit (der Folgen), angesichts des Empfangens denkt er auf Pflicht.« (XVI, 10)

90. Der Meister sprach: »Von Natur stehen (die Menschen) einander nahe, durch Übung entfernen sie sich voneinander.« (XVII, 2)

91. Der Meister sprach: »Nur die höchststehenden Weisen und die tiefststehenden Narren sind unveränderlich.« (XVII, 3)

92. Dsï Dschang fragte den Meister Kung nach (dem Wesen) der Sittlichkeit. Meister Kung sprach: »Auf dem ganzen Erdkreis fünf Dinge durchzuführen, das ist Sittlichkeit. Würde, Weitherzigkeit, Wahrhaftigkeit, Eifer und Gütigkeit. Zeigt man Würde, so wird man nicht missachtet; Weitherzigkeit: so gewinnt man die Menge; Wahrhaftigkeit: so vertrauen einem die Menschen; Eifer: so hat man Erfolg; Gütigkeit: so ist man fähig, die Menschen zu verwenden.« (XVII, 6)

93. Der Meister sprach: »Sich satt essen den ganzen Tag, ohne den Geist mit irgendetwas zu beschäftigen, wahrlich, das ist ein schwieriger Fall. Gibt es denn nicht wenigstens Schach und Dambrett? Das zu treiben ist immer noch besser.« (XVII, 22)

94. Der Meister sprach: »Wenn ein Geringer Mut besitzt ohne Pflichtgefühl, so wird er ein Räuber.« (XVII, 23)

95. Der Meister sprach: »Wer mit 40 Jahren (unter seinen Nebenmenschen) verhasst ist, der bleibt so bis zu Ende.« (XVII, 26)

96. Der Meister sprach: »(Für mich gibt es) nichts (das unter allen Umständen) möglich, und nichts (das unter allen Umständen) unmöglich wäre.« (XVIII, 8)

97. Dsï Hia sprach: »Die Fehler der Gemeinen haben sicher eine Verzierung.« (XIX, 8)

98. Dsï Gung sprach: »Unter Edlen genügt *ein* Wort, um als weise zu erscheinen, *ein* Wort, um als unweise zu erscheinen.« (XIX, 25)

99. Dsï Dschang befragte den Meister Kung und sprach: »Wie muss man handeln, damit man imstande sei, (gut) zu regieren?« Der Meister sprach: »Achte die fünf schönen (Eigenschaften) hoch.« Dsï Dschang fragte: »Welche (Eigenschaften) heißen die fünf schönen?« Der Meister sprach: »Der Herrscher ist gnädig, ohne Aufwand zu machen; er bemüht (das Volk), ohne dass es murrt; er begehrt, ohne gierig zu sein; er ist erhaben, ohne hochmütig zu sein; er ist Ehrfurcht gebietend, ohne heftig zu sein.« Dsï Dschang fragte: »Was heißt das, gnädig sein, ohne Aufwand zu machen?« Der Meister sprach: »Wenn man die (natürlichen Quellen) des Reichtums der Untertanen benützt, um sie zu bereichern: ist das denn nicht Gnade ohne Aufwand? Wenn man vorsichtig auswählt, (womit man das Volk gerech-

terweise) bemühen darf, und es dann (entsprechend) bemüht: wer wird da murren? Wenn man Sittlichkeit begehrt und Sittlichkeit erreicht, wie wäre das gierig? Wenn der Herrscher ohne Rücksicht, ob (er es mit) vielen oder wenigen, ohne Rücksicht, (ob er es mit) Großen oder Kleinen (zu tun hat), nicht wagt, (die Menschen) geringschätzig zu behandeln: ist das denn nicht erhaben, ohne hochmütig zu sein? Wenn der Herrscher seine Kleidung und Kopfbedeckung ordnet, auf seine Mienen und Blicke achtet, dass er eine Hoheit (zeigt), sodass

die Menschen, die ihn sehen, sich scheuen: ist das denn nicht Ehrfurcht gebietend, ohne heftig zu sein?« (XX, 2)

100. Der Meister sprach: »Wer nicht den Willen Gottes kennt, der kann kein Edler sein. Wer die Formen der Sitte nicht kennt, der kann nicht gefestigt sein. Wer die Rede nicht kennt, der kann nicht die Menschen kennen.« (XX, 3) (Der Schlusssatz der Analekten.)

Zweites Kapitel:

Das Glück
guter Gesundheit und
langen Lebens

Innere Gelassenheit ist die Voraussetzung
für Frieden und Gesundheit.

Eine der fünf Arten von Glück ist ein langes Leben, und dies hängt selbstverständlich vom Glück einer guten Gesundheit ab. Gute Gesundheit ist erforderlich, um sich eines erfüllten Lebens erfreuen zu können, und unverzichtbare Voraussetzung für eine erfüllte und befriedigende Existenz.

Falls es jemals Zweifel daran gab, dass die richtige Geisteshaltung eine entscheidende Voraussetzung für einen gesunden Körper ist, dann sollte dieser nun durch eine Reihe außerordentlicher Statistiken, die im Januar 2000 veröffentlicht wurden, ausgeräumt sein. Dr. Richard Suzman vom Institut für Altersforschung in Bethesda, Maryland, Vereinigte Staaten von Amerika, ermittelte, dass die Sterberaten nach dem Neujahrstag 2000 weit höher lagen, als dies normalerweise zu diesem Zeitpunkt im Jahr der Fall ist. Doch beschränkte sich das Phänomen keineswegs nur auf die USA. Vielmehr handelt es sich um ein Muster, das überall auf der Welt in Erscheinung trat. In England etwa verstarben in der ersten Januarwoche des Jahres 2000 20 772

Menschen verglichen mit 12 629 im Dezember 1999. Die Zahlen dieser Statistik sind jedoch kein Grund zur Beunruhigung, sondern vielmehr Hinweis auf eine außerordentliche Fähigkeit: Schwerkranke, gebrechliche oder alte Menschen blieben aufgrund ihrer Willensanstrengung am Leben, um das neue Jahrtausend zu begrüßen. Viele von ihnen waren Hundertjährige, die in den letzten Jahren des 19. Jahrhunderts geboren sind und für sich in Anspruch nehmen wollten, in drei Jahrhunderten gelebt zu haben. Über die Fähigkeit des menschlichen Geists, den Körper allein durch Willenskraft zum Weiterleben zu bewegen, ist schon oft geschrieben worden, doch vielleicht würde dieses Phänomen niemals eindrucksvoller belegt.

Vor vielen Jahren musste mein inzwischen verstorbener Vater ins Krankenhaus, um sich am Herzen operieren zu lassen. Ich lebte damals nicht in England, und als er mich zwei Tage vor seinem Einlieferungstermin anrief, wurde mir klar, dass er glaubte, nicht mehr lange zu leben. Da die Insel, auf der ich wohnte, berühmt war für ihre frühen Erdbeeren, die mein Vater mit besonderer Leidenschaft aß, kaufte ich ein Schälchen und nahm das nächste Flugzeug in die Stadt, in der sich das Krankenhaus befand. Er freute sich über die Erdbeeren, doch da die Vorbereitungen für die Operation bereits getroffen waren, durfte er sie nicht mehr essen. Zum Glück war der Eingriff erfolgreich. Später erzählte mir mein Vater, dass er beschlossen hatte, am Leben zu bleiben, nur um die Erdbeeren noch essen zu können!

Umgekehrt zeigen sich stark depressive Menschen leider nicht nur anfälliger für Krankheiten, sie neigen auch häufig dazu, ihrem Leben ein Ende setzen zu wollen. Einmal war ich mit einem Freund konfrontiert, der mir ein derartiges tiefes Gefühl der Verzweiflung anvertraute. In gespieltem Ernst machte ich ihm den Vorschlag, bevor er sich das

Leben nahm, eine Lebensversicherung auf meinen Namen abzuschließen. Wie ich es erwartet hatte, ärgerte er sich so sehr über meine Gefühllosigkeit, dass er wütend davoneilte und das Problem vollkommen vergaß, das seine Lebensmüdigkeit ausgelöst hatte.

Die chinesische Vorstellung vom Heilwesen unterscheidet sich grundlegend von der westlichen Schulmedizin. Zwar wurden in den letzten Jahren einige der Prinzipien der Traditionellen Chinesischen Medizin von westlichen Ärzten akzeptiert oder wenigstens toleriert, doch im Wesentlichen besteht der Streit fort. Auf den folgenden Seiten gebe ich eine stark vereinfachte Einführung in die Lehrsätze der Traditionellen Chinesischen Medizin. Trotz ihrer Vereinfachung kann sich in ihr durchaus der eine oder andere nützliche praktische Rat verbergen.

Der große klassische chinesische Text über die Heilkünste – Medizin ist hier ein viel zu enger Begriff – ist der *Huangdi Neijing* (wörtlich: der »Innere Klassiker des Gelben Kaisers«), der etwa im 3. Jahrhundert v. Chr. zusammengestellt wurde. In der chinesischen Heilkunst wird, anders als bei den westlichen Methoden, das Innere immer von außen behandelt. Dies geschieht entweder mit Hilfe von Kräutern, Ernährungsrichtlinien, Akupunktur, Moxibustion, Massagen, Körperübungen oder anderen Mitteln. Chirurgische Eingriffe, die ja ein Öffnen des Körpers verlangten, sind der chinesischen Vorstellung von Heilen vollkommen fremd. Allein die alte chinesische Technik der Akupunktur gestattet, indem mit Nadeln die Haut durchstoßen wird, einen Eingriff in den Körper. Ziel ist es hierbei, bestimmte Punkte im Körper zu stimulieren, nicht aber sie zu eliminieren.

Die Absicht chinesischer Ärzte war und ist es noch heute, ein Gleichgewicht zwischen »Yin« und »Yang« herzustellen. Dieser Ansatz wird gelegentlich als »ganzheitlich« bezeichnet, weil er das »ganze« Bild in Form von Lebensweise, Einstellungen, beruflichen und familiären Problemen des Patienten betrachtet sowie Symptome und Syndrome, die im Mittelpunkt seiner jeweiligen Beschwerden stehen.

Chinesische Ärzte kennen traditionell vier Diagnoseverfahren. Diese können in etwa mit den Begriffen Betrachtung, Befragung, Betastung und Hören umschrieben werden. Die Betrachtung (sichtbarer Symptome) bedarf keiner weiteren Erläuterung. Mit der Pulsnahme sind wir ebenfalls vertraut, und die Befragung steht für die Einbeziehung der Fallgeschichte. Überraschend jedoch ist vielleicht, dass der chinesische Ausdruck *wen*, der für »hören« steht, nicht auf den Arzt verweist, der dem Patienten bei der Beschreibung seiner Symptome zuhört. Vielmehr achtet er auf Ton und Qualität der Stimme des Patienten, aus denen er Aufschluss über die Krankheit zu gewinnen sucht. Das Wort *wen* bedeutet auch »riechen«, und tatsächlich basiert die Diagnose des Arztes auch auf dem Körpergeruch des Patienten.

Diese Methoden waren bedeutend, da eine gründliche Beurteilung des Patienten oft ausgesprochen schwierig war: Damen der höheren Gesellschaft waren viel zu wohlerzogen, um sich von einem Arzt gründlich untersuchen zu lassen. Vermutlich brachten sie eine kleine Figur mit, an der sie auf die Körperregionen deuteten, die ihnen Schwierigkeiten bereiteten. Sobald der Arzt das Ungleichgewicht lokalisiert hatte, konnte er, indem er eine Ernährungsumstellung, die Einnahme ausgewählter Heilkräuter oder bestimmte Körperübungen verschrieb, entsprechende Gegenmittel nennen.

Die Bedeutung von Körperübungen als Heilmethode ist

den Chinesen seit mehr als 2000 Jahren bekannt. Auf einem in einem Grab bei Changsha in der Provinz Hunan gefundenen Seidenbild sind Personen bei gymnastischen Übungen zu sehen. Die Grabbeigabe ist mehr als 2200 Jahre alt. Dargestellt werden Übungen, die jenen gleichen, die heute unter dem Begriff *Qi-gong* (wörtlich: »Arbeit am Qi«) geläufig sind. Anders als die Gymnastikübungen, die Generationen von westlichen Schulkindern entweder verabscheuten oder liebten, verlangen Qi-gong-Übungen Geist, Selbstkontrolle und körperliches Koordinationsvermögen.

Nach der chinesischen Physiologie gliedert sich der Körper in fünf Zonen, von denen eine jede zu einem der Elemente der chinesischen Philosophie in enger Beziehung steht. Die inneren Organe und die Sinnesorgane wiederum sind mit diesen fünf elementaren Zonen verbunden. Lässt ein Symptom auf eine Schwäche oder Überaktivität einer bestimmten Körperfunktion schließen, dann kann diese in Beziehung zu dem jeweiligen Element gesetzt und durch eine entsprechende Behandlung stimuliert beziehungsweise reguliert werden. So werden etwa Heilkräuter verschrieben, weil ihre Farbe, ihr Geschmack oder sogar ihre Form mit dem Element in Verbindung steht, das der energetischen Aufladung bedarf. Bestimmte Übungen verschaffen dem Körperbereich Bewegung, der mit dem ins Ungleichgewicht geratenen Element in Beziehung steht; Ernährungsvorschriften berücksichtigen die ungesunde Dominanz eines Elements, die sich ungünstig auf die Harmonie des Körpers auswirkt.

Es ist ein Jammer, dass viele Menschen mit einem nur oberflächlichen Einblick in die Traditionelle Chinesische Medizin diese mit einer exotischen Pharmakopöe bestehend aus seltenen Pflanzen und noch selteneren tierischen Bestandteilen in Kombination mit dem unangenehmen

Übergriff der Akupunkturnadeln sowie mit der möglicherweise erforderlichen Teilnahme an einem Gymnastikprogramm assoziieren, das mehr Hingabe und Übungsaufwand verlangt als das Erlernen des Geigenspiels. Damit unterscheidet sich die chinesische Medizin im Grunde gar nicht so sehr von der westlichen.

Ich erinnere mich, dass ich einmal wegen einer lähmenden und schmerzhaften Erkrankung des Nervensystems, gegen die kein Heilmittel bekannt war, im Krankenhaus lag. Dessen ungeachtet musste ich mir dreimal täglich Rattengift (ich denke mir das nicht aus) injizieren lassen und an einem außerordentlich qualvollen Physiotherapieprogramm teilnehmen, dessen Ziel es war, mir gymnastische Kunststücke beizubringen, die ich schon unter normalen Umständen nicht zustande gebracht hätte! Meine Genesung begann erst, als ich feststellte, dass meine Schmerzen während meines täglichen heißen Bads nachließen. Als ich das gegenüber einer der Krankenschwestern erwähnte, machte sich Erkenntnis auf ihrem Gesicht breit, und sie sorgte sofort dafür, dass ich täglich Wasserbehandlungen im Heißwasserbecken bekam.

Da ich meine Beine nicht bewegen konnte, musste ich mit einem Kran ins Wasser gelassen werden wie ein Delphin, der ins Meer zurückkehren darf. Am zweiten Tag wurde deutlich, dass mein Fußgelenk, das ich anfangs gar nicht bewegen konnte, nun ein wenig seiner ursprünglichen Muskelkraft zu mobilisieren vermochte. Nach einer Woche gelang es mir bereits, ohne Hilfe in den Pool zu klettern. Auf der Basis der Traditionellen Chinesischen Medizin war meine Genesung ohne weiteres zu erklären: Das Wasserelement stimulierte die Rückerlangung der Energie. Die westliche Medizin jedoch stand vor einem Rätsel.

Die Traditionelle Chinesische Medizin weist eine weitere Facette auf, die in der westlichen Schulmedizin erst seit knapp 100 Jahren eine Rolle spielt: das Einsetzen der Geisteskraft zur Bekämpfung von Krankheiten. In unserer modernen Welt wird so viel über Stress geredet. Die heilkundigen alten Chinesen verfügten dagegen nicht einmal über ein Wort, das Stress beschreibt, wie wir ihn heute verstehen. Sie kannten fünf Emotionen: Zorn, Freude, Grübeln, Kummer und Furcht, die den fünf Elementen Holz, Feuer, Erde, Metall und Wasser zugeordnet sind. Am Nächsten kam unserer modernen Vorstellung von Stress noch der Begriff »Besorgnis«. Doch wenn wir uns das Denken des Konfuzius in Erinnerung rufen, dann verwendete er das Wort in einem Zusammenhang, der eher unserer Auffassung von »Gewissen« ähnelt: »Wenn einer sich innerlich prüft, und kein Übles da ist, was sollte er da traurig sein, was sollte er fürchten?« (*Lunyu* XII, 4)

Heutzutage wäre die Behauptung, ein tugendhaftes Leben garantiere ein stressfreies Dasein, nicht überzeugend. Doch wäre zumindest jeder, dessen Verhalten aufrichtig und untadelig ist, frei von einem schlechten Gewissen, von Schuldgefühlen und von der Angst vor Vergeltung und rechtlichen Schritten. Auch wenn man ein untadeliges Leben führt, kann man vor unangenehmen Umständen nicht sicher sein.

Nichtsdestoweniger manifestiert sich für Chinesen das, was wir als Stress bezeichnen, auf eine Weise, die den fünf Emotionen entsprechen. Wenn wir uns nun mit diesen fünf Hauptemotionen beschäftigen, stellen wir als Erstes fest, dass sie meist die Folge äußeren Drucks sind, der nur wenig mit unserem Handeln zu tun hat, sondern aus Umständen resultiert, über die der Einzelne keine Kontrolle hat.

Emotionen als natürliche Reaktion

Zorn

Die erste der fünf Emotionen ist Zorn. Sie ist dem Element Holz zugeordnet und steht der chinesischen Medizin zufolge mit der Leber und den Augen in Beziehung.

Die am weitesten verbreitete Manifestation von Stress, der durch schwierige Situationen verursacht wird, ist vermutlich Zorn. Er tritt fast immer in Erscheinung, wenn Zeit im Spiel ist. Wutanfälle, Schreien zum Spannungsabbau und unprovozierte oder unerwartete Zornesausbrüche sind Folgen zu großen Drucks, der sich aufbaut, wenn man mit zu vielen Faktoren bei zu wenig Zeit fertig werden muss. Wenn Verabredungen und Termine eingehalten werden müssen, dann stellt rasches und zugleich genaues Arbeiten außerordentlich hohe Anforderungen an das Konzentrations- und Koordinationsvermögen. Typisch ist etwa die Art Druck, die auf Menschen in der Welt des Theaters, der Musik, des Sports und Fernsehens lastet. Zwar sind solche Karrieren sehr glanzvoll, doch reicht eine hervorragende persönliche Begabung keineswegs aus; hinzukommen muss unbedingt eine äußerst disziplinierte Einstellung, die mit den anspruchsvollen Zeitplänen öffentlicher Präsentation fertig wird. Lehrer befinden sich in einer ähnlichen Situation; nur wenn ihre Selbstdisziplin makellos ist, können sie sich den Respekt ihrer Schüler bewahren.

Stress ist jedoch keineswegs nur auf Berufstätige beschränkt. Wir alle kennen aufreibende Situationen, mit denen wir zurechtkommen müssen und in denen der Zeitfaktor die entscheidende Rolle spielt. Jede ungewohnte Aktivität, die sich von unserer Routine abhebt, macht uns mehr oder weniger stressanfällig. So verlangt etwa ein Flug ins Ausland, ob er nun aus beruflichen Gründen erfolgt oder einer Urlaubsreise dient, zu packen und sich dabei an all die Dinge zu erinnern, die man normalerweise als gegeben hinnimmt, während man sich zugleich sorgt, ob man den Flughafen rechtzeitig erreicht. Für wichtige Gäste muss man die Speisen genau dann auf den Tisch stellen, wenn sie fertig zubereitet sind und die Gäste am Tisch sitzen; nicht vorher, es sei denn, es handelt sich um kalte Platten, und nicht nachher, damit die Gäste nicht warten müssen. Bis zu diesem Augenblick herrscht Hektik in der Küche und im Haushalt. Dass Köche nur selten für ihre Ruhe und Gelassenheit bekannt sind, ist deshalb kaum verwunderlich. Selbst eine so alltägliche Angelegenheit wie Autofahren setzt ein hohes Maß intellektuellen und physischen Einsatzes voraus: im Geiste die richtige Route wählen, auf Verkehrsschilder achten, anderen Verkehrsteilnehmern ausweichen, mit den herrschenden Wetterbedingungen zurechtkommen und zugleich die Instrumente des Armaturenbretts im Blick behalten. Beifahrer, die selbst nicht fahren können, wundern sich manchmal, dass normalerweise sanftmütige Menschen hinter dem Steuer so gereizt sind.

Freude

Weniger häufig ist Freude, die zweite Emotion, ein Symptom für Stress. Freude steht mit dem Feuerelement in Beziehung, dem die chinesische Medizin das Herz und den Blutkreislauf zuordnet. Es mag paradox klingen, aber manchmal ist das Lachen, das wir für das sicherste Anzeichen von Glück halten, eben nicht Ausdruck freudiger Heiterkeit, sondern unterdrückte Hysterie, die in Augenblicken emotionaler

Überlastung zutage tritt. Bei jungen Mädchen beispielsweise, die noch nicht die Gelegenheit hatten, sich ein Repertoire angemessener emotionaler Erwiderungen anzueignen, kommt diese Reaktion häufig vor, wenn sie mit einer ungewohnten Situation konfrontiert sind. Wilde Tiere reagieren mit herausforderndem, aggressivem Verhalten auf unvertraute Umstände; Jungen legen in solchen Situationen freche Aggressivität an den Tag. Da Mädchen meist so erzogen sind, dass sie aggressive Reaktionen für »männlich« halten, greifen sie bei solchen Gelegenheiten auf nervöses Lachen zurück. Doch weil Lachen eine unangemessene Reaktion darstellt, folgt Verlegenheit, die hinter weiterem Lachen verborgen wird und sich somit selbst verstärkt.

Während unschickliches Lachen bei Heranwachsenden zum Ausdruck bringt, dass sie angemessenes emotionales Reagieren erst noch lernen müssen, kann es bei Erwachsenen ein Symptom für außergewöhnliche innere Anspannung sein. Eine große und unerwartete Tragödie vermag einen solchen Schock auszulösen, dass sich der Einzelne vielleicht nicht gleich damit abfinden kann. Weil man keine Erfahrung mit einem Unglück solcher Ausmaße hat, fehlt die emotionale Vorbereitung. Daher kann die Reaktion manchmal unlogisch sein und angesichts einer niederschmetternden Nachricht wie etwa dem Tod eines nahen Angehörigen oder der Zerstörung des eigenen Heims durch eine Naturkatastrophe in Form eines Lachanfalls erfolgen.

Grübeln

Grübeln, die dritte Emotion, wird zusammen mit dem Mund, dem Magen und den Verdauungsorganen dem Erdelement zugeordnet. Wir empfinden seine Vorstufe, das Nachdenken nicht als Gefühl, doch in der Traditionellen Chinesischen Medizin wird es als Symptom des inneren Ungleichgewichts beschrieben, wenn jemand »zu meditativ« ist. Selbstverständlich muss bei einer solchen Beobachtung die Meditationspraxis berücksichtigt werden, die in bestimmten Bereichen der Traditionellen Chinesischen Medizin als Behandlungsmethode gefördert wird. Mit »zu meditativ« ist nach dem heutigen Sprachgebrauch Reserviertheit, Distanziertheit oder sogar Schweigsamkeit gemeint.

Die Emotion Nachdenken als Symptom – das Grübeln – bildet sich in der Regel allmählich als Folge widriger Umstände heraus und ist weniger die Folge eines plötzlichen Schocks. Typische Fälle sind der Verlust eines geliebten Gefährten nach einer Phase chronischer Krankheit oder der Verlust eines langjährigen Arbeitsplatzes. Oft hat sich die Situation durch irgendwelche Vorwarnungen, die wahrscheinlich missachtet wurden, angekündigt. Zwangsweise Pensionierung ist eine häufige Ursache. Besorgnis erregend ist es, wenn sich die Ursache des Problems nicht ermitteln lässt oder wenn der Patient noch sehr jung ist. In solchen Fällen fehlt vermutlich die Bereitschaft, sich mit den Ursachen auseinander zu setzen, was die Empfehlung von Gegenmaßnahmen erschwert.

Doch ob es nun schwierig ist, zu den Wurzeln der Beschwerden vorzudringen, oder nicht, so darf nicht vergessen werden, dass Ausdauer eine der zentralen Qualitäten des Erdelements ist. Die negativen Auswirkungen der kontemplativen Emotion können daher hartnäckiger sein als bei den übrigen Emotionen. Zorn, Freude, Kummer und Furcht (falls sie die Folgen leicht identifizierbarer Ursachen sind) gewinnen die Oberhand und brennen aus, doch Nachdenken als Symptom kann sich festsetzen.

Kummer

Kummer ist die vierte Emotion. Er wird dem Element Metall und der Lunge, der Nase und dem Geruchssinn zugeordnet. Während es sich bei Freude um eine unangemessene Reaktion auf den Verlust eines nahe stehenden Menschen handelt, ist Kummer dies sehr wohl und per definitionem das genaue Gegenteil von Glück. Dennoch ist der Ausdruck von Kummer, wenn der Augenblick ihn verlangt, entscheidend für die persönliche und familiäre Harmonie, von der das Glück abhängt.

Die genaue Beachtung von Begräbnis- und Trauerzeremonien war für Konfuzius und seine Anhänger obligatorisch. Sie verlangten sehr große Sorgfalt bei der exakten Befolgung der strengen Vorschriften von Trauerriten. Der Respekt vor den Älteren, selbst über ihren Tod hinaus, wurde als Anerkennung der universellen Ordnung betrachtet.

Die Trauer, die ein Sohn zu zeigen hatte, und die Trauerphase, die er und seine Familie einhalten mussten, waren genau vorgeschrieben. Diese Regeln sollten den Zurückgebliebenen, unabhängig von ihrer gesellschaftlichen Stellung, helfen, sich mit den unvermeidlichen Verlusten abzufinden. Denn damals hatten die Menschen keine Therapeuten, die ihnen helfen konnten, endgültige Trennungen zu akzeptieren.

Während dieser offiziellen Trauerzeit galt es als taktlos, den Kummer bekämpfen zu wollen. Nach der verfügten Trauerzeit war es wichtig, zum Alltag zurückzukehren und das Vergangene zurückzulassen. Erst dann empfand man es als angemessen, noch vorhandene Verlustgefühle und das restliche Unglück zu vertreiben.

Furcht

Die fünfte Emotion, Furcht, ist mit dem Wasserelement verbunden. Bei den zugeordneten Organen handelt es sich erwartungsgemäß um die Nieren. Überraschend dürfte es allerdings sein, dass auch die Ohren in Beziehung zum Wasserelement und zur Furcht stehen. Als Grund hat man die ähnliche Form von Nieren und Ohren vermutet. Doch gibt es eine sehr viel faszinierendere etymologische Erklärung für die Beziehung zwischen Nieren, Ohren und dem Wasserelement. Um zu begreifen, wie alt diese Beziehung ist, müssen wir uns dem Alten Testament zuwenden: Als die Tochter des Pharaos das Kind in einem Kästlein aus Schilf am Ufer des Nils findet, ruft sie: »Ich will ihn Mose nennen, denn ich habe ihn aus dem Wasser gezogen.« Diese kryptische Aussage bekommt einen Sinn, wenn man sich klarmacht, dass Wasser auf Altägyptisch *mws* und auf Arabisch *ma* heißt. Aus diesen Wörtern entwickelte sich der Begriff für Wassergeist und gab so den neun Musen ihren Namen. Von dem Wort »Muse« leitet sich »Musik« ab.

Was nun die Emotion Furcht betrifft, so lässt sich ihre Verbindung mit dem Wasserelement auf viele Arten erklären. Das Wasserelement wird allgemein mit Winter, Dunkelheit und Nacht assoziiert. Unsere Vorfahren setzten Dunkelheit (ob sie nun durch das Hereinbrechen der Nacht oder das Eingesperrtsein in einem dunklen Raum verursacht wurde) mit unerwarteten Schrecken gleich, und tatsächlich tun dies auch heute noch viele Menschen. Gerade im Dunkeln müssen wir uns ganz und gar auf unser Gehör verlassen können, um drohende Gefahren rechtzeitig zu erkennen. Unerwartete laute Geräusche verursachen immer Erschrecken und damit höchste Aufmerksamkeit. Deshalb greifen Sirenen und Alarmanlagen auf diese Tatsache zurück. In der Nacht verursacht nicht nur Lärm Beunruhigung, sondern jegliches unerwartetes Geräusch, und sei es noch so leise, löst argwöhnische Angst aus. Ein Kratzen, Klopfen oder ein dumpfer Aufschlag, ja die leiseste Abweichung von dem gewohnten Hintergrundgeräusch wird uns sofort vor Gefahren wie etwa einem Feuer, einer Überschwemmung oder vor Eindringlingen warnen. Was nun die Beziehung zu den Nieren und dem Harnapparat betrifft, so wird man sich entsinnen, dass ungewolltes Einnässen durch extreme Angst hervorgerufen sein kann.

Angst ist selbstverständlich unsere natürliche Verteidigungsstrategie gegen Gefahren. Wo die Angst fehlt, da regiert die Tollkühnheit. Ein Mann, der unbewaffnet mit einem Tiger ringt, so Konfuzius, sei zwar mutig, aber doch weniger wert als einer, der sich erst bewaffnet und dann kämpft. Wie für alle übrigen Emotionen gilt auch für die Furcht, dass sie, am richtigen Ort und zur richtigen Zeit, noch kein Symptom für ein Ungleichgewicht ist. Ausbrüche unerklärlichen Angstweinens jedoch bedürfen der Untersuchung sowohl auf der psychologischen als auch auf der physischen Ebene.

Die Emotionen als Symptome innerer Anspannung

Bei einem gesunden Menschen herrscht Gleichgewicht zwischen allen fünf Emotionen. Zugleich können aber auch bestimmte Gefühle in den Vordergrund treten. Bei jungen Menschen muss man davon ausgehen, dass sich Gefühle mit großer Wahrscheinlichkeit stärker und ungezähmter Gehör verschaffen. Bei reiferen Erwachsenen hingegen ist die Kraft der Emotionen weit geringer. Konfuzius' Bemerkung hinsichtlich unserer natürlichen Neigungen haben Gültigkeit für jeden Gefühlszustand: »In der Jugend, wenn die Lebenskräfte noch nicht gefestigt sind, hütet er [der Edle] sich vor der Sinnlichkeit. Wenn er das Mannesalter erreicht, wo die Lebenskräfte in voller Stärke sind, hütet er sich vor der Streitsucht. Wenn er das Greisenalter erreicht, wo die Lebenskräfte schwinden, hütet er sich vor dem Geiz.« (*Lunyu* XVI, 7)

Angemessene Gefühlszustände sind dem Fortschreiten der fünf Elemente durch das Leben unterworfen. In der Kindheit ist häufiges Weinen natürlich und eine Manifestation des Wasserelements. In der Jugend, wenn sich der junge Körper mit den physischen Veränderungen arrangiert, spiegelt sich der kreative Drang im sprießenden Holzelement wider, und Frustration führt zu Wut. Im späteren Leben entspricht die nachdenklichere und staatsmännische Einstellung dem Erdelement.

Erst wenn die zur Schau gestellten Emotionen nicht angemessen sind oder keinem identifizierbaren äußeren Stimulus zugeordnet werden können, sind sie ein Hinweis auf eine innere Anspannung, die wiederum das Symptom eines äußeren Ungleichgewichts sein kann. Irrationale Gefühle bringen also möglicherweise tief liegende Probleme zum Ausdruck. Andererseits verringern Menschen, die sich nicht disziplinieren und ihre Emotionen ungezügelt in extrovertiertem und extravagantem Verhalten ausdrücken, nach chinesischer Vorstellung ihre Abwehrkräfte gegen Krankheiten.

Doch auch das Fehlen angemessener Emotionen sollte als potenzielles Symptom in Betracht gezogen werden. So, wie man davon ausgehen kann, dass Menschen unter bestimmten Umständen bestimmte Gefühle zeigen, so kann auch das Fehlen einer erwarteten Reaktion auf ein verborgenes Gebrechen hinweisen, das behandelt werden muss. Der Mangel an Streitbarkeit angesichts offensichtlichen Unrechts, das Fehlen von Humor, die Unfähigkeit sich zu konzentrieren, fehlendes Einfühlungsvermögen und auf schamlose Weise rücksichtsloses Verhalten sind Anzeichen, dass die jeweiligen angemessenen Elementemotionen unterrepräsentiert sind. Auch dies kann eine physische Ursache haben.

Nachfolgend nun ein Überblick über die fünf Elementzonen des Körpers, die ihnen zugeordneten Organe und die möglichen Anfälligkeiten. Später werden wir uns einfachen Mitteln zuwenden, um solche Probleme auszugleichen oder abzuwehren.

Holzsymptom: Jähzorn

Die Leber ist dem Holzelement zugeordnet. Gemäß der Traditionellen Chinesischen Medizin ist dieser Bereich der General, der alle übrigen Körperfunktionen reguliert. Wenn diese Körperzone nachteilig beeinflusst wird, dann verlangsamt sich der Stoffwechselprozess des Körpers. Regelmäßige Wutanfälle und Jähzorn offenbaren das Ungleichgewicht des Holzelements. Dieser Unausgeglichenheit werden die Symptome geschwollene oder gelb verfärbte Augen, Schmerzen im Unterleib und ein allgemeines Gefühl der Anspannung zugeordnet. Fehlende Motivation, eine Weigerung, sich mitreißen zu lassen, und ein Benehmen, das auf eine Drogenabhängigkeit hinzuweisen scheint (gleichgültig ob diese tatsächlich vorliegt oder nicht), zeigen die Notwendigkeit, das Holzelement des Körpers wieder ins Gleichgewicht zu bringen. Dies kann durch eine Ergänzung der Ernährung mit an Vitamin C reichem Obst und den Verzicht auf fettes und schweres Essen erreicht werden. Vorteilhaft sind Betätigungen, die eine kreative Ausrichtung haben: Bastelarbeiten, Malen, Modellbau oder das Fertigen von Blumengestecken.

Feuersymptom: Hysterie

Inneres Ungleichgewicht als Ursache für unkontrolliertes Lachen ist auf ein gestörtes Feuerelement zurückzuführen. Die Traditionelle Chinesische Medizin bringt das Element Feuer mit dem Herzen und dem Blutkreislauf in Verbindung. Die damit verbundenen Symptome verschiedenster Art veranlassten die Chinesen, auch bestimmte Formen mentaler Störungen auf eine Unausgeglichenheit des Feuerelements zurückzuführen. Derb-herzliche Menschen, die auf Partys für Unterhaltung sorgen, bei einem gemeinsamen Abendessen jedoch anstrengend sind, und solche, die zu stürmischem Gelächter neigen, können unter einem unzulänglichen Kreislauf leiden. Andererseits würde jeder, der einmal die Gelegenheit hatte, einen professionellen Komiker kennen zu lernen, den Unterschied zwischen seinen öffentlichen Auftritten und seinem privaten Erscheinungsbild erkennen. Im Privatleben sind Komiker vernünftig genug, ihre theatralischen Fähigkeiten zurückzustellen und sich auf ihre Alltagsrolle zu beschränken. Verhielten sie sich anders, liefen sie Gefahr, ihrem Herzen und ihrem Kreislauf zu viel Stress zuzumuten.

Andere auf ein schwach ausgeprägtes Feuerelement zurückzuführende Symptome sind Schlaflosigkeit und Gedächtnisschwund. Die Umwandlung anderer Energien in das Feuerelement zeigt sich in roten Augen, unablässigem Durst und einem geröteten Gesicht. In solchen Fällen muss das Feuer mit Mitteln, die in Beziehung zum Wasserelement stehen, reduziert werden. Doch wenn ein zu starkes Feuerelement zu Bluthochdruck führt, dann ist es besser, das Feuer nicht zu löschen, sondern es langsam und stetig mit Hilfe des Erdelements einzudämmen. Das Feuerelement kann mit gegarten und gebratenen Speisen wie magerem Braten gestärkt werden. Gleiches bewirken Roggenbrot und Aktivitäten, die den Geist stimulieren und schulen wie etwa das Lösen von Kreuzworträtseln und mathematischen Kniffelspielen.

Erdsymptom: Depression

Gewinnt die Erdemotion Nachdenken die Oberhand, dann führen ein Mangel an Motivation, der Verlust sexueller Energie, Müdigkeit und eine gleichgültige Lebenseinstellung spiralförmig in die Depression. Wie bei allen Emotionen kann ein »Zuviel« ein Hinweis auf das mangelhafte Funktionieren innerer Organe – in diesem Fall des Verdauungssystems – sein. Magenbeschwerden, Übelkeit, Appetitlosigkeit, Bulimie und Entzündungen im Mundbereich stehen in Beziehung zum Erdelement. Das Unvermögen, sich mitzuteilen, Mangel an Energie, die Unlust, das Haus zu verlassen und am sozialen Leben teilzunehmen, eine unstillbare Leselust oder unablässiges Fernsehen lassen auf ein stark ausgeprägtes Erdelement schließen. Zwischen einem solches Verhalten aufweisenden Menschen und beispielsweise einem eifrigen Studenten, der im stillen Kämmerlein seinen Forschungen hingebungsvoll nachgeht, besteht ein deutlicher Unterschied.

Zu diesem Thema gibt es zwei Äußerungen von Konfuzius, die ich in Erinnerung rufen möchte. Die Erste legt nahe, dass er eine oder vielleicht mehrere Personen kennen gelernt hatte, bei der oder denen ein Übergewicht des Erdelements zu einer Beeinträchtigung der emotionalen Gesundheit führte: »Sich satt essen den ganzen Tag, ohne den Geist mit irgendetwas zu beschäftigen, wahrlich, das ist ein schwieriger Fall. Gibt es denn nicht wenigstens Schach und Dambrett? Das zu treiben ist doch immer noch besser.« (*Lunyu* XVII, 22)

Die zweite Äußerung lässt uns wissen, dass intellektuelle Fähigkeiten nicht alles sind, und erinnert uns daran, dass auch ernsthafte Schüler gelegentlich ihre Bücher beiseite legen sollten: »Bei wem der Gehalt die Form überwiegt, der ist ungeschlacht, bei wem die Form den Gehalt überwiegt, der ist ein Schreiber. Bei wem Form und Gehalt im Gleichgewicht sind, der erst ist ein Edler.« (*Lunyu* VI, 16)

Wer diese Grundsätze missachtet, der ist nicht nur für Magenverstimmungen anfällig, sondern riskiert auch, dass die in den verzehrten Speisen enthaltenen Nährstoffe ihren Bestimmungsort nicht erreichen, wodurch eine allgemeine körperliche Schwäche verursacht wird.

Wenn das Erdelement in seiner Funktion gestört ist, und Depression zu einem Besorgnis erregenden Symptom wird, dann bekämpft man dies am besten, indem man das Erdelement selbst aktiviert: Gartenarbeit, Graben und Bauen und jegliche schwere, körperliche Arbeit vertreiben Lethargie und Depression garantiert. Die Schwierigkeit besteht jedoch darin, dass dem Patienten per definitionem die Motivation fehlt, irgendeine dieser Tätigkeiten aufzunehmen. Er ist auf Ermutigung von außen angewiesen, selbst wenn dadurch Zwang ausgeübt wird.

Bei einer schwachen Ausprägung des Erdelements können Hyperaktivität und Konzentrationsmangel auftreten. Menschen mit diesen Symptomen haben das Bedürfnis, ihr körperliches Energiereservoir mit Süßspeisen oder süßen Getränken aufzufüllen. Die Bevorzugung solcher Nahrungsmittel spiegelt das Bedürfnis nach der Anreicherung des Erdelements wider. Dem Feuerelement zugeordnete Speisen wie mageres Fleisch erzeugen das Erdelement folgerichtiger direkt an der Quelle und damit im Körper selbst und sind in einem solchen Fall vorteilhafter. Menschen, die Übergewicht haben, müssen Süßigkeiten und Fette, beide dem Erdelement zugehörig, reduzieren.

Metallsymptom: Kummer

Selbstmitleid, Rührseligkeit und ein allgemeiner Hang zum Jammern, insbesondere in Verbindung mit den körperlichen Symptomen der Hysterie wie Erkältungen oder grippalen Infekten, die mit Husten und Schnupfen einhergehen, sind Anzeichen für ein gestörtes Metallelement. Im Inneren des Körpers wird das Metallelement der Lunge und der Atmung zugeordnet, äußerlich der Nase und den Atemwegen. Die Traditionelle Chinesische Medizin sieht die Ursache von Grippe, Asthma und Tuberkulose in einer Störung des dem Metallelement zugehörigen Systems. Bei solchen Krankheiten fröstelt der Patient für gewöhnlich und fühlt sich fiebrig.

Die Unausgeglichenheit des Metallelements kann sich durch mangelnde Einfühlung in die Probleme anderer Menschen äußern. Ein auffälliger Mangel von Mitgefühl, wenn ein enger Freund oder Angehöriger tiefe Verzweiflung zeigt, eine ständige ungerechtfertigte Ungeduld bis hin zur Unhöflichkeit, wenn Freunde ihren Problemen Luft machen wollen, oder sogar Anzeichen für übersteigerte Ichbezogenheit oder Größenwahn können Symptome für die ungünstige Reduzierung des Metallelements sein.

Zeigt sich das Metallelement beeinträchtigt, dann ist der Geruchssinn als Folge verstopfter Atemwege oft reduziert. In einem solchen Fall hilft das Inhalieren von in heißem Wasser aufgelösten ätherischen Ölen wie Eukalyptus oder Menthol. Dieses weit verbreitete Hausmittel befindet sich in vollkommener Übereinstimmung mit dem scharfen Geschmack, der dem Metallelement zugeordnet ist. Würzige Speisen wie Chili con carne und die verschiedensten Currygerichte verkörpern die typischen Eigenschaften des Metallelements. Zu den Aktivitäten, die mit dem Metallelement in Beziehung stehen und einen eventuellen Mangel ausgleichen, gehören aggressive körperliche Betätigungen wie das Schattenboxen.

Wassersymptom: Phobie

Fast jeder Mensch hat irrationale Ängste, die manchmal durchaus begründet sind. Beispielsweise wurde Peter III., Zar von Russland und Gemahl von Katharina der Großen, wegen seiner zwanghaften Angst vor einem Mordanschlag und des dagegen betriebenen Schutzaufwands verspottet. All seine Vorsicht änderte jedoch nichts daran, dass man ihn dennoch ermordete.

Ängste vor Höhe, Aufzügen, Rolltreppen oder Insekten, um nur ein paar weit verbreitete Beispiele zu nennen, werden im Allgemeinen, da sie einen Menschen nicht daran hindern, zu arbeiten, gesellschaftlich zu verkehren oder zu reisen, für akzeptabel und unauffällig gehalten. Doch wenn irrationale Ängste ganz und gar die Oberhand gewinnen und den Patienten daran hindern, das Haus zu verlassen, dann machen sie es ihm unmöglich, einer Arbeit nachzugehen, isolieren ihn von Freunden und verhindern jegliche Art erfüllender Tätigkeit.

Die mit dem Wasserelement verbundene Geschmacksrichtung ist salzig. Nach starkem Schwitzen muss das Natriumgleichgewicht wiederhergestellt werden. Grubenarbeiter zum Beispiel, die bei der Arbeit sehr viel Körperflüssigkeit verlieren, ergänzen ihr Trinkwasser um kleine Mengen Salz. Doch »Salzmangel«, der ein aus dem Gleichgewicht geratenes Wasserelement bezeichnet, bezieht sich nicht allein auf den Mangel von Kochsalz; vielmehr kann es sein, dass alle Arten von Salzen und Mineralstoffen nur unzureichend vorhanden sind.

Jod, das in Meersalz enthalten ist, stellt einen wichtigen Faktor dar, um die Bildung eines Kropfs zu verhindern. Im Gebirge (wie etwa in den Alpen), das in der Regel weit vom Meer entfernt ist und wo man früher der Nahrung im Bergbau (etwa in Salzburg oder Bad Reichenhall) statt aus dem Meer gewonnenes Salz beigab, war Kropfbildung lange Zeit ein weit verbreitetes Problem. Heutzutage jedoch ist Jodmangel aufgrund des international gewordenen Lebensmittelhandels relativ selten. Auf der Insel Jersey angebaute Kartoffeln und Tomaten zum Beispiel werden mit Seetang gedüngt und sind daher reich an natürlichen Mineralen und Salzen. Meeresfisch (nicht Süßwasserfisch) enthält diese wichtigen Nährstoffe ebenfalls. Hinzu kommt, dass Minerale und Salze durch den Kochvorgang im Gegensatz zu Vitaminen nicht zerstört werden. Gleichgültig wie lange man Speisen gart, selbst wenn sie verkohlen, die essenziellen Minerale und Salze darin bleiben erhalten.

Die heilende Aktivität im Zusammenhang mit dem Wasserelement ist die Wasserbehandlung. Duschen und Bäder,

Entsprechungen der fünf Elemente

	Holz	Feuer	Erde	Metall	Wasser
Himmelsrichtung	Osten	Süden	Mitte	Westen	Norden
Jahreszeit/Tageszeit	Frühling/Morgendämmerung	Sommer/Mittag	Spätsommer/Spätnachmittag	Herbst/später Abend	Winter/Nacht
Farbe/Teint	Grün/bleich	Rot/gesund	Gelb/braun	Weiß/blass	Schwarz/dunkel
Körperform	groß, schlacksig	kantig	stämmig	rundlich	Gemeißelt
Körperbereich	Leber	Herz	Magen (Milz)	Lunge	Nieren
Gesichtsbereich	Augen	Zunge	Mund	Nase	Ohren
natürliche Emotion	Zorn	Freude	Nachdenken	Kummer	Furcht
gestörte Emotion	Jähzorn und Wutanfälle	Hysterie	Depression	Selbstmitleid	Phobie
emotionaler Mangel	Apathie	Prüderie	Hyperaktivität	Gefühllosigkeit	Leichtsinn
Geschmack	sauer	bitter	süß	scharf	salzig
Nährstoff	Vitamine	Proteine	Stärke	Gemüse	Minerale
Nahrungszubereitung	dämpfen	grillen	braten	unter Rühren anbraten	auf kleiner Flamme kochen
Anregung	malen, kreative Aktivität	Denkaufgaben	bauen, gärtnern	körperliche Betätigung	Musik, Wasserbehandlung
Beispiele möglicher in Beziehung stehender Erkrankungen	Gelbsucht, vermindertes Sehvermögen, Schlaflosigkeit, allgemeine Schwäche	Herzrhythmusstörungen, Bluthochdruck, geistige Störungen	Verdauungsstörung, Magen-/Darmbeschwerden	Grippe, Tuberkulose, Emphysem	Nierenversagen, andere Erkrankungen des Urogenitalsystems

sowohl heiß als auch kalt, und Schwimmen helfen, das Gleichgewicht wiederherzustellen.

Ein Fünf-Elemente-Essen

Sollten Sie Gäste einladen und ihnen vielleicht ein Essen mit einer ungewöhnlichen Themenstellung vorsetzen wollen, dann folgen hier Vorschläge für ein Fünf-Gänge-Menü, bei dem die Speisen gemäß der Reihenfolge der fünf Elemente auf den Tisch kommen. Es beginnt mit würzigem Huhn, dessen Farbe (weiß), Geschmack (würzig) und Fleischart dem Element Metall zuzurechnen sind. So werden beispielsweise Muscheln mit Wasser, grüner Salat mit Holz, rotes Fleisch mit Feuer und schließlich die orangegelbe Nachspeise mit Erde assoziiert.

Menü

Hühnchenbrust in würziger Kokosnusssauce
Gedünstete Muscheln
Grüner Gemüse-Frucht-Salat
Rinderschmortopf mit Paprika und Pflaumen
Pfirsich-Mango-Törtchen

Allgemeine Vorschläge
zur Zubereitung

Detaillierte Rezepte für diese Gerichte werden hier nicht bereitgestellt, da Kochen ein kreativer Prozess sein sollte statt sklavisches Kopieren. Die folgenden praktischen Hinweise zur Darbietung der Speisen könnten jedoch nützlich sein.

Ein Großteil der Vorbereitungen kann und sollte am Tag vor der Einladung erfolgen. Zuallererst kann die Nachspeise zubereitet und beiseite gestellt werden. Sollte für den ersten Gang frisches Hühnchen verwendet werden, so muss es ebenfalls am Vortag gegart werden. Am zeitaufwändigsten ist das Säubern der Muscheln, das mit äußerster Gewissenhaftigkeit ebenfalls am Vortag erfolgen kann. Da Rindfleisch von langem, langsamem Garen profitiert, sollte es auf den Herd gestellt werden, lange bevor mit der Vorbereitung der übrigen Gänge begonnen wird. Die Hühnchenvorspeise und der Salat sollten etwa eine Stunde vor Eintreffen der Gäste fertig gestellt werden. Es folgen einige Ratschläge für die Zubereitung der einzelnen Gänge in der Reihenfolge, in der sie vorzubereiten sind.

Pfirsich-Mango-Törtchen

Zutaten: Teig für die Törtchen, Eiercreme, Mango- und Pfirsichscheiben, Pfeilwurzglasur, Mandarinensaft
Stellen Sie als Basis für die Pfirsich-Mango-Törtchen einen Mürbeteig her. Formen und backen Sie daraus Tortenförmchen und füllen Sie sie mit einer Eiercreme, die Sie nach einem von Ihnen bevorzugten Rezept zubereiten. Nach dem Abkühlen arrangieren Sie die Pfirsich- und

Mangoscheiben darauf. Dann schmecken Sie die Pfeilwurz-glasur mit Mandarinensaft ab und geben Sie sie über die Früchte. Die fertige Nachspeise stellen Sie beiseite.

Gedünstete Muscheln

Zutaten: frische Muscheln, Weißwein, Schalotten oder Frühlingszwiebeln, Ingwer, Sojasauce, Mehl

Muscheln müssen immer gründlich gereinigt werden, und um dies richtig tun zu können, benötigen Sie zwei Schüsseln mit sauberem Wasser, die eine für die ungewa-schenen und die andere für die gewaschenen Muscheln. Aus der ersten Schüssel entfernen Sie alle Muscheln, die sich nicht zum Atmen geöffnet haben oder sich nicht schließen, wenn Sie sie aus dem Wasser nehmen. Die gesunden Muscheln müssen mit einer Draht- oder Scheuerbürste abgeschrubbt werden, um verkrusteten Seetang oder Ran-kenfüßer zu entfernen. Dazu benötigen Sie viel Zeit. Sobald die Muscheln sauber sind, legen Sie sie in die zweite, eben-falls mit klarem, kaltem Wasser gefüllte Schüssel und geben etwas Mehl hinzu. Das Mehl dient den Muscheln als Nah-rung. Am nächsten Tag untersuchen Sie die Muscheln erneut, entfernen alle ungesunden und geben sie wieder in eine Schüssel mit frischem Wasser. Dort können Sie blei-ben, bis sie schließlich gekocht werden.

Braten Sie in einem großen Topf Schalotten oder Früh-lingszwiebeln mit Ingwerscheiben an, bis beides weich ist. Geben Sie die Muscheln hinzu und so viel Weißwein, dass sie ganz mit Flüssigkeit bedeckt sind. Die Franzosen wür-den den Sud nun noch mit Sahne abschmecken, doch dies ist in der chinesischen Küche nicht üblich. Chinesen neh-men hierzu ein oder zwei Spritzer Sojasauce.

Rinderschmortopf mit Paprika und Pflaumen

Zutaten: mageres Rindfleisch, rote Paprika, Tomaten, Tomatenmark, gehackte Zwiebeln, in Streifen geschnittene Karotten, zwei oder drei Pflaumen

Bevor Sie mit dem Schmoren beginnen können, müssen Sie das Rindfleisch und die Paprika in einer gusseisernen Pfanne anbraten. Die Pflaumen müssen entsteint, aber nicht geschält werden – sie geben diesem ansonsten gewöhnlichen Gericht den besonderen Geschmack. Die Tomaten und das Tomatenmark steuern Farbe bei. Geben Sie nach dem Anbraten des Fleisches alle Zutaten in einen feuerfesten Topf, fügen Sie so viel Wasser hinzu, dass fast alles bedeckt ist, und garen Sie das Gericht drei bis vier Stunden im Backofen. Rühren Sie ab und zu die karamellisierte obere Schicht unter. Servieren Sie das Gericht heiß.

Hühnchenbrust in würziger Kokosnusssauce

Zutaten: Hühnchenbrust, grüne Chilischoten, Frühlingszwiebeln, Kokosnusscreme, grüne Thai-Currypaste, ein hartgekochtes Ei, chinesische Engelshaarnudeln, Hühnerbrühe, Maizena

Bereiten Sie zunächst die Kokosnusssauce zu. Zu einer Tasse Hühnerbrühe geben Sie 50 Gramm Kokosnusscreme und einen Teelöffel Thai-Currypaste hinzu. Dicken Sie die Sauce nach Geschmack mit etwas Maizena an.

Schneiden Sie die gegarte Hühnchenbrust in dünne Streifen etwa von der Länge eines Fingers, aber nur einem Viertel seiner Dicke. Schneiden Sie die Frühlingszwiebeln auf die gleiche Länge, doch erheblich dünner. Die Chilischoten sollten Sie in noch dünnere Scheiben schneiden, etwa so dünn wie Engelshaarnudeln. Das hart gekochte Ei ebenfalls in feine Scheiben schneiden. Kochen Sie die Engelshaarnudeln ein bis zwei Minuten in Wasser, bis sie weich sind. Auf jedem Teller formen Sie nun ein kleines Nest aus den Nudeln. Dekorieren Sie die Teller jeweils mit drei Eischeiben. Darauf geben Sie ein paar Streifen des Hühnerfleisches, ein paar Frühlingszwiebelstreifen und Chilischeiben. Darüber träufeln Sie etwas von der würzigen Kokosnusssauce.

Grüner Gemüse-Frucht-Salat

Zutaten: grüner Salat, Gurke, Frühlingszwiebeln, ein grüner Apfel, zwei Limonen, Kiwis, Avocados, Tofu oder Schafskäse, Pflanzenöl, Sesamöl, frische grüne Chilis oder schwarzer Pfeffer

Die Chinesen essen keine Milchprodukte. Sie werden in der chinesischen Küche durch Sojaprodukte wie Tofu (Sojaquark) ersetzt. Europäer bevorzugen jedoch Schafskäse oder vergleichbare Milchprodukte ähnlicher Konsistenz. Kiwis mit ihrem säuerlichen, frischen Fruchtgeschmack sind ein entscheidender Bestandteil dieses Salats, der im Idealfall leicht säuerlich schmecken sollte.

Schneiden Sie Tofu oder Schafskäse in Würfel. Geben Sie abgeriebene Limonenschale darauf, pressen Sie die Limonen aus und stellen Sie den Saft beiseite. Schälen und würfeln Sie den Apfel und beträufeln Sie die Würfel mit Limonensaft. Schälen Sie die Avocados, schneiden Sie sie in Scheiben und beträufeln Sie sie sofort mit Limonensaft, damit sie sich nicht verfärben. Schälen Sie die Gurke und schneiden Sie sie in Scheiben. Schneiden Sie die Frühlings-

68

zwiebeln in streichholzgroße Stücke, pellen Sie die Kiwis und schneiden Sie sie in Scheiben. Für das Dressing verwenden Sie Pflanzenöl, den restlichen Limonensaft und den Saft der in einer Knoblauchpresse ausgedrückten grünen Chilischoten. Geben Sie ein oder zwei Tropfen Sesamöl hinzu. Zerpflücken Sie den grünen Salat in eine Schüssel und verteilen Sie darauf die übrigen Zutaten.

Schädliche Speisekombinationen und ihre Gegenmittel

Ob wir nun einen Abend im Theater genießen oder zu Hause einen romantischen Abend verbringen oder einfach nur eine Nacht gut schlafen wollen, es gibt kaum etwas, das unser Glück derart beeinträchtigen kann, wie das Gefühl, dass mit unserem Verdauungssystem etwas nicht in Ordnung ist. Nicht ohne Grund assoziieren die Chinesen Magen-Darm-Probleme mit einer Störung des Nachdenkens. Urlaube in fremden Ländern werden häufig durch die Notwendigkeit ruiniert, sich in der Nähe des »Örtchens innerer Zufriedenheit«, wie Chinesen es beschönigend bezeichnen, aufhalten zu müssen. Während die westliche Medizin solche Beschwerden dem Wüten fremder Bakterien zuschreibt, vertritt man in der chinesischen Tradition die Auffassung, dass solche Probleme in vielen Fällen durch die falsche Zusammenstellung von Nahrungsmitteln verursacht werden. Daher ergänzt man Speisen gerne um bestimmte Beilagen, die harmonisierend und stabilisierend auf die einander ungünstig beeinflussenden Lebensmittel wirken. Auch in der westlichen Küche werden viele Gerich-

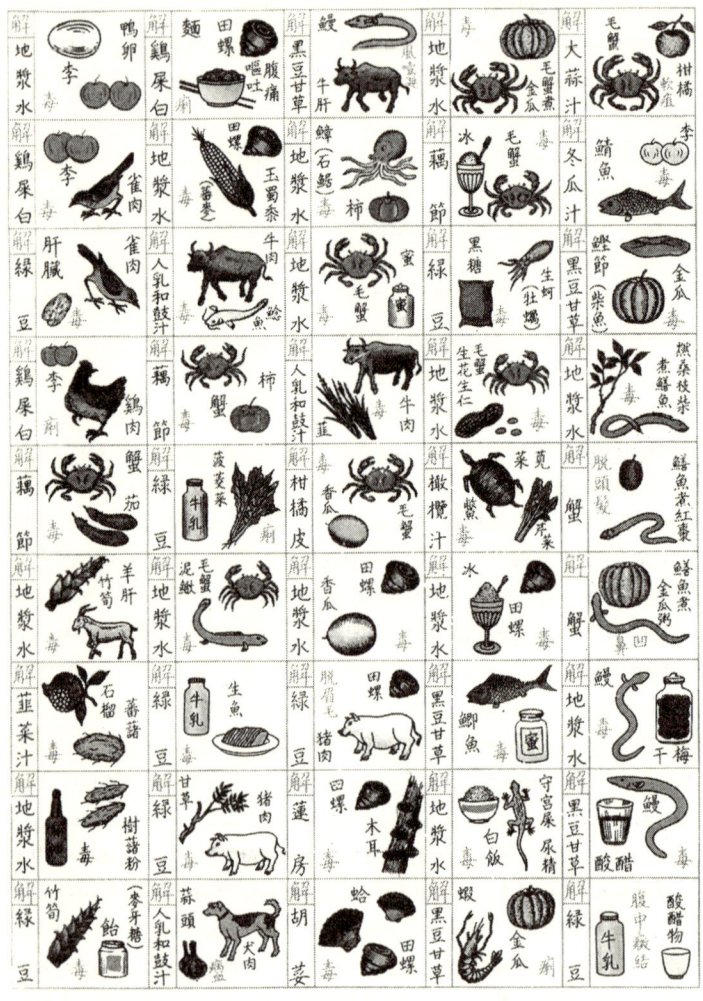

Schädliche Speisekombinationen und ihre Gegenmittel

te mit bestimmten Saucen serviert, die die Verdauung fördern sollen. So kann man etwa Wild mit Preiselbeeren, Lamm mit Minze, Rinderbraten mit Meerrettich und Schweinekotelett mit Apfelsauce kombinieren, um nur ein paar der von unseren Vorvätern überlieferten Rezepte zu nennen.

Aus vergleichbaren Gründen befinden sich in vielen chinesischen Almanachen bemerkenswerte Schaubilder, auf denen bekannte und exotische Nahrungsmittel (darunter einige, die sich der Übersetzung entziehen) in Briefmarkengröße abgebildet sind. Das hier wiedergegebene Schaubild mit dem Titel »Schädliche Speisekombinationen und ihre Gegenmittel« soll verdeutlichen, welche Lebensmittel nicht zusammen gegessen werden dürfen und womit man rechnen muss, wenn man sich nicht an den Rat hält. Obwohl die Konsequenzen solch unvernünftiger Zusammenstellungen einen meist in der Form von Lebensmittelvergiftungen einholen, zeigen einige Speisekombinationen recht erstaunliche Auswirkungen. Das Schaubild zeigt auch, was man essen soll, um die unerwünschten Folgeerscheinungen zu verhindern.

Dieses Schaubild ist für Chinesen so banal, dass sie es kaum mit einem zweiten Blick würdigen. Doch wer sich die Mühe macht, es näher zu untersuchen, der stellt fest, dass es einige nützliche, ein paar bizarre und etliche Informationen enthält, die kaum zu einer sinnvollen Anwendung zu bringen sind. So führt etwa der gemeinsame Verzehr von Nien-Fisch und Rindfleisch (B3 im Schaubild) zu einer Lebensmittelvergiftung. Doch selbst wenn man wüsste, was genau der Nien-Fisch ist, von der Beschaffung eines solchen Tiers ganz zu schweigen, müsste man ihn zunächst gemeinsam mit Rindfleisch garen, bevor es zu einer Vergiftungserscheinung kommen würde. Ist dieser Fall eingetreten, dann gibt es für den Leidenden zwei Gegenmittel, die beide im Notfall wohl kaum bei der Hand sein dürften: Das Erste verlangt die Dienste einer stillenden Mutter, und das Zweite bleibt ebenso geheimnisvoll wie der Nien-Fisch selbst. Dennoch stellt das Schaubild eine lehrreiche Kuriosität dar, deren Inhalt hier vollständig wiedergegeben wird, um jene, die sich in der chinesischen Küche versuchen wollen, vor den Fallstricken experimentellen Kochens zu bewahren.

Dem Schaubild sind einige praktische Ratschläge vorangestellt. Die vorgeschlagenen Gegenmittel stellen eine natürliche Möglichkeit dar, um die schädliche Wirkung falsch kombinierter Speisen zu reduzieren: »Bei schweren Fällen negativer Reaktion besteht die empfohlene Notmaßnahme im Trinken eines Absuds aus in Wasser aufgelöstem braunen Zucker und Kartoffelstärke (Stärkemehl). Als weitere Maßnahme kann man Zeige- und Mittelfinger in Erdnuss- oder ein anderes pflanzliches Öl tauchen und damit vorsichtig den Rachen reizen, um Erbrechen herbeizuführen. Sobald der Magen jedoch leer ist, darf kein weiteres Erbrechen erfolgen.«

Einige der vorgeschlagenen Gegenmittel sind vernünftig (in Wasser aufgelöstes Kaolin oder Porzellanerde ist in vielen Fällen von Vergiftung ein gutes Erste-Hilfe-Mittel). Bei anderen fragt man sich jedoch, wie das Heilmittel überhaupt als solches ermittelt werden konnte.

Die im Schaubild aufgeführten Nahrungsmittel wurden der leichteren Auffindbarkeit halber geordnet. Die vorangestellten Buchstaben-Zahlen-Kombinationen geben die Platzierung im Schaubild an, wobei die Waagrechte mit Buchstaben und die Senkrechte mit Zahlen bezeichnet wurde.

	Speise-kombination	Symptome	Gegenmittel
	Fisch		
C1	Aal mit Ochsenleber	Ersticken und Speichelfluss	schwarze Bohnen und Süßholz
E7	Aal und Backpflaumen	Vergiftung	Porzellanerde in Wasser
E8	Aal in Essig	Vergiftung	schwarze Bohnen und Süßholz
E4	gelber Aal geräuchert über Maulbeerholz	Vergiftung	Porzellanerde in Wasser
E5	gelber Aal gedünstet mit Jujube	Haarausfall	Krebsfleisch
E6	gelber Aal gekocht mit Honigmelone	Nase sinkt in das Gesicht	Krebsfleisch
E2	Meeräsche mit Pflaumen	Vergiftung	Molke
E3	Meeräsche mit Honigmelone	Vergiftung	schwarze Bohnen und Süßholz
B3	Nien-Fisch mit Rindfleisch	Vergiftung	Muttermilch und Trommelsaft (vermutlich Bohnensaft)
B7	roher Fisch mit Milch	Vergiftung	Mungobohnen

	Speise-kombination	Symptome	Gegenmittel
D7	Gemeine Karausche mit Honig	Vergiftung	schwarze Bohnen und Süßholz
	Geflügel		
A1	Enteneier mit Pflaumen	Vergiftung	Porzellanerde in Wasser
A2	Spatzenfleisch mit Pflaumen	Vergiftung	weiße Feststoffe des Hühnerkots (könnte sich auch um den Namen eines Krauts handeln)
A3	Spatzenfleisch mit (Ochsen-) Leber	Vergiftung	Mungobohnen
A4	Huhn mit Pflaumen	Vergiftung	weiße Feststoffe des Hühnerkots (siehe oben)
	Schalentiere		
B1	Schnecken mit Nudeln	Durchfall und Erbrechen	weiße Feststoffe des Hühnerkots (siehe oben)
B2	Schnecken mit Mais	Vergiftung	Porzellanerde in Wasser
C6	Schnecken mit Melone	Vergiftung	Porzellanerde in Wasser

	Speise-kombination	Symptome	Gegenmittel
D6	Schnecken mit Wassereis	Vergiftung	Porzellanerde in Wasser
C7	Schnecken mit Schweinefleisch	Haare der Augenbrauen fallen aus	Mungobohnen
C8	Schnecken mit Baumpilzen	Vergiftung	Lotossamen-hüllen
C9	Landschnecken mit Schalentieren	Vergiftung	Koriander
D1	gekochtes Krebsfleisch mit Honigmelone	Vergiftung	Porzellanerde in Wasser
E1	Krebsfleisch mit Orangen	Mund-geschwüre	Knoblauchsaft
D2	Krebsfleisch mit Wassereis	Vergiftung	Wurzelknöllchen der Lotospflanze
C3	Krebsfleisch mit Honig	Vergiftung	Porzellanerde in Wasser
B4	Krebsfleisch mit Persimonen	Vergiftung	Lotoswurzeln
D4	Krebsfleisch mit rohen Erdnüssen	Vergiftung	Porzellanerde
A5	Krebsfleisch mit Auberginen	Vergiftung	Lotoswurzeln

	Speise-kombination	Symptome	Gegenmittel
C5	Krebsfleisch mit parfümierter Melone	Vergiftung	Orangenschalen
B6	Krebsfleisch mit Schmerle	Vergiftung	Porzellanerde in Wasser
D9	Garnelen mit Honigmelone	Durchfall	schwarze Bohnen und Süßholz
C2	Tintenfisch mit Persimonen	Vergiftung	Porzellanerde in Wasser
D3	roher Tinten-fisch mit braunem Zucker	Vergiftung	Mungobohnen
	rotes Fleisch		
C4	Rindfleisch mit Porree	Vergiftung	Muttermilch und Trommelsaft (siehe B3)
D5	Taube mit Sellerie und Spinat	Vergiftung (Olivenöl?)	Olivensaft
A6	Lamm- oder (Ziegen-)Leber mit Bambus-sprossen	Vergiftung	Porzellanerde in Wasser
C7	Schweinefleisch mit Schnecken	Haare der Augenbrauen fallen aus	Mungobohnen
B8	Schweinefleisch mit Süßholz	Vergiftung	Mungobohnen

	Speise-kombination	Symptome	Gegenmittel
B9	Hundefleisch mit Knoblauch	Blutkrankheit	Muttermilch und Trommelsaft (siehe B3)
	Verschiedenes		
B5	Spinat mit Milch	Durchfall	Mungobohnen
A7	Kartoffeln mit Granatäpfeln	Vergiftung	Porreesaft
D8	Eidechsenkot und -urin im Reis (als Verunreinigung)	Vergiftung	Porzellanerde in Wasser
A9	Bambussprossen mit Malz	Vergiftung	Mungobohnen
E9	Milch mit Essig oder anderen sauren Flüssigkeiten	Verstopfung	Mungobohnen
	Weitere Hinweise		
C1	Ochsenleber mit Aal und Süßholz	Ersticken und Speichelfluss	schwarze Bohnen
A3	Ochsenleber mit Spazenfleisch	Vergiftung	Mungobohnen
B3	Rindfleisch mit Nien-Fisch	Vergiftung	Muttermilch und Trommelsaft (siehe B3)
C7	Schweinefleisch mit Schnecken	Haare der Augenbrauen fallen aus	Mungobohnen

Mit den fünf Elementen
Harmonie herstellen

Eine der großen von Konfuzius herausgegebenen klassischen Schriften ist das *Shujing*, das »Buch der Urkunden«, eine Sammlung von historischen Aufzeichnungen und Dokumenten. Der vordere Teil des Werks befasst sich überwiegend mit der ins Sagenhafte spielenden Geschichte Chinas, doch enthält das Buch auch einen Abschnitt, den »Großen Plan«, der die Grundlage chinesischer Glaubensvorstellungen und insbesondere das Bild vom Wesen des Kosmos wiedergibt. Dem *Shujing* zufolge wurde der Große Plan dem legendären Kaiser Yu offenbart und bestand aus neun Teilen. Der erste Teil enthält Erläuterungen zu den fünf Elementen und der letzte führt auf, wie die fünf Arten von Glück zu kultivieren sind.

Den Aufzeichnungen des *Shujing* zufolge befanden sich die neun Teile des Großen Plans auf dem Rücken einer Schildkröte, die aus dem Fluss Lo auftauchte, und kamen auf diesem Wege zu Kaiser Yu. Im Chinesischen besteht der Text der neun Teile aus 38 Schriftzeichen. Doch normalerweise ist es üblich, die neun Teile durch Kreise oder Felder darzustellen, die von eins bis neun durchnummeriert sind. Dies ist der Ursprung des »Lo-Shu«, des magischen Quadrats der Neun, das der chinesischen Numerologie als Grundlage dient.

In der British Library befindet sich eine außergewöhnliche Kopie des Großen Plans, auf die ich vor ein paar Jahren durch Zufall stieß. Die Schriftzeichen sind auf eine Stoffrolle von drei oder vier Meter Länge kalligraphiert. Bei einem ersten Blick auf das Dokument kam mir die Tinte ungewöhnlich dick und erhaben vor, so als sei statt Tinte Farbe verwendet worden. Außerdem entdeckte ich ein oder zwei Spritzer und Kleckse auf der Rolle. Als ich das Dokument mit dem Vergrößerungsglas genauer untersuchte, stellte ich fest, dass die Schriftzeichen gar nicht kalligraphiert, sondern mit einem einzelnen Seidenfaden sorgfältig in das Tuch gestickt worden waren. Dabei hatten die Spritzer und Kleckse die Funktion, dem atemberaubenden Stück Nadelarbeit die gewünschte Authentizität zu verleihen.

Der Große Plan enthält die erste Erwähnung der fünf Elemente. Er tut kund, dass die fünf Elemente zusammen mit »Korn« die »sechs Dinge« darstellen und alles umfassen, was zur Erhaltung von Leben erforderlich ist. »Korn« steht hier für alle materiellen Bedürfnisse, nicht nur für Nahrung, sondern auch für Kleidung, das Dach über dem Kopf und den materiellen lebensnotwendigen Bedarf. Die fünf Elemente hingegen symbolisieren den Umgang mit diesen Rohstoffen, mit Beförderung, Arbeit, Gesellschaft, Lernen, Schönheit, Glück – alles Dinge, die man zwar wahrnehmen, aber nicht physisch greifen kann.

In diesem alten Text sind die fünf Elemente in der folgenden ungewöhnlichen Reihenfolge wiedergegeben: Wasser, Feuer, Holz, Metall und Erde. Sie hat keinerlei praktischen Wert und lässt darauf schließen, dass die fünf Elemente in ihren entscheidenden Eigenschaften zu dem Zeitpunkt, als die einzelnen Teile des *Shujing* zusammengetragen wurden, noch nicht festgelegt waren. Die für die Fünf-Elemente-Lehre maßgebliche Ordnung der Elemente beginnt mit Wasser. Ihm folgen Holz, Feuer, Erde und Metall. Für diese Abfolge sprechen sehr bedeutende technische Gründe, die unter anderem den Zyklus der Jahreszeiten berücksichtigen. Schließlich entwickelt sich ja die gesamte Fünf-Elemente-Lehre aus der Beziehung zwischen den Elementen, die auf dieser alles entscheidenden Reihenfolge basiert.

Der Text des Großen Plans beschäftigt sich nur kurz mit den fünf Elementen. Er beschreibt Wasser als durchweichend und absteigend, Feuer als lodernd und aufsteigend, Holz als krumm und gerade, Metall als der Veränderung gehorchend und Erde als das Medium des Säens und Erntens. Obgleich man heute den fünf Elementen eine Vielzahl von unverwechselbaren Qualitäten zuspricht, wird im Großen Plan nur auf den Geschmack Bezug genommen: Wasser ist salzig, Feuer bitter, Holz sauer, Metall scharf und Erde süß. Es ist von höchster Bedeutung, dass diese erste Erwähnung eines zentralen Aspekts chinesischer Glaubensvorstellung in der chinesischen Literatur zwar fünf Geschmacksrichtungen aufführt, aber Aspekte wie Farbe, Form und Jahreszeit, die zum Verständnis der Fünf-Elemente-Lehre unverzichtbar sind, vernachlässigt.

Selbst die frühesten Kommentatoren der Klassiker äußern sich zu dieser erstaunlichen Unterlassung. Eine Erklärung, die ein früher Kommentator beisteuert, bezieht sich auf die Tatsache, dass neben den fünf Elementen insbesondere Nahrung zum Erhalt des Lebens erforderlich ist; daher die Konzentration auf fünf Geschmacksrichtungen. Doch die Logik, die hinter der Zuordnung der fünf geschmacklichen Orientierungen zu den fünf Elementen steht, wird erst offensichtlich, wenn man deren Qualitäten kennt. Das Holzelement zum Beispiel wird dem Frühling und deshalb der Farbe Grün zugeordnet. Im Frühling aber ist Obst noch sauer, folglich wird Holz mit saurem Geschmack assoziiert. Im Herbst ist die Zeit der Ernte, und die Felder nehmen eine braune Färbung an. Die Früchte sind süß und zum Verzehr bereit, also wird das Erdelement mit Süße in Verbindung gebracht.

Der Huangdi Neijing

In dem großen Klassiker der chinesischen Medizin, dem *Huangdi Neijing* oder »Inneren Klassiker des Gelben Kaisers«, wird die Qualität des Geschmacks so hoch bewertet, dass den fünf Geschmacksrichtungen Vorrang vor den Elementen selbst eingeräumt wird. Tatsächlich lässt sich in der folgenden Passage aus dem *Neijing* nur schwer ausmachen, ob sie sich tatsächlich auf Speisen und ihren Geschmack bezieht oder lediglich die fünf Elemente bildhaft beschreibt.

Wenn Säure [dem Holzelement zugehörig] dominiert, dann bewirkt dies eine Speichelüberproduktion durch die Leber [Holz], und die Kraft der Milz [Erde] nimmt ab.

Wenn Salz [Wasser] dominiert, dann ermüden die Knochen in den Gliedmaßen, Muskeln und Fleisch werden schwach und der Geist unfähig.

Wenn Süße [Erde] dominiert, dann gewinnt das Qi des Herzens die Übermacht, die Gesichtsfarbe wird dunkler und die Nieren geraten aus dem Gleichgewicht.

Wenn Bitterkeit [Feuer] dominiert, dann trocknet das Qi der Milz ein, und das Qi des Magens kondensiert.

Wenn die Schärfe [Metall] dominiert, dann schwächt sie die Muskeln, den Puls und das allgemeine Auftreten.

Jene, die den fünf Geschmacksrichtungen Beachtung schenken und sie gut mischen, deren Knochen werden gerade, ihre Muskeln fest und jugendlich, ihr Atem wird frei und ihre Körper erfüllt von Kraft und Leben sein.

Zu Konfuzius' Zeiten hatte sich die Beschäftigung mit den Eigenschaften der Elemente bereits stark weiterentwickelt. Man befasste sich mit ihrer Beziehung zu den Jahres- und Tageszeiten, zu den fünf Hauptplaneten, zu Farben und den

Provinzen des Kaiserreichs. Vor allem aber hatte sich die Beziehung der fünf Elemente untereinander herausgebildet und gefestigt und war zu einem wichtigen Pfeiler der chinesischen Wissenschaften und insbesondere der Medizin geworden.

Während also der oben wiedergegebene Abschnitt aus dem *Neijing* sicherlich Konfuzius' Zustimmung fand, weil er auf der klassischen Tradition beruht, ist eine spätere Textstelle des Werks eine andere gedankliche Grundlage. Offenbar entstand sie ein paar Jahrhunderte nach Konfuzius und beinhaltet Vorstellungen, die Konfuzius durch die Art, wie sie die Qualitäten jedes Elements erweitern und jedes der fünf Hauptorgane mit Attributen wie Farbe, Geruch, Töne und bestimmten Krankheiten in Verbindung bringen, sicherlich überrascht hätten.

Grün ist die Farbe des Ostens; es beherrscht die Leber und öffnet die Augen. Die ihm zugeordnete Störung ist eine Nervenkrankheit. Sein Geschmack ist sauer, sein Wesen kommt in Bäumen und Holz zum Ausdruck. Sein Fleisch ist Huhn, sein Getreide der Weizen. Sein Planet der Jupiter, der Jahresbezeichner. Das Qi des Frühlings findet sich im Kopf. Seine musikalische Note ist das G; seine Zahl die 8. Hiervon ausgehend befindet sich seine Krankheit in den Muskeln. Sein Geruch ist ranzig.

Dieser Text enthält vieles, was der näheren Erklärung bedarf.

Qualitäten der fünf Elemente

Die erste Erwähnung der fünf Elemente im Großen Plan lässt nicht darauf schließen, dass sie mit den vier Himmelsrichtungen und der Mitte in Verbindung stehen. Doch erst durch ihre direkte Beziehung zu den Kompasspunkten wird ihre Symbolik überhaupt verständlich. Ein Beziehungsmuster entsteht erst, wenn Wasser, Holz, Feuer und Metall in den Norden, Osten, Süden und Westen und Erde in die Mitte gestellt werden.

Wasser im Norden ist kalt und gehört daher zu Winter und Mitternacht. Feuer hingegen ist mit Sommer und Mittag verbunden. Daraus wiederum folgt, dass der Osten zum Frühling, zum Wachstumsbeginn und daher zum Holzelement sowie zum Sonnenaufgang gehört. Der Abend hingegen verbindet sich mit dem Sonnenuntergang und dem Herbst, der Jahreszeit, in der Metall zum Schneiden des Getreides zum Einsatz kommt. Das Element Erde befindet sich im Mittelpunkt.

Die Farben

Was nun die Farben angeht, so sind wachsende Pflanzen beziehungsweise Holz grün, Feuer lodert rot, poliertes Eisen schimmert weiß und Wasser, wenn es nicht gerade etwas Helles reflektiert, erscheint schwarz. Das Erdelement im Zentrum ist gelb, weil die Erde in China, im »Reich der Mitte«, vornehmlich aus gelbem Löss besteht.

Es existiert jedoch noch eine weitere gültige Erklärung für diese Farbzuordnungen. Die fünf Elemente werden von chinesischen Astronomen auch zur Bezeichnung der fünf Hauptplaneten im Sonnensystem verwendet: So ist Jupiter der Holzstern, Mars der Feuerstern, Saturn der Erdstern (was oft für Verwirrung sorgt), Venus der Metallstern und Merkur der Wasserstern. Jeder Hobbyastronom, der in einer klaren Winternacht zum Himmel aufblickt, wird die unverwechselbare Farbgebung der Planeten erkennen, die an ihre Elementzugehörigkeit erinnert. Jupiter ist von einem bläulichen Grün, Mars von einem auffälligen Rot und der Saturn schimmert gelblich. Von den beiden verbleibenden Planeten bezeichnete man die Venus (nach ihrer Elementfarbe) als die Große Weiße und Merkur als den Kleinen Weißen. In der philosophischen Vorstellung der Chinesen bedeutete »Kleiner Weißer« schwarz.

In der Traditionellen Chinesischen Medizin spielen Farben bei der Diagnose eine bedeutende Rolle. Da jede Farbe einem der Körperorgane zugeordnet ist, kann eine anormale Verfärbung der Zunge, des Gesichts oder der Haut ein Ungleichgewicht des betreffenden mit diesem Organ verbundenen Körperteils anzeigen. Auf diese Weise führt das Symptom sowohl zur Diagnose als auch zum Heilmittel.

Die Beziehung zwischen diesen fünf Farben und den fünf Getreidearten bildet den Kern der Legende von den fünf Schafböcken von Guangzhou (heute: Kanton). Das chinesische Wort für das Tier in der Sage kann Schaf oder Ziege bedeuten, doch Informationsbroschüren, die die Stadt Kanton für Touristen herausgibt, sprechen in der Regel von den fünf Schafböcken. Diese fünf heiligen Schafböcke, der Erste grün, der Zweite rot, der Dritte gelb, der Vierte weiß und der Fünfte schwarz, seien auf die Erde gekommen, und jedes der Tiere habe eines der fünf Grundnahrungsmittel – Weizen, Hirse, Sorghum, Reis und Hülsenfrüchte – im Maul getragen. Auf diese Art wurde der Ackerbau auf die Erde gebracht. Nachdem die Schafböcke das Getreide gebracht hatten, verwandelten sie sich in Stein und sollen noch bis ins 19. Jahrhundert als Steinkreis sichtbar gewesen sein. Vor ungefähr 500 Jahren wurde der Steinkreis durch bildliche Darstellungen der fünf Schafböcke ergänzt, die heute noch immer in der Nähe des Glockenturms von Kanton bewundert werden können. Die auf Postkarten abgebildete bekannte Skulptur stammt jedoch aus neuerer Zeit. Dieses Symbol der Stadt Kanton befindet sich in dem Park, der an den Zoo der Stadt angrenzt, und zeigt die fünf Schafböcke als Bergziegen.

Die fünf Klänge

Die Erwähnung musikalischer Töne offenbart einen weiteren Aspekt der fünf Elemente. Nicht nur zum Wohle der Musik verdienen die fünf Töne eine gründliche Untersuchung. Die Resonanz zweier Musikinstrumente wurde als Beweis für den Gleichklang zweier Ereignisse begriffen, die scheinbar nichts miteinander zu tun hatten. Ein auf den Boden gelegtes Saiteninstrument schwingt mit, wenn man mit einem anderen Instrument, sei es nun eine Laute, Flöte oder eine Glocke, Töne erzeugt – vorausgesetzt die beiden Instrumente sind exakt aufeinander abgestimmt. Wenn also die Ereignisse auf Erden in Harmonie mit dem Willen des Himmels sind, dann entsteht Resonanz. Wenn Handlungen sich jenen des Herrschers widersetzen, dann herrscht Disharmonie. Töne in ihrer vollkommenen Abstimmung aufeinander wurden nicht nur als Metapher für universelle Harmonie betrachtet, sondern als echter Beweis für ihre Existenz.

Die chinesische Musik besteht, wie die Volksmusik fast überall auf der Welt und wie ein Großteil der Popmusik des ausgehenden 20. Jahrhunderts, lediglich aus den fünf Tönen der pentatonischen Tonleiter. In der europäischen Tonschrift sind dies die Töne C, D, E, G und A, in der chinesischen Gong, Shang, Jiao, Ji (oder Zheng) und Yu. Sie sind den fünf Elementen wie folgt zugeordnet:

C/Gong	D/Shang	E/Jiao	G/Ji (oder Zheng)	A/Yu
Erde	Metall	Holz	Feuer	Wasser

Hier wurden die fünf Töne in der üblichen Reihenfolge wiedergegeben, wobei der tiefste Ton den Anfang macht. In aufsteigender Ordnung sind die fünf Töne den fünf Elementen Wasser, Feuer, Holz, Metall und Erde in der ungewöhnlichen Reihenfolge zugeordnet wie auch im Großen Plan. Doch die fünf Töne haben eine sehr viel bedeutendere Aufgabe zu erfüllen, als einfach nur die Noten irgendeiner Musik zu sein.

Der von einer Saite wiedergegebene Ton hängt weitgehend von ihrer Länge ab. Doch auch andere Faktoren spielen eine Rolle: etwa die Dicke der Saite und ihre Spannung. Eine Temperaturveränderung wirkt sich auf die Länge der Saite aus und damit auch auf den Ton, den sie hervorbringt. Daher müssen die Stimmwirbel eines Saiteninstruments ständig nachgestellt werden. Naturfelltrommeln haben die gleichen technischen Probleme.

Es gab jedoch ein typisches chinesisches Musikinstrument, das immun gegen die Launen des Klimas war: das Steinspiel. Es hat immer die gleiche Tonhöhe, ganz egal wie die Wetterlage ist. Der einzige variierende Faktor ist das Gewicht der Steine. Aus diesem Grund wurden die übrigen Instrumente nach dem steinernen Glockenspiel gestimmt.

Auch Blasinstrumente und Pfeifen verstimmen nicht. Allein ihre Länge bestimmt über ihre Tonlage. Da die Länge einer Pfeife über ihre Tonhöhe entscheidet, konnte man mit der Tonhöhe eine standardisierte Länge bestimmen. Gleichfalls war es möglich, das Gewicht des Steinspiels als standardisiertes Gewichtsmaß zu verwenden. Im alten China erfolgte das genaue Messen von Gewicht und Länge durch das Stimmen von Musikinstrumenten – ein weiterer Hinweis auf die im Universum herrschende Harmonie.

Diese erstaunliche Fähigkeit von Stein- und Windspielen, zwei scheinbar vollkommen unterschiedliche Funktionen miteinander vereinbaren zu können, liegt die weit verbreitete Vorstellung im Feng Shui zugrunde, dass das Aufhängen von Windspielen und Pfeifen ein gutes Qi erzeugt. Doch hinter aufgehängten Pfeifen und Glocken steckt noch mehr als die Hoffnung, der Wind möge aus der richtigen Richtung blasen, um sie zum Klingen zu bringen.

Ein früher chinesischer Kommentar zu häuslichen Bräuchen äußert sich hierzu verführerisch knapp. Sein Autor, der Philosoph Wang Chong, der im 1. Jahrhundert n. Chr. lebte, spricht darin von Häusern, die zum Ton ihrer Bewohner passen. Damit ist natürlich gemeint, dass das Element des Hauses auf jenes seines Besitzers abgestimmt sein soll. Doch scheint sich damit auch der Vorschlag zu verbinden, das Element des Hauses durch das Einbringen des entsprechenden Tons zu korrigieren, falls Haus und Eigentümer energetisch nicht übereinstimmen. Windspiele, die man aufhängt, um den Ton des Hauses zu korrigieren, müssen also den richtigen Ton hervorbringen, um die gewünschte Wirkung zu haben.

Für gewöhnlich habe ich deshalb etwas gegen das Aufhängen von Windspielen, weil nur die wenigsten Menschen wirklich durchschauen, was sie damit bewirken. Einmal war ich im Haus einer Dame zu Gast, die begierig darauf war, vom Qi der Windspiele zu profitieren, und deshalb ein besonders großes Windspiel in ihrem Treppenhaus aufgehängt hatte. Nun war aber das Haus so gut isoliert, dass niemals auch nur der geringste Luftzug entstand, um das Windspiel zum Klingen zu bringen. Unverzagt montierte sie einen elektrischen Ventilator an der Treppe, um nicht auf die gewünschten Klänge verzichten zu müssen.

Ich erinnere mich daran, dass ich einmal eingeladen war, die Nacht im Haus eines Freundes zu verbringen, der von Windspielen besonders begeistert war und sie deshalb überall in seinem Haus aufgehängt hatte. Sein Haus erinnerte an eine Schweizer Berghütte, und angesichts seines Standorts in den Bergen wäre das Läuten von Kuh- oder Schafglocken eher angemessen gewesen. Da er meine Einstellung zu Windspielen kannte, nahm er vor meiner Ankunft sorgfältig alle im Haus verteilten Windspiele ab. Eines jedoch, das vor dem Fenster meines Schlafzimmers hing und ein beharrliches Klingeln wie das eines Telefons von sich gab, vergaß er. Immer wenn ich in dieser Nacht gerade in den Schlaf glitt, setzte das hartnäckige Klingeln von Neuem ein. Dieser Vorfall ist in meinem Gedächtnis als »die Rache der Windspiele« gespeichert.

In der Traditionellen Chinesischen Medizin »belauscht« der Arzt den Patienten. Indem er feststellt, ob die Atmung des Patienten den richtigen Klang hat, kann er die Krankheit im Körper lokalisieren. Die Tonlage der Stimme eines Menschen ermöglicht einem traditionellen chinesischen Arzt Rückschlüsse auf dessen Gesundheitszustand. Somit offenbart die Tonhöhe das Element und das Element die Stimmung. Ist beispielsweise der dominierende Ton in der Stimme des Patienten das dem Erdelement zugerechnete tiefe C beziehungsweise Gong, dann lässt das auf Nachdenklichkeit sowie auf Milz- und Verdauungsbeschwerden schließen.

Den Grundton einer Stimme zu erkennen, setzt Erfahrung voraus, da sich die Stimme im normalen Gespräch hebt und senkt. Doch der summende Tonfall einer großen Schar von Marktbesuchern lässt sich leichter zuordnen. Sima Qiam, der große chinesische Historiograph, der von 145 bis 73 v. Chr. lebte, dokumentiert in seinen *Shiji*, den »Aufzeichnungen des Historikers«, eine Methode, mit der die Aussichten für das neue Jahr aus dem von der Stadtbevölkerung beim chinesischen Neujahrsfest erzeugten Summton ermittelt werden können. Es ist leicht zu erkennen, dass die Prophezeiungen mit der Symbolik des Elements korrespondieren, welches mit dem jeweiligen Ton assoziiert wird:

Ist der Ton ein Gong [C, Erde], dann verspricht er eine gute Ernte und gute Aussichten. Ist der Ton ein Shang [D, Metall], dann wird es zum Krieg kommen. Ist er ein Jiao [E, Holz], dann wird die Ernte schlecht ausfallen. Ist er ein Ji [G, Feuer], dann muss mit Trockenheit gerechnet werden. Und ist der Ton ein Yu [A, Wasser], dann steht feuchtes Wetter ins Haus.

Es mag einem merkwürdig vorkommen, dass Holz, das Element der Vegetation, auf eine schlechte Ernte hinweisen soll statt auf große Pflanzenfülle. Ursache hierfür ist die Tatsache, dass Holz für den Frühling steht, eine Jahreszeit, in der die Feldfrüchte noch nicht reif sind.

Das Verhältnis der Elemente zueinander

Wir haben bereits festgestellt, dass bestimmte Erkrankungen in Beziehungen zu emotionalen Anspannungen stehen können und dass physische Symptome und mentale Haltungen gleichermaßen einer der fünf Elementekategorien zugeordnet werden. Es ist zwar wichtig, die Eigenschaften und Qualitäten der fünf Elemente zu kennen, doch von entscheidender Bedeutung für die Praxis ist insbesondere das Wissen, wie der übermächtige Einfluss des einen Elements reduziert und die mangelhafte Ausprägung eines anderen verstärkt werden kann.

Ein Element, das sich in einer ihm eigenen Umgebung befindet, ist stabil. Somit weist alles, was mit dem Holzelement assoziiert wird und sich in einer vom Holzelement bestimmten Umgebung aufhält, Stabilität auf. Holz wird dem Frühling zugeordnet, der Farbe Grün und dem sauren Geschmack. Um also ein sehr praktisches Beispiel zu wählen, befindet sich ein grüner Blattsalat, der mit Limonensaft angemacht wird, in Harmonie.

Sind zwei Elemente beteiligt, dann wird entweder das eine das andere verstärken oder aber dominieren. Holz unterstützt das Feuerelement, unterdrückt jedoch das Erdelement. Aus offensichtlichen Gründen ist es wünschenswert, dass zwei Elemente möglichst in einer harmonischen Beziehung zueinander stehen, auch wenn eines das andere unterstützt. Die Chinesen vergleichen dies gerne mit einer Eltern-Kind-Beziehung; obgleich es immer der Elternteil ist, der gibt, handelt es sich dennoch um ein natürliches und harmonisches Miteinander. Befinden sich beide Elemente jedoch in einer einseitig dominierten Beziehung, dann sind die Verhältnisse komplizierter, weil der dominierende Teil gewinnt und der andere verliert und folglich keine Harmonie zwischen ihnen besteht. Im Fall von Feuer und Wasser etwa, dominiert Wasser und löscht das Feuer.

Erinnern Sie sich, das Feuerelement regelt das Herz und den Blutkreislauf. Wenn also jemand unter Bluthochdruck leidet, dann kann es hilfreich sein, das Feuerelement in seiner Umgebung zu reduzieren. Ein einfacher erster Schritt könnte darin bestehen, die Farbe Rot in seinem Zuhause zu verringern. Doch durch welche Farbe soll Rot ersetzt werden? Gemäß der Farbzuordnung der Elemente besteht die Wahl zwischen Schwarz oder Dunkelblau für Wasser, Grün für Holz, Gelb für Erde und Weiß für Metall. Falls Sie sich für Dunkelblau entscheiden, dann denken Sie noch einmal nach. Wir haben es mit einem lebendigen Menschen zu tun. Ziel ist es, Feuer zu reduzieren, nicht es vollständig zu löschen. Ideal wäre es, einige, nicht alle Rottöne in der Innenausstattung des Hauses durch Farben zu ersetzen, die dem »Kind« des Feuerelements zugerechnet werden – im vorliegenden Fall also durch die Gelb- oder Brauntöne des Erdelements. Auf diese Weise wird ein Großteil der mächtigen Feuerenergie in die Unterstützung des Erdelements umgeleitet. Dieses Beispiel ist deshalb besonders aufschlussreich, weil es in vielerlei Hinsicht mit konventionellem westlichen Denken übereinstimmt, auch wenn sich die Argumentation ein wenig unterscheidet. Rot ist eine stark stimulierende Farbe, die mit einem angespannten Gefühlszustand in Verbindung gebracht wird und die daher Bluthochdruck provozieren kann. Eine Reduzierung dieses Stimulus ermöglicht die Rückkehr zum Gleichgewicht.

Es ist leicht, die Elemente in ihrer produktiven und in ihrer destruktiven Reihenfolge zu erfassen. Die »produktive Abfolge«, bei der sich jedes Element zum nachfolgenden wie die Mutter zum Kind verhält, lautet folgendermaßen:

… Wasser – Holz – Feuer – Erde – Metall – Wasser – Holz …

Diese Abfolge wird deshalb als »produktiv« bezeichnet, weil jedes Element das nächste produziert. In der Regel merkt man sie sich, indem man daran denkt, dass Wasser erforderlich ist, um die Pflanzen (Holz) zu nähren, Holz, um Feuer zu machen, Feuer Asche (Erde) zurücklässt und dass aus der Erde Metall abgebaut wird. Metall kann eingeschmolzen werden, sodass es flüssig ist wie Wasser. Wasser wiederum ist erforderlich, um die Pflanzen zu bewässern.

In der Traditionellen Chinesischen Medizin wird dieses Prinzip auch auf die Beziehung der Körperorgane und -zonen zueinander übertragen. So stärkt die Leber, die der Holzzone zugehört, das Herz beziehungsweise die Feuerzone, indem sie die Muskeln nährt. Folglich ist Holz die Mutter des Feuers. Das Herz wiederum reichert durch den Blutstrom die Milz beziehungsweise die Erdzone an. Durch einen verbindenden Kanal sind die fünf Hauptzonen des Körpers in der Lage, sich gegenseitig zu unterstützen. Im Kern lautet also das fünfteilige Unterstützungssystem des Körpers folgendermaßen:

Holz erzeugt Feuer:
Die *Leber* unterstützt über die *Muskulatur* das *Herz*.
Feuer erzeugt Erde:
Das *Herz* unterstützt über den *Blutkreislauf* die *Milz*
(und das *Verdauungssystem*).
Erde erzeugt Metall:
Die *Milz* unterstützt über das *Fleisch* die *Lunge*.
Metall erzeugt Wasser:
Die *Lunge* unterstützt über die *Haut* die *Nieren*.
Wasser erzeugt Holz:
Die *Nieren* unterstützen über die *Knochen* und das *Knochenmark* die *Leber*.

Drittes Kapitel:
Das Glück des Reichtums

Rechtmäßig erworbener Reichtum
ist die gerechte Belohnung und
das äußere Merkmal von Fleiß.

Angeblich gibt es ein Buch mit dem Titel »Wie man glücklich und doch reich sein kann«. Ernstlich kann ein solches Buch kaum existieren, denn weder schwer reiche Leute, die ihren Reichtum selten zugeben, noch jene, die glücklich über ihren Reichtum sind, würden es kaufen. Und wer sonst sollte es lesen?

Gelegentlich wird darauf verwiesen, dass man auch mit allem Reichtum dieser Welt Glück nicht kaufen kann. Doch viele der Dinge, die ein zufriedeneres Leben ermöglichen, sind mit Geld leichter zu erlangen. Die Ärgernisse des Lebens, angefangen beim tropfenden Wasserhahn bis hin zum Wetter, kann man mit Geld beheben. (Das Wetter? Sie müssen nur an einen anderen Ort mit einem besseren Klima ziehen.)

Tatsächlich gibt es aber Dinge, die man wirklich nicht kaufen kann. Wahre Liebe ist eines davon, auch wenn Reichtum bemerkenswerte Fälschungen möglich macht. Ewige Jugend ist ein weiteres, auch wenn viele Chirurgen reich damit werden, dass sie geschickt, aber vermeintlich das

Gegenteil unter Beweis stellen. Auch einen verstorbenen geliebten Menschen kann man mit keinem Mittel der Welt zurückholen, nicht einmal mit Geld. Und nicht zuletzt aus diesen Gründen behaupten die chinesischen Weisen, dass es fünf Arten von Glück gibt, von denen Reichtum nur eine ist.

In Europa ist die moralinsaure Vorstellung verbreitet, der zufolge Geld den Menschen verdirbt. Reich sein heißt schlecht sein. Die »Politik des Neids« ist für manche sogar Programm. Ein Mann, der seinen Rolls-Royce durch Liverpool steuerte, musste an einer Ampel halten. Zwei Rowdys, die die Straße überquerten, traten auf das Fahrzeug ein, beschimpften den Fahrer und bezeichneten ihn als dreckigen Kapitalisten. Der Fahrer ließ das Fenster herunter und rief: »Ich bin kein Kapitalist! Ich habe im Lotto gewonnen!« Und die beiden Jugendlichen entschuldigten sich zerknirscht.

Nach der chinesischen Tradition gibt es drei Arten von Wohlstand: jener, mit dem man geboren wurde, jener, den man selbst erwirtschaftet hat, und jener, den allein der Himmel zuteilt. Manche Menschen werden in wohlhabende Familien hineingeboren und können sich eines goldenen Starts erfreuen. Doch nicht alle, die sich in einer solch glücklichen Lage befinden, gehen mit ihrem Erbe auf die gleiche Weise um. Da sind die einen, die die Familientradition in Ehren halten und das geerbte Vermögen weiter mehren. Andere sind zufrieden damit, hart zu arbeiten, sie erhalten ihren bequemen Status aufrecht, wollen sich jedoch nicht mit größerer Verantwortung belasten oder in sich den aggressiven Konkurrenzgeist entwickeln, der erforderlich wäre, um ihr kleines Imperium noch zu vergrößern. Und wieder andere haben Spaß dabei, ihre Mittel für ihren hohen Lebensstandard zu verschwenden und den Familienbesitz durchzubringen. Vielleicht braucht die Gesellschaft den einen oder anderen Verschwender, um ein angesammeltes Vermögen neu zu verteilen. Gäbe es sie nicht, dann würde geerbtes Vermögen schon nach ein paar Generationen ins Grenzenlose anwachsen und der Familie zu einem gefährlichen Machtzuwachs verhelfen.

Die gleichen drei Wege – entwickeln, aufrechterhalten und verschwenden – stehen auch den Menschen offen, denen ihr Reichtum durch den Himmel zuteil geworden ist: Das beste Beispiel hierfür wäre heutzutage sicherlich ein Lottogewinn. Was Lottokönige mit ihrem gewonnenen Geld anstellen, bleibt ihnen selbst überlassen – ob sie es Gewinn bringend einsetzen, ihr Leben wie zuvor weiterführen oder alles in ein paar Wochen nach dem Lustprinzip aus dem Fenster werfen.

Doch die größte Befriedigung schafft Reichtum, wenn Menschen aus einfachen Verhältnissen es aufgrund ihrer Begabung, Entschlossenheit und durch harte Arbeit zu Wohlstand bringen. Eine Reihe von Werken, die jedoch nicht den Klassikern der chinesischen Literatur zugerechnet werden, haben sich im Laufe der Zeit mit einem auf diese Weise erlangten Reichtum beschäftigt. Das jährlich erscheinende *Tongshui*, das »Alles-Buch« weist in der Regel einen sonderbar illustrierten Abschnitt über Geschäftsmaximen auf. Weitere Regeln zum Geschäftsgebaren sind im *Bing Fa*, »Kriegskunst«, von Sunzi (313 bis 238 v. Chr.) enthalten. Bei ihnen handelt es sich um Erfolgsformeln für eine aggressive, wettbewerbsorientierte Welt.

Konfuzianische »Kriegslisten«

Konfuzius war es nicht wichtig, reich zu sein: »Wenn der Reichtum (vernünftigerweise) erjagt werden könnte, so würde ich es auch tun, und sollte ich mit der Peitsche in der Hand dienen; da man ihn aber nicht erjagen kann, so folge ich meinen Neigungen.« (*Lunyu* VII, 11)

Trotzdem hatte er jenen, die ihr Leben dem Erlangen von Reichtümern verschrieben, viel zu sagen: »Reichtum und Ehre sind es, was die Menschen wünschen; aber wenn sie einem unverdient zuteil werden, so soll man sie nicht festhalten.« (*Lunyu* IV, 5) Ich habe den Eindruck, einige unserer modernen »Geschäftsstrategien« hätten ihm nicht gefallen.

Konfuzius gibt sich Mühe, zwischen denen zu unterscheiden, die ein Geschäft um des Profits willen und allein zu ihren eigenen Gunsten betreiben, und jenen, die für andere Menschen Verantwortung übernehmen. Bestimmt wäre er gegen heutige Ministerien zu Felde gezogen, die soziale Dienste verringern, nur damit irgendwelchen Aktionären höhere Renditen zufließen. Wenn allein der Kapitalertrag zählt, dann ist es nach Konfuzius' Auffassung egal, ob eine Regierung einwandfrei oder korrupt arbeitet. »Ist ein Land auf rechter Bahn, (so habe man sein) Einkommen. Ist ein Land nicht auf rechter Bahn, (und man genießt dennoch ein amtliches) Einkommen: das ist Schande.« (*Lunyu* XIV, 1)

Die Worte des Konfuzius, die sich meist an die Herrscher von Kleinstaaten richten, lassen sich hervorragend auf die Manager großer Konzerne übertragen, die zahlreiche Angestellte beschäftigen. Wiederholt weist Konfuzius darauf hin, dass Führung durch Beispiel zu besseren Arbeitsresultaten führt. Gutes Management bewirkt guten Ertrag. Menschen, die sich um eine Stelle bewerben oder eine Beförderung anstreben, weiß er viel zu raten. Was er für Vorstellungs-, Einstellungs- und Beförderungsgespräche empfiehlt, ist heute meist ebenso gültig wie vor 3000 Jahren.

Für Geschäftsleute

Ein Unternehmen zu führen, ähnelt in vielem der Führung eines Staates. Natürlich gab es zu Konfuzius' Zeiten keine Managementkurse, doch gab der Weise den Herrschern der Kleinstaaten, die er besuchte, kluge Ratschläge. Einige nahmen seinen Rat an, andere nicht. Zum Glück wurde Konfuzius immer von etlichen Schülern begleitet, die seine tiefsinnigen und doch außerordentlich einfachen und sachlichen Worte aufzeichneten.

Seine beiden Aussprüche »Der Edle ist vollkommen und nicht engherzig. Der Gemeine ist engherzig und nicht vollkommen.« (*Lunyu* II, 14) und »Das Alte üben und das Neue kennen: dann kann man als Lehrer gelten.« (*Lunyu* II, 11) ergänzen einander im Sinne der Geschäftsleute. Es ist immer schön, etwas Neues, eine neue Technologie oder Marketingstrategie einzuführen, und wenn man sich erst dazu entschlossen hat, dann soll man voll und ganz dazu stehen. Konfuzius hält es für einen gravierenden Fehler, neue Ideen ohne eingehende Prüfung abzuschmettern. Aber er warnt auch davor, das Alte abzutun, nur weil es alt ist. Das Alte üben, bis das Neue erprobt ist und sich bewährt hat, das ist Konfuzius' Devise.

Weil sich im Geschäftsleben nicht alles immer so entwickelt, wie es sich die Verantwortlichen vorstellen, mahnt Konfuzius: »Über Taten, die geschehen sind, ist es umsonst, zu sprechen. Bei Taten, die ihren Lauf genommen haben, ist es umsonst, zu mahnen; wollen wir, was vorüber ist, nicht tadeln.« (*Lunyu* III, 21) Wenn etwas schief gegangen ist, dann ist es sinnlos, die Zeit mit Selbstvorwürfen, Konferenzen und endlosen Ermittlungen zu verschwenden. Ist die Sachlage erst einmal geklärt, dann müssen die erforderlichen Dinge so schnell wie möglich getan werden.

»Der Edle hat für nichts auf der Welt eine unbedingte Voreingenommenheit oder eine unbedingte Abneigung. Das Rechte allein ist es, auf dessen Seite er steht.« (*Lunyu* IV, 10)

Dieser Satz lässt sich auf Manager anwenden, die Veränderungen nur um der Veränderungen willen einführen. Ein Beispiel aus der jüngsten Vergangenheit ist die Entscheidung von British Airways, durch eine neue Lackierung der Flugzeuge »schicker« zu werden. Mit dieser Maßnahme wollte man wohl mehr Kundennähe demonstrieren, doch die veränderte Gestaltung der Flugzeuge stieß auf allgemeine Ablehnung. Sie machte die Flugzeuge nicht schneller oder bequemer, verschlang jedoch mehrere Millionen Pfund, die man besser in wirkliche Dienstleistungen hätte investieren können.

Gelegentlich sind jedoch drastische Maßnahmen erforderlich. Wenn es zu wiederholten Misserfolgen kommt, dann kann ein radikaler Schnitt weiser sein als der Versuch, die Sache um jeden Preis weiterzuverfolgen. Genau das bringt Konfuzius mit der Bemerkung »Faules Holz kann man nicht schnitzen« (*Lunyu* V, 9) zum Ausdruck.

»Das Volk kann man dazu bringen, (dem Rechten) zu folgen, aber man kann es nicht dazu bringen, es zu verstehen.« (*Lunyu* VIII, 9) Es gibt Unternehmer, die entwickeln eine Firmenpolitik, Zukunftspläne oder ein Firmenethos. Doch für die Arbeiter in den Fabrikhallen, die jeden Tag ihres

Arbeitslebens Formstücke herstellen oder die Griffe von Regenschirmen gießen oder Rohre biegen, sind solche hochfliegenden Strategien bedeutungslos. Sie interessieren sich dafür, wie viel sie verdienen oder ob sie irgendwann mehr bekommen und ob ihr Arbeitsplatz sicher ist. Manager sollten jenen gegenüber, die behaupten, sich von den schwer verständlichen Dossiers zur Firmenpolitik inspirieren zu lassen, vorsichtig sein. Viel wichtiger ist es für das Management, das Vertrauen der Arbeiterschaft zu besitzen und sie ihre Arbeit tun zu lassen.

»Wenn die Begriffe nicht richtig sind, so stimmen die Worte nicht; stimmen die Worte nicht, so kommen die Werke nicht zustande.« (*Lunyu* XIII, 3) Ich bin sicher, viele Leser wünschen sich, die Autoren von Gebrauchsanweisungen beispielsweise für Computer, Handys oder auch für Staubsauger, würden sich an diesen Rat halten. Es ist erstaunlich, dass Konfuzius bereits mit ähnlichen Problemen zu kämpfen hatte. Doch werden wir wohl nie erfahren, in welchem Zusammenhang.

In jedem Büro, in jeder Werkstatt und Fabrik ist es von großer Wichtigkeit, dass Anweisungen in einer klaren und verständlichen Sprache gegeben werden. Der Sinn von Anweisungen besteht darin, jemandem genau mitzuteilen, was von ihm erwartet wird oder wie er handeln soll. Es ist nicht der Sinn von Gebrauchsanweisungen, den Leser mit einer ausgefallenen Wortwahl zu beeindrucken oder mit den neuesten Schlagworten oder mit der eigenen Meisterschaft des betreffenden technischen Ablaufs. Ein Schalter wird betätigt und nicht in die Funktionsposition umgelegt.

»Für genügende Nahrung, für genügende Wehrmacht und für das Vertrauen des Volkes (zu seinem Herrscher) [soll eine Regierung] sorgen.« Wenn man auf eins von diesen Dreien verzichten könnte, so ist es am ehesten die Wehrmacht.

(*Lunyu* XII, 7) Zwar richtet sich diese konfuzianische Weisung explizit an eine Regierung, doch sie lässt sich ohne weiteres auch auf eine große Firma übertragen. Das Vertrauen der Arbeiterschaft stellt sich dann ein, wenn der Lohn das Minimum überschreitet und die Arbeitsplätze sicher sind.

In einem eigenständigen Staat ist die Wehrmacht zur Verteidigung und für militärische Eroberungen erforderlich. Ein gut geführter Staat muss sich jedoch nicht vergrößern. Doch ein ehrgeiziger Herrscher könnte sich das Ziel setzen, mehr Land zu erlangen und damit auch mehr Macht. In den modernen multinationalen Firmen sind Expansion in Form von Zukäufen und Übernahmen bald schon wichtiger als das Unternehmen selbst. Ganze Ladenketten, Pharmabetriebe, Autohersteller und Verlage werden von Konzernen geschluckt, für die Expansion und Machtzuwachs das vorrangige Ziel ist. Der Nachteil solcher Wirtschaftskolosse ist jedoch ihr naturgegebener Mangel an Flexibilität. Und schon kommt ein weiterer Merksatz des Konfuzius zum Tragen: »Wer nicht das Ferne bedenkt, dem ist Betrübnis nahe.« (*Lunyu* XV, 11) Es gilt also den Überblick zu bewahren, auch wenn eine Abteilung von den Entscheidungen einer anderen vielleicht nur indirekt betroffen ist.

Und schließlich haben sich die »fünf schönen Eigenschaften« (*Lunyu* XX, 2) des Konfuzius auch heute noch ihre Gültigkeit im Geschäftsleben bewahrt:

▸ Gutes Finanzmanagement, um die besten Ergebnisse zu erzielen;
▸ Übertragen von Tätigkeitsbereichen abhängig von den Fähigkeiten;
▸ Streben nach nützlichen Dingen statt nach Luxusgütern;
▸ würdiges Verhalten, ohne hochnäsig zu sein;
▸ Autorität auszuüben, ohne tyrannisch zu sein.

Für Arbeitgeber und Arbeitnehmer

Der Fürst von Schê fragte nach dem Wesen der Regierung. Der Meister sprach: »Wenn die Nahen erfreut werden und die Fernen herankommen.« (*Lunyu* XIII, 16) Im übertragenen Sinne meint Konfuzius, dass sich Lücken in der Belegschaft leicht schließen lassen, wenn die Arbeitnehmer mit ihren Arbeitsbedingungen zufrieden sind und ihr Soll mühelos erfüllen können.

Konfuzius hatte auch den richtigen Rat für jene, die Neueinstellungen oder Beförderungen vornehmen wollten: »Glatte Worte und einschmeichelnde Mienen sind selten vereint mit Sittlichkeit.« (*Lunyu* I, 3) Einen leitenden Angestellten, der einem einen Teil der Verantwortung von den Schultern nehmen soll, darf man nicht danach auswählen, ob er schöne Worte machen kann und sich bemüht zu gefallen. Man mag sich zwar geschmeichelt fühlen, wenn einem ein Speichellecker an den Fersen klebt. Doch um wirklich erfolgreich wirtschaften zu können, ist ein Arbeitgeber darauf angewiesen, von seinen leitenden Mitarbeitern zu erfahren, wie es in seinen Fabrikhallen zugeht, wie die Konkurrenzsituation ist oder wie die Kunden tatsächlich zum Produkt stehen. Die Person, der sie eine so wichtige Aufgabe übertragen, sollte »leicht zu bedienen, aber schwer zu erfreuen« (*Lunyu* XIII, 25) und also ein Mensch sein, der es versteht, Anweisungen zu erteilen, und mit dem man leicht zusammenarbeiten kann, der aber andererseits Maßstäbe setzt und darauf achtet, dass sie auch erfüllt werden.

Jeder, der eine leitende Stellung innehat, muss absolut vertrauenswürdig, loyal und zuverlässig sein: »Die Geraden erheben, dass sie auf die Verdrehten drücken.« (*Lunyu* II, 19) Wenn es in dieser Hinsicht in der Vergangenheit Schwierigkeiten gab, dann werden sie mit großer Wahrscheinlichkeit wieder auftreten. Konfuzius ist der Meinung, dass man für einen bestimmten Posten die richtige Person findet, wenn man sich ein Bild von dem Bewerber außerhalb der Arbeitssituation macht: »Sieh, was einer wirkt, schau, wovon er bestimmt wird, forsche, wo er Befriedigung findet: wie kann ein Mensch da entwischen?« (*Lunyu* II, 10) Viele Chefs suchen, wenn sie gehobene Posten neu zu besetzen haben, nach einer Gelegenheit, den Kandidaten in seiner eigenen Umgebung aufzusuchen. Es ist nicht unüblich, dass die Kandidaten ihrem möglicherweise zukünftigen Chef diese Möglichkeit einräumen und ihn zu sich nach Hause etwa zum Abendessen einladen.

Vor 2500 Jahren suchte ein junger Mann, dem ein Vorstellungsgespräch für einen Beamtenposten bevorstand, Konfuzius auf, um sich einen Rat einzuholen, wie er sich bei dem Gespräch verhalten sollte. Konfuzius antwortete: »Was man weiß, als Wissen gelten lassen, was man nicht weiß, als Nichtwissen gelten lassen.« (*Lunyu* II, 17) Wem bei einem Vorstellungsgespräch eine komplizierte technische Frage gestellt wird, der soll nicht herumdrucksen, sondern direkt sagen, was er weiß und was er nicht weiß. In der Regel handelt es sich in einem solchen Fall um einen Test, mit dessen Hilfe herausgefunden werden soll, wie der Bewerber in einer solchen Situation reagiert. Jemand, der lieber eine falsche Antwort gibt, statt seine Unkenntnis zuzugeben, könnte die Firma viel Geld kosten. Jemand, der wortgewandt antwortet, ohne dabei jedoch wirklich etwas zu sagen, könnte mit großer Wahrscheinlichkeit ein Zeitverschwender sein. Doch die Person, die rundweg zugibt, dass sie etwas nicht weiß, würde wahrscheinlich bei einem Kundigen Hilfe suchen, um das Problem zu lösen.

Gerade für das Bewerbungsgespräch gilt außerdem: »Viel hören, das Zweifelhafte beiseite lassen, vorsichtig das Übrige aussprechen.« (*Lunyu* II, 18) Es ist besser zuzuhören. Alles Wissen kann nützlich zur Anwendung gebracht werden, wenn nicht jetzt, dann irgendwann in der Zukunft. Und wenn es mit dem ersehnten Posten nicht klappt, dann gilt: »Nicht das soll einen bekümmern, dass man kein Amt hat, sondern das muss einen bekümmern, dass man dafür tauglich werde.« (*Lunyu* IV, 14)

Sobald man jedoch in ein neues Arbeitsverhältnis tritt, darf man seinem Vorgesetzten weder zu respektvoll begegnen, noch zu familiär. Vielleicht kennt Ihr Chef den schon an früherer Stelle zitierten Ausspruch des Konfuzius über die »glatten Worte und die einschmeichelnde Miene«. Denn »Ehrerbietung ohne Form wird Kriecherei, Vorsicht ohne Form wird Furchtsamkeit, Mut ohne Form wird Auflehnung, Aufrichtigkeit ohne Form wird Grobheit« (*Lunyu* VIII, 2), warnt Konfuzius.

Viele Menschen halten es für richtig, in jedem Fall ihre Meinung zu sagen, weil sie glauben, dass die Wahrheit immer das Beste ist und dass es nichts gibt, was gegen die Wahrheit spricht. Es war einmal ein kleines, gut erzogenes Mädchen. Es wusste, dass man immer die Wahrheit sagen soll, aber nie so, dass man andere damit verletzt. Da sie ein unpassendes Geschenk von ihrer Großmutter erhalten hatte und nun ein entsprechender Dankesbrief fällig war, schrieb sie: »Liebe Großmutter, vielen Dank für das Geschenk. Das habe ich mir schon immer gewünscht, wenn auch nicht so sehr.«

Mit der Zeit lernt man, Takt und Wahrheit ins Gleichgewicht zu bringen. Doch auch der größte Könner sollte sich vor Büropartys hüten. Da Wein die Zunge löst, ist es unklug, vor dem Chef betrunken zu sein.

Feng Shui am Arbeitsplatz

Arbeit ist Veränderung. Geld gibt man aus, um Dinge zu verändern. Zum Beispiel bezahlt man einen Schneider, damit er Stoff in ein Kleidungsstück verwandelt, oder einen Kurier, damit er ein Paket in eine andere Stadt bringt. Geht man ins Theater, bezahlt man für die Einflussnahme auf Gefühle, oder man gibt Geld aus, damit etwas unverändert bleibt, etwa wenn man seinen Mantel an der Garderobe abgibt.

Das *Yijing*, das »Buch der Wandlungen«, nennt acht Veränderungen, darunter auch die Unveränderlichkeit. Die alten chinesischen Philosophen setzten diese acht Veränderungen mit acht Himmelsrichtungen gleich. Wird eine Fabrik, ein Bürogebäude oder ein anderes Arbeitsumfeld errichtet, dann zerfällt der Entstehungsprozess des dort hergestellten Produkts in verschiedene Produktionsphasen, angefangen bei der Produktidee bis hin zum Produktverkauf, und jeder dieser Teilprozesse kann einer für ihn günstigen Himmelsrichtung zugeordnet werden.

Vor einiger Zeit wurde ich gebeten, ein neu errichtetes Fabrikgebäude zu inspizieren und Vorschläge zu machen, wie die Maschinen am besten aufzustellen seien. Obwohl ich nichts über den Produktionsablauf wusste, war es mir möglich, die Fabrikaufteilung auf der Basis der acht Himmelsrichtungen vorzunehmen. Nachdem die Maschinen den Traditionen des *Yijing* entsprechend aufgestellt waren, stellte der Fabrikant erstaunt fest, dass sich die für die Produktion erforderliche Zeit um die Hälfte reduzierte. Eine mehr als 3000 Jahre alte Philosophie war auf einen modernen technischen Prozess angewandt worden und erbrachte erhebliche Verbesserungen.

»Ich wünschte, ich hätte Sie schon vor 20 Jahren nach diesen Dingen gefragt«, sagte der Fabrikant.

»Vor 20 Jahren war ich in dieser Hinsicht ebenso unwissend wie Sie«, entgegnete ich.

Die acht Veränderungen

Ob wir es mit einer Stahlgießerei oder einem Patentbüro zu tun haben, immer spielen die zu den acht Richtungen in Beziehung gesetzten Prozesse eine Rolle. Im »Buch der Wandlungen« tragen diese acht Veränderungen alte chinesische Namen oder werden durch Symbole bezeichnet. Es ist jedoch nicht erforderlich, diese technischen Bezeichnungen zu kennen, um einen Arbeitsprozess seiner passenden Himmelsrichtung zuzuordnen. Wichtiger ist es, den Ablauf und die Richtungen mit den ihnen zugeordneten Veränderungen zu kennen.

1. Keine Veränderung: Nordosten

Diese Position ist für jeden Herstellungsprozess ungünstig, da es hier schwer fallen wird, Dinge in Gang zu setzen, und mit Hindernissen gerechnet werden muss. Andererseits ist dies ein idealer Ort für einen Nachtsafe, einen Kühl- oder Gefrierschrank und für die Aufbewahrung teurer Rohmaterialien.

2. Lineare Bewegung: Osten

In diesem Fall ist die Ortsveränderung bestimmend. Abhängig von der Art der Produktion könnte sich hier der Aus- und Einlieferungsbereich befinden oder der Postraum eines

Büros oder der Empfangsbereich für die Kunden einer Partnervermittlung. Andererseits kann man hier Dinge sicher aufbewahren, da dieser Ort negative Einflüsse von außen »vertreibt«.

3. Formveränderung: Südosten

Grundlage des alten chinesischen Symbols sind die Holzschnitzer, doch lässt sich dieses Bild auf praktisch alle Herstellungsprozesse übertragen, bei denen die Form eines Grundstoffs so verändert wird, dass ein Gebrauchsgegenstand entsteht: Ton wird zu Behältnissen verarbeitet, Holz zu Tischen, Kupferrohre zu einer Heizungsanlage. Außerdem kann man im Südosten gut Dinge aufbewahren, die ihre Form beibehalten sollen – so verhindert man, dass Holz sich verzieht, dass Metall eingebeult wird und dass verarbeiteter Ton, bevor er fest ist, seine Form verliert.

4. Materialveränderung: Süden

Der Süden, der mit Feuer assoziiert wird, symbolisiert die Veränderung durch Hitze. Es ist nahe liegend, dass diese Himmelsrichtung mit Back-, Brenn- und Schmelzöfen in Verbindung gebracht wird, doch schließt dies auch Veränderungen durch chemische Prozesse wie Färben und Bleichen ein. Für die Arbeit mit feuergefährlichen Materialien ist dieser Bereich nicht geeignet.

5. Natürliche Veränderung: Südwesten

Dies schließt alle biologischen Prozesse ein, die von selbst geschehen, zum Beispiel Pflanzenwachstum, die Veränderung von Milch, die für die Käseherstellung wichtig ist, oder sogar Nahrungsaufnahme und Kinderbeaufsichtigung, da sie als natürliche Vorgänge aufgefasst werden. Im Südwesten unterliegen die Dinge ihren eigenen natürlichen Prozessen, werden leicht schlecht oder verschimmeln.

6. Emotionale Veränderung: Westen

Der Sonnenuntergang symbolisiert das Ende des Arbeitstags und den Beginn von Freizeit und Ruhe. Bücher, die schönen Künste und Musik, alles, was etwas mit Unterhaltung zu tun hat, gehört in diesen Bereich. Da er mit Literatur und Kunst assoziiert wird, hat auch Lernen und Lehren hier seinen Platz.

7. Kreative Veränderung: Nordwesten

Hier ist der ideale Ort für das Chefbüro. Die nordwestliche Ecke wirkt förderlich auf Werbung, Design und jegliche kreative Aktivitäten. Für Assistenten ist es kein günstiger Ort, da hier unter ihnen Unzufriedenheit und Rebellion entsteht und da es häufig schwierig ist, mit ihnen zu arbeiten.

8. Rotation: Norden

Das alte Symbol dieser Veränderungsart ist das Wasserschöpfrad, es steht für Routine. Fließbandarbeit, sich wiederholende Abläufe und Alltagstätigkeiten sind hier am besten situiert. Für die Produktentwicklung eignet sich der Norden nicht, da sich die Gedanken hier nur im Kreis bewegen, ohne Lösungen zu produzieren. Befindet sich hier die Personalabteilung, dann ist mit einem raschen, fruchtlosen Personalwechsel zu rechnen.

Die acht Veränderungen nutzen

Diese acht Veränderungsarten sind auf einen Standort, einen Geschäftsablauf oder auf einen einzelnen Büroraum anwendbar. Angenommen, es handle sich bei dem Objekt um ein Einkaufszentrum, das aus acht Geschäften besteht, in jeder der acht Himmelsrichtungen eines. Für die Verwaltung des Einkaufszentrums wäre der Nordwesten sinnvoll. Der Norden, der für Aktivität ohne Materialisierung eines Produkts steht, ist günstig für ein Sportzentrum, in dem sich Menschen zum Vergnügen anstrengen, ohne damit ein anderes Ziel als den Abbau physischer Energie zu verfolgen. Garderoben und Umkleidekabinen (keine Veränderung) befänden sich im Nordosten, ein Reisebüro im Osten (lineare Veränderung beziehungsweise Ortsveränderung), ein Schneider im Südosten (Formveränderung), ein Bäcker im Süden und gleich daneben ein Restaurant. Der Westen bliebe Buch- und Plattenläden vorbehalten.

Handelt es sich nicht um ein Einkaufszentrum, sondern um einen einzelnen Laden wie etwa eine Schneiderei, dann würde der Schneider den Zuschnitt im Südosten (Formveränderung) erledigen und die Teile im Norden (Rotation) zusammennähen. In einer Bäckerei ließe der Bäcker seinen Teig im Südwesten (natürliche Veränderung) gehen und schöbe ihn im Süden in den Backofen.

Jedes Unternehmen setzt andere Prioritäten, und praktische Überlegungen müssen selbstverständlich einbezogen werden. Öfen, Nähmaschinen und Waschbecken können nur dort stehen, wo Platz für sie vorhanden ist. Doch die acht Veränderungen sind immer eine gute Diskussionsgrundlage, wenn es um die Planung eines neuen Arbeitsplatzes geht.

Die »Geldecke«

Bei Feng-Shui-Beratungen werde ich immer wieder nach der »Geldecke« gefragt. »Wo ist der beste Platz für die Kasse?« will man von mir wissen, als ob es für alle Unternehmen und alle Räumlichkeiten nur eine Antwort gäbe. Dabei bringt doch jedes Geschäft andere Voraussetzungen mit, und nicht alle Unternehmen haben direkt mit Geld zu tun.

Einmal befand ich mich in einer Stadt, die berühmt war für ihre Banken, und ich wollte für einen Freund, der eine Reise nach Hongkong plante, Geld wechseln. Natürlich entschied ich mich für eine Bank, die »Hongkong« bereits in ihrem Namen trug. Die Angestellten überraschte meine Annahme, sie hätten Hongkong-Dollar vorrätig, nicht weniger als mich die Tatsache, dass sie das Geld erst bestellen mussten. Mein Wunsch erschien ihnen ebenso absurd, als hätte ich Vogelfutter oder mehrere Rollen Tapete verlangt. In solchen Unternehmen, für die der Computer wichtiger ist als das reale Geld, spielt der Standort der Kasse keine maßgebliche Rolle.

Eine zweite Gruppe von Unternehmen sind die als »offen« bezeichneten, in denen ein rascher Warenumschlag stattfindet. Hierzu gehören beispielsweise Supermärkte. Bei dieser Art von Selbstbedienungsgeschäften sollte sich die Kasse aus Gründen der Zweckmäßigkeit und Sicherheit in der Nähe des Ausgangs befinden. Bei der dritten Gruppe von Geschäften, in denen der Käufer bedient wird, befindet sich die Kasse meist in einer Ecke oder manchmal sogar in einem eigenen Raum im hinteren Bereich des Ladens. Dabei spielt es keine Rolle, ob es sich um einen Juwelier oder um einen Gemüseladen handelt. Der sicherste Platz für die Kasse ist im Idealfall die nordöstliche Ecke, weil sie für keine Veränderung steht. Dies gilt unabhängig davon, ob sich die

Tageseinnahmen auf ein paar Hundert oder ein paar Hunderttausend Mark belaufen. In Einrichtungen wie Theatern oder Kinos ist die Kasse im Eingangsbereich sinnvoll, damit die Besucher zuerst Karten kaufen können. Es gibt ein paar Unternehmen, die den Platz für die Kasse frei wählen können, Bekleidungsgeschäfte und Restaurants gehören dazu.

Dem *Yijing* zufolge gerät Wohlstand im Südosten in Bewegung. Schließen der Eingangsbereich oder praktische Erwägungen diese Himmelsrichtung aus, dann sollte die Mitte als Konzentrationspunkt in Betracht gezogen werden, um den sich das gesamte Unternehmen dreht.

Kreativität *Nordwesten*	Rotation *Norden*	keine Veränderung *Nordosten*
emotionale Veränderung *Westen*		lineare Bewegung *Osten*
natürliches Wachstum *Südwesten*	chemische Prozesse *Süden*	Formveränderung *Südosten*

Die Büroraum- oder Arbeitszimmergestaltung

Ob Sie zu Hause ein Arbeitszimmer einrichten oder aus beruflichen Gründen ein Büro, es gelten dieselben Regeln. Als Erstes sollten Sie darauf achten, für Ihren Sitzplatz eine möglichst starke Position zu wählen. Hinter Ihnen sollte sich eine Wand befinden. Steht der Schreibtisch an der Wand, dann sitzt der Arbeitende mit dem Rücken zum Raum. Ob man die Argumente, die gegen eine solche Sitzweise sprechen, der chinesischen Philosophie oder der westlichen Psychologie entnimmt, im Endeffekt laufen sie auf dasselbe hinaus. Wer mit dem Gesicht zur Wand sitzt weiß nicht, was hinter seinem Rücken vorgeht. Die Folge können Unruhe und Konzentrationsmangel sein. Man spürt die Anwesenheit einer Person und muss sich umdrehen. Mit dem Gesicht zum Raum kann man die Ablenkung unbewusst registrieren und verarbeiten.

Manchmal wird als Argument gegen diese Sitzposition mit dem Gesicht zur Tür angeführt, dass man erst um den Schreibtisch herumgehen muss, um sich setzen zu können. Doch die verbesserte Konzentration macht den kleinen Umweg mehr als wett. Oder es wird darauf hingewiesen, dass die Vorderseite eines Schreibtisches meist hübscher ist als die Rückseite. Trifft dies zu, könnten Sie einen niedrigen Wandschirm vor dem Tisch aufstellen oder ihn gar nicht erst umdrehen. In jedem Fall ist es wichtiger, mit dem Rücken zur Wand zu sitzen.

Der Schreibtisch darf nicht unter einem Fenster stehen. Sitzen Sie mit dem Gesicht zum Fenster, dann blendet Sie das Licht. Im umgekehrten Fall machen Sie sich selbst Schatten, werden von Ihrem Computerbildschirm geblendet und sind darüber hinaus für Ihre Besucher nur als Silhouette zu erkennen. All diese Probleme entfallen, wenn Sie den Schreibtisch seitlich zum Fenster aufbauen.

Ihr Rücken ist nur dann geschützt, wenn sich an der Wand hinter Ihnen keine Schränke, Regale oder Schautafeln befinden. Alles, was Ihnen eine Drehung von 180 Grad abverlangt, damit Sie es erreichen, ist ungünstig. Dies gilt auch für die von Amerikanern geschätzte Ablagekredenz.

Falls es Ihnen so geht wie mir und Ihr Büro mit zahllosen Manuskripten vollgestopft ist, für die kein anderer Platz infrage kommt, dann sollten Sie das einrichten, was die Chinesen als »Ming Tang« bezeichnen. Dabei handelt es sich um eine Zone auf Ihrem Schreibtisch, die Sie grundsätzlich frei halten und die für alles andere, Kaffeetasse, Bücher und Dokumente aller Art eingeschlossen, absolut tabu ist. Ein Ming Tang hilft Ihnen auf drei Arten. Erstens bleibt Ihnen immer dieser kleine Freiraum, wenn die Dinge einmal über Ihnen zusammenzubrechen drohen – ein Brennpunkt, von dem aus Sie einen Neuanfang wagen können. Zweitens ist es Ihrer Selbstdisziplin förderlich, den Ming Tang frei zu halten, und schärft Ihren Geist. Und wenn sich, drittens, kein anderer Platz mehr finden lassen sollte, um etwas abzustellen oder abzulegen, dann wissen Sie, dass Sie nun den Punkt erreicht haben, an dem Sie aufräumen müssen, damit Ihr Ming Tang Ihnen neuerlich Halt geben und Sie mit Inspiration erfüllen kann.

Glückstage

Geschäftsleute, die in den Fernen Osten reisen, müssen darauf gefasst sein, dass ihre chinesischen Kollegen in Hongkong, Taiwan, Malaysia und in China selbst nur ungern Abschlüsse tätigen, ohne zuvor festzustellen, welcher Tag hierfür günstig oder ungünstig ist.

Fast in jedem chinesischen Haushalt hängt irgendwo an einem roten Faden der berühmte chinesische Almanach. Er nennt nicht nur Tag und Monat nach chinesischem und europäischem Kalender, er bezeichnet außerdem für die Anhänger daoistischen, buddhistischen oder konfuzianischen Glaubens die religiösen Feiertage. Vor allem aber entnimmt man dem Almanach, an welchem Tag eine bestimmte Aktivität gute Erfolgsaussichten hat. Es wäre zum Beispiel äußerst nachlässig, wenn eine Familie ausgerechnet am Todestag eines Verwandten eine Hochzeit feiern würde.

Doch die Liste mit den Tagen für günstige und ungünstige Aktivitäten führt noch sehr viel weiter. Manche Tage eignen sich für den Reiseantritt, andere für den Schul- oder Studienbeginn und wieder andere für banale Aktivitäten wie etwa das Zuschneiden von Stoff zur Herstellung von Kleidungsstücken. Die letztgenannte Tätigkeit gab ihren Namen einer Liste festgesetzter Tage: den Tagen des Stoffzuschneidens. Ursprünglich war beabsichtigt, Markt- und Feiertage ein für alle Mal festzulegen, doch offenbar stand die strenge Befolgung der Tage des Stoffzuschneidens dem Geschäftsleben im Weg, und ihre Einführung erwies sich schließlich als Fluch für die kaiserliche Regierung während der Qing-Dynastie (1644 bis 1911). Eine Petition wurde dem Kaiser überreicht, in der man darum bat, sie wieder aufzuheben, doch wurden sie beibehalten, weil ihr Nutzen größer war als ihre Nachteile und weil sie Ordnung in dem riesigen Reich schafften.

Heutzutage führen chinesische Terminkalender für jeden Tag die zu bevorzugenden Aktivitäten auf und die, die man besser meiden sollte. Die Berechnungen des Spezialisten, der die Terminkalenderhersteller berät, basieren auf einer Reihe von Faktoren, unter anderem auf dem so genannten »lunaren Haus« des Tages. Dies ist die Bezeichnung für die 28 Konstellationen, die der Mond auf seiner Himmelsbahn durchläuft. Allerdings sind die Namen der lunaren Häuser in Kalendern und Tagebüchern reine Etikette. Sie besitzen keinerlei astronomische Bedeutung und stehen in keiner Beziehung zur Position des Mondes am Himmel.

Aus der Tatsache, dass es 28 lunare Häuser gibt und jede

Woche sieben Tage hat, folgt, dass jedes lunare Haus in Beziehung zu einem bestimmten Wochentag steht. Beispielsweise fällt das erste lunare Haus, das Horn des Drachen, immer auf einen Donnerstag, hingegen treffen das Zimmer, die Leere, die Plejaden und der Vogel grundsätzlich auf einen Sonntag.

Um das lunare Haus eines beliebigen Tages und damit die empfohlenen Aktivitäten für diesen Tag bestimmen zu können, sind die beiden folgenden Tabellen, die Berechnungsformel und die dazugehörigen Interpretationen erforderlich.

Tabelle A: Jahrescodezahl

2000	1. Januar – 29. Februar	17
	1. März – 31. Dezember	18
2001		19
2002		20
2003		21
2004	1. Januar – 29. Februar	22
	1. März – 31. Dezember	23
2005		24
2006		25
2007		26
2008	1. Januar – 29. Februar	27
	1. März – 31. Dezember	28
2009		1
2010		2
2011		3
2012	1. Januar – 29. Februar	4
	1. März – 31. Dezember	5
2013		6
2014		7
2015		8

Tabelle B: Monatscodezahl

Januar	Februar	März	April	Mai	Juni
27	2	2	5	7	10
Juli	August	September	Oktober	November	Dezember
12	15	18	20	23	25

Addieren Sie die Jahrescodezahl aus Tabelle A zu der Monatscodezahl aus Tabelle B und dem Tag des Monats. Übersteigt die Summe 28 oder 56, dann werden 28 beziehungsweise 56 subtrahiert. Das Ergebnis ist die Ordnungzahl des lunaren Hauses für den betreffenden Tag. Den Namen des lunaren Hauses und den Wochentag entnehmen Sie den nachfolgenden Interpretationen der einzelnen Tage.

Wie zum Beispiel heißt das lunare Haus für den 22. August 2004? Tabelle A entnehmen Sie die Jahrescodezahl für 2004 (zwischen dem 1. März und dem 31. Dezember): 23. Tabelle B die Monatscodezahl für August: 15. Hierzu addieren Sie den Tag des Monats: 22. 23 plus 15 plus 22 ergibt 60. 60 ist größer als 56, also muss 56 abgezogen werden. Ihr Ergebnis lautet: 4, also das vierte lunare Haus mit der Bezeichnung »das Zimmer«.

Die 28 lunaren Häuser

Sobald Sie die Ordinalzahl des lunaren Hauses herausgefunden haben, lesen Sie in den folgenden Beschreibungen nach, die so in den meisten chinesischen Almanachen enthalten sind, welche Aktivitäten an diesem Tag günstig sind und welche Sie lieber vermeiden sollten. Ein Großteil dieser traditionellen Verhaltensmaßregeln sind für die landwirtschaftlich orientierte Gesellschaft vor mehreren Tausend Jahren gedacht und lassen sich manchmal nur schwer auf die heutige Zeit übertragen. Tatsächlich könnte man, wären diese Almanache die einzigen Quellen zum Leben der Chinesen während der letzten Jahrhunderte, den Eindruck gewinnen, das chinesische Volk sei besessen davon, Gräben zu ziehen, Hochzeiten zu arrangieren und Tote zu begraben, und sei keiner anderen Beschäftigung nachgegangen als der Aufzucht von Seidenraupen. Mit ein wenig Einfühlungsvermögen kann man jedoch leicht die allgemeinen Hinweise erkennen und auf das moderne Geschäftsleben anwenden.

Bei den hier skizzierten Empfehlungen handelt es sich um stark gekürzte und der heutigen Zeit angepasste Versionen der ursprünglichen, noch heute in den meisten chinesischen Almanachen enthaltenen Texte. Gelegentlich stößt man in den Almanachen auf überraschende Ratschläge. Zum Teil wurden sie in den folgenden Absätzen beibehalten, um das ursprüngliche Flair wiederzugeben.

1. Donnerstag: Das Horn des Drachen

Ein Tag, der sich für den Beginn eines neuen Projekts, die Unterzeichnung eines Vertrags und die Eröffnung eines neuen Geschäfts eignet. Vermeiden Sie alles Ernste und Traurige. Gut für Hochzeiten, schlecht für Beerdigungen.

2. Freitag: Der Hals des Drachen

Dieser Tag ist für die meisten Aktivitäten generell ungünstig. Er könnte jedoch einem Gefangenen, der an diesem Tag ein Gnadengesuch stellt, Glück bringen.

3. Samstag: Der Boden

Heute ist Respekt gegenüber den Vorgesetzten und Höflichkeit im Umgang mit religiösen Vorstellungen erforderlich.

4. Sonntag: Das Zimmer

Sehr günstig für die Inangriffnahme neuer Projekte oder für den Beginn von Bauarbeiten. Der alten chinesischen Interpretation zufolge wird einem Mann, der sich an diesem Tag eine Konkubine nimmt, innerhalb von drei Jahren ein Sohn geboren.

5. Montag: Das Herz des Drachen

Allgemein ungeeignet für Geschäfte, Gerichtsprozesse oder Eheverträge. Ein Tag, der raschen Veränderungen unterworfen ist, die ungünstige Ergebnisse bringen.

6. Dienstag: Der Schwanz des Drachen

Ein sehr günstiger Tag, der das Finden verborgener Schätze anzeigt und die Beförderung in hohe Ämter in Aussicht stellt.

7. Mittwoch: Der Korb

Wer heute einen Vertrag unterzeichnet, der darf auf ein glückliches Jahr hoffen. Günstig für den Erwerb neuen Besitzes. Eine sich neu öffnende Tür (eine neue Geschäftsidee) könnte zur Verdopplung des Glücks führen. Gilt auch als günstig für Beerdigungen, was untypisch für einen so viel versprechenden Tag ist.

8. Donnerstag: Die Suppenkelle

Sich regen bringt heute Segen. Ein guter Tag, um mit dem Bau eines Gebäudes zu beginnen. Günstig für jede Art körperlicher Arbeit. Beamte dürfen auf Beförderung und Familien auf Wohlstand hoffen.

9. Freitag: Der Ochsentreiber

Der Ochsentreiber verliebte sich in eine Spinnerin, darüber vernachlässigten die beiden ihre Pflichten und wurden auf verschiedene Seiten des Flusses Han – der Milchstraße – verbannt. Uneinigkeit, Diebstahl und zerbrochene Ehen stehen an diesem ungünstigen Tag an.

10. Samstag: Die Spinnerin

Durch die Milchstraße von ihrem Liebsten getrennt, ist die Spinnerin zur Einsamkeit verdammt – kein günstiger Tag.

11. Sonntag: Die Leere

Häuslicher Streit und Ruin sind die Folge jeder heute getroffenen wichtigen Entscheidung. Der Tag eignet sich am besten zur Freizeitgestaltung.

12. Montag: Die Gefahr

Ein weiterer problembeladener Tag. Fernreisen sollten lieber auf einen günstigeren Termin verschoben werden.

13. Dienstag: Das häusliche Opfer

Sehr viel versprechend. Gute Arbeit zahlt sich aus. Neue Projekte erwirtschaften großen Gewinn. Jegliche Art von Konstruktionsarbeiten stehen unter einem guten Stern.

14. Mittwoch: Die Mauer

Konstruktions- und Bauarbeiten sind weiterhin Erfolg versprechend. Die Eröffnung einer Zweigstelle an diesem Tag stellt hohe Gewinne in Aussicht. Die Kinder aus an diesem Tag geschlossenen Ehen sind sehr talentiert und machen den Eltern Ehre. Durch Respekt kann eine höhere Position erlangt werden.

15. Donnerstag: Die Sandale

Allgemein ein ungünstiger Tag. Heute sollte man nicht mit Konstruktionsarbeiten beginnen. Familien geraten in Streit, Prozesse werden verloren.

16. Freitag: Die Uferböschung

Familiäres Einvernehmen bringt Glück und Zufriedenheit mit sich. Der Tag eignet sich zur Errichtung zeremonieller Bögen, zur Anbringung von Plaketten oder zum Aufstellen von Schildern und Wegweisern. Er ist günstig für die Eröffnung von Zweigstellen und neuen Verkaufsstellen, aber auch für ausgelassene Vergnügungen. Kinder aus einer Ehe, die an diesem Tag geschlossen wurde, füllen ihre Taschen mit Edelsteinen, Gold, Silber und Juwelen.

17. Samstag: Der Bauch des Tigers

Dieser Tag begünstigt alles, was mit der Erde in Zusammenhang steht, sei es die Errichtung von Gebäuden, der Bau von Straßen oder sogar ein Begräbnis. Er kommt einer Schatzkammer voller Reichtümer gleich. Kinder aus einer Ehe, die an diesem Tag geschlossen wurde, finden sich in den Häusern der hoch gestellten Persönlichkeiten des Landes wieder.

18. Sonntag: Die Plejaden

Die Plejaden sagen Regen und Tränen voraus. Heute aufgenommene Aktivitäten bringen Unglück. Der Tag sollte in stiller Nachdenklichkeit verbracht werden.

19. Montag: Das Netz

Mit einem Netz lassen sich Fische und Wild fangen. Der Tag begünstigt körperliche Arbeit. Bauvorhaben versprechen Gewinn, Beerdigungen zukünftige Ehren für die Nachkommen des Verstorbenen.

20. Dienstag: Das Maul der Schildkröte

Missetaten ziehen Bestrafung nach sich. Wer tugendhaft ist, muss diesen Tag nicht fürchten.

21. Mittwoch: Orion

Gute Taten werden belohnt. Neue Unternehmungen sind Erfolg versprechend. Der Tag eignet sich jedoch nicht, um Angefangenes zum Abschluss zu bringen. Auch für Verlobungen, Eheschließungen, Beerdigungen oder andere religiöse Handlungen ist er ungünstig.

22. Donnerstag: Der Brunnen

Sich regen bringt Segen. Jegliche körperliche Arbeit ist Erfolg versprechend. Arbeit zur Seite legen sollte man heute jedoch nicht, da sie, wenn sie erst einmal unterbrochen wurde, sich nur schwer wieder aufnehmen lässt. Der Landbesitz von Witwen erfährt heute eine Wertsteigerung.

23. Freitag: Die Geisterkutsche

Sie befördert Geister in die andere Welt, doch sie kann auch Verstorbene zurück auf die Erde holen. Verzichten Sie heute auf die Eröffnung neuer Abteilungen und Zweigstellen, da Türen, die man heute öffnet, nur Katastrophen Zugang gewähren.

24. Samstag: Der Weidenbaum

Wichtige Arbeiten sollten an diesem Tag vermieden werden, denn er steht im Zeichen von Zwietracht und Ruin.

25. Sonntag: Der Vogel

Dieses Symbol bezeichnete in früheren Zeiten den längsten Tag des Jahres, war die Brücke zwischen der ersten und der zweiten Jahreshälfte, verband Yang und Yin. Einige Dinge begünstigt er, andere nicht. Bautätigkeiten sind Erfolg versprechend, doch wenn heute eine Ehe geschlossen wird, fällt die Frau einem Schänder in die Hände.

26. Montag: Der Bogen

Erfolg in Geschäftsangelegenheiten und Lohn für harte Arbeit stehen zu erwarten. Ein günstiger Tag für den Erwerb neuen Besitzes. Seidenraupen gedeihen.

27. Dienstag: Die Flügel des Vogels

Der Mann, der heute um der Arbeit willen die Stadt verlässt, wird bei seiner Rückkehr seine Frau in den Armen ihres Liebhabers vorfinden.

28. Mittwoch: Das Trittbrett der Kutsche

Heute getätigte Geschäftsabschlüsse sind viel versprechend. Der Bau von Terrassen und Plattformen bringt dem Erbauer ein hohes Amt und Reichtümer ein. Wer toten Verwandten heute eine Gedenkfeier ausrichtet, wird mit einem talentierten Nachkommen gesegnet.

Viertes Kapitel:
Das Glück des Friedens

Beziehungen und Vereinbarkeit

*Herrscht im Haus und
unter seinen Bewohnern Harmonie,
dann ist die Voraussetzung
für Seelenfrieden geschaffen.*

Konfuzius sagt, es gibt drei vorteilhafte und drei unvorteilhafte Arten von Freundschaft. Freundschaften mit den Aufrichtigen, den Ehrlichen und den Einfühlsamen sind die vorteilhaften. Freundschaften mit den Gezierten, den Schmeichlern und Glattzüngigen sind die unvorteilhaften. Obgleich Konfuzius in mehreren Bänden darüber Aufschluss gibt, wie man ein tugendhaftes Leben führen kann und wie wichtig es ist, zwischen Monarch und Volk oder, wie wir es heute nennen würden, zwischen Arbeitgeber und Arbeitnehmern, Management und Angestellten eine gute Beziehung herzustellen, so sagt er kaum etwas über Beziehungen auf der persönlichen Ebene.

Zu Konfuzius' Zeiten war die Familie eine in sich geschlossene Einheit mit patriarchaler Struktur. Dies hat sich bis zum heutigen Tag so erhalten. Doch obgleich junge Männer und Frauen von ihren Familien fast geschäftsmäßig verheiratet wurden, ist die gesamte chinesische Literatur von Romanzen und von Geschichten über unerwiderte Liebe durchdrungen. Selbstverständlich spielen hier auch Beziehungen eine Rolle, die außerhalb der Ehe stattfinden. Wohlhabende Männer kamen nicht allzu schlecht weg; sie konnten sich immer ein oder zwei Konkubinen nehmen. Grenzen wurden ihnen lediglich durch ihr Einkommen auferlegt. Doch mit dem Mädel des armen Bauern, Händlers oder Handwerkers machte sich meist ein wohlhabenderer Freier davon.

Junge Frauen hatten weniger Wahlmöglichkeiten. Von jenen, die sich mit den weniger Reichen verbanden, wurde erwartet, dass sie sich auf die »vier Studien für Frauen« beschränkten: richtiges Verhalten (still und keusch zu sein), richtige Rede (bei Gesprächen Zurückhaltung zu üben und anstößige Redensarten zu vermeiden), richtiges Auftreten (höflich und zuvorkommend zu sein) und richtige Beschäftigung (etwa mit Seidenstickerei und anderen Handarbeiten). Sie hatten keine Aussicht auf die Führungsposition in einer internationalen Handelsgesellschaft oder gar auf den Posten eines Premierministers. Diejenigen, die in eine reiche Familie einheirateten, hatten vielleicht ein geruhsameres Leben, doch in vielerlei Hinsicht konnte es sogar sein, dass sie schlimmer dran waren als zuvor. In den Frauenquartieren, in denen sie den Rest ihres Lebens zubringen mussten, kamen sie lediglich mit ihrem Herrn, mit anderen Frauen oder mit Eunuchen in Berührung. Welche Gefühle sie auch haben mochten, sie mussten sie in ihrem Herzen verschließen, da die beengende und angespannte Atmosphäre des Harems Rivalitäten und Eifersucht schürte:

> Still, still. 's ist Blütenzeit, die Tore versperrt;
> Die schönen Damen ruhen;
> So viel zu sagen, doch keine wagt's;
> Verleihen doch Worte Gefühlen Flügel.

Die Geschichte der Dame Yang Gui Fei, auf die wir später noch zurückkommen, verdeutlicht die Kümmernisse wie auch den möglichen Werdegang einer schönen und intelligenten Frau. Yang Gui Fei begann ihre Laufbahn als Geliebte eines jungen Prinzen. Später tauschte der Vater des Prinzen, der Kaiser, sie wie einen Gebrauchtwagen gegen eine seiner eigenen Konkubinen. Da sie im Palastharem im Grunde als Gefangene gehalten wurde, war der einzige andere vollständige Mann, dem sie je begegnete, der persönliche Diener des Kaisers, ein tatarischer General. Obgleich er allen Berichten zufolge das Aussehen und den Charme eines übergewichtigen Ringers hatte, so blickte er sie doch wenigstens auf eine Weise an, die Gefühle in ihr wachriefen. Als der Tatar entlassen wurde, war sie gezwungen, sich anderweitig nach Trost umzusehen, und machte einem Palastdiener Avancen, der, um es nicht zu direkt auszudrücken, nicht in der Lage gewesen wäre, ihre Wünsche allen Ernstes zu erfüllen.

Doch in der Zeit, bevor eine Ehe geschlossen wird und manchmal sogar danach, gibt es immer Sehnsucht und Leid. Da ist die Einsamkeit, weil der oder die Richtige nicht gefunden wurde; die Verzweiflung darüber, dass der oder die Richtige die eigene Liebe nicht erwidert; die Enttäuschung darüber, dass der oder die Richtige die eigene Liebe zwar erwidert, sie aber dennoch unerfüllt bleibt, weil die beiden nicht zusammenkommen dürfen. Und wenn schließlich jemand doch die wahre Liebe, die sowohl erwidert als auch erfüllt wird, gefunden hat, kommt die Tragödie des Abschieds. All diese Themen finden sich in den Gedichten und Liedern wieder, die Konfuzius im *Shijing*, dem »Buch der Lieder«, gesammelt hat. Obgleich Liebe und Romantik in den moralischen Vorschriften seiner Analekten fehlen, zögerte Konfuzius nicht, zahlreiche romantische Verse in seine Sammlung aus prächtigen Oden, historischen Balladen, Klageliedern und erhebenden moralischen Hymnen aufzunehmen. Ein hübsches kleines Gedicht ist in dem Abschnitt »Die Freuden des Gartens« enthalten. Ein weniger glückliches Lied wird von einer Dame aus der Provinz Wei gesungen. Das vor 3000 Jahren entstandene Gedicht beschreibt, wie sie sich in einen einfachen Kleiderverkäufer verliebte:

Ich saß und wachte und wartete
Und hoffte, dich an meinem Tor zu sehen.
Doch als ich sah, dass du vorübergingst,
Da flossen meine Tränen bitterlich.

Der Kleiderverkäufer behauptete, sie ebenfalls zu lieben, und sie tauschten Versprechungen und Liebesbeweise aus. Vereinbarungen für ihre Hochzeit wurden getroffen, doch nach drei Jahren verließ er sie, und ihre eigene Familie verspottete sie, statt ihr zu helfen. Das Gedicht spielt außerdem auf die Praxis an, Astrologen und Wahrsager nach einem günstigen Tag für die Hochzeit zu befragen. Offenbar hat ihr Liebster sie betrogen, denn obgleich er erklärt, dass der Glückstag gewählt sei, machte er ihr damit nur Kummer.

Unsere Versprechungen und Schwüre sind verdorben
Wie deine Liebe vergangen ist.

Zum Zeitpunkt, als das Gedicht geschrieben wurde, waren die Prophezeiungen für die Ehe bereits eingeholt. Dies geschah das *Yijing* befragend unter Verwendung von Schafgarbenstängel oder durch die Untersuchung der Risse, die man mit einer heißen scharfen Spitze in einem bestimm-

ten Schulterknochen hervorrief. Im chinesischen Original-
text des Gedichts wird außerdem erwähnt, dass man einen
Schamanen oder Zauberer hinzuzog.

Seither wird die Vereinbarkeit zweier zukünftiger Partner ermittelt, indem man ihre beiden Horoskope miteinander vergleicht. In der einfachsten Verfahrensweise stellte
man lediglich fest, ob die astrologischen Tiere des Geburts-
jahrs zueinander passten. Die Bezeichnungen dieser Tiere
sind jedoch relativ jungen Datums und waren zu Konfuzius' Zeiten mit Sicherheit noch nicht bekannt. Während
der letzten Jahrhunderte der Kaiserzeit, in denen nun auch
das einfache Volk die astrologischen Tiernamen kannte,
waren die zeremoniellen Vorbereitungen einer Hochzeit in
der oberen Gesellschaftsschicht noch immer erheblich.

Die sechs Riten

Zu Konfuzius' Zeiten bestanden die Heiratsformalitäten aus
sechs verschiedenen Riten. Der erste rituelle Akt bestand in
der ersten Annäherung: Eine Karte mit dem Geburtsdatum
des zukünftigen Bräutigams wurde mit entsprechenden
Geschenken zur Brautfamilie geschickt. Um festzustellen,
ob die voraussichtliche Braut und der Bräutigam zusam-
menpassten, reichte es nicht aus zu wissen, ob ihre Tierkreiszeichen viel versprechend waren, vielmehr mussten
ihre Horoskope vollständig analysiert werden. Diesem Vorgang wurde derart hoher Wert beigemessen, dass man das
Versenden der roten Karte unter Angabe der vier Säulen –
also von Jahr, Monat, Tag und Stunde der Geburt – bereits
als Heiratsantrag begriff. Die Eltern der Dame, die diskret
Erkundigungen eingeholt hatten, um festzustellen, ob es
sich bei dem jungen Mann um einen geeigneten Ehemann

handelte, ließen den zweiten rituellen Akt folgen: Sie erkundigten sich nach dem Namen des Anwärters. Dann schickten sie die Karte, auf deren Rückseite nun die »vier Säulen« der Dame eingetragen waren, zurück. Wollte die Familie den Freier jedoch nicht berücksichtigen, zum Beispiel weil die junge Frau ihre Hoffnung bereits auf einen anderen Kandidaten gesetzt hatte, so konnten ihre Eltern die Karte ohne Angabe zum Geburtstag der Tochter mit der Erklärung zurückschicken, die Analyse der beiden Horoskope habe nicht auf eine glückliche Verbindung des Paars schließen lassen. Anders als ein Satz wie »Du musst den Verstand verloren haben, wenn du meinst, dass wir unsere Tochter in deine Familie einheiraten lassen!« ermöglichte es eine solche diplomatische Zurückweisung dem Bewerber, sein Gesicht zu wahren.

Waren jedoch beide Parteien einverstanden, dann konnten die Astrologen einen günstigen Hochzeitstermin bestimmen. Der Abschluss dieser einleitenden Formalitäten stellte den dritten rituellen Akt dar. Die Verlobung war nun formal und rechtlich bindend geschlossen. Diesen Umstand feierte man mit dem vierten rituellen Akt: durch den Austausch von Geschenken zwischen den Familien und eventuell durch ein Festmahl. Zum vierten Ritual gehörte außerdem die Festlegung des Hochzeitstermins durch die Astrologen. Das fünfte Ritual bestand darin, die Einladungen zu versenden und das sechste im feierlichen Vollzug der Hochzeit, in deren Mittelpunkt der Umzug der Braut in ihr neues Zuhause steht. Danach folgte das für die Braut wichtigste Ritual, auch wenn es nicht als Bestandteil der sechs Riten gewertet wird: In ihrem neuen Zuhause demonstriert sie ihre neue Stellung, indem sie ihre Schwiegereltern zum Tee einlädt. Diese Handlung symbolisiert, dass sie nun die neue Herrin im Haus ist und dass die Schwiegereltern ihre Gäste sind.

Die sechs Riten werden von weiteren Bräuchen ergänzt. So existiert die nicht schriftlich fixierte Tradition, dass die Eltern beider Familien besondere Vorkehrungen für das Paar treffen müssen: Die beiden Väter nehmen sorgfältig ein Inventar der Geschenke auf, um sicherzustellen, dass beide Familien ihre Verpflichtungen erfüllt haben. Zu den gesetzlichen Geschenken gehörten das Bett, Stühle, ein Tisch und Küchenutensilien sowie eine mysteriöse rote Kiste.

Diese rote Kiste, die auch als »goldener Scheffel unruhigen Ursprungs« bezeichnet wurde, diente sowohl als Toilette als auch um darin zu gebären. Vor ein paar Jahren zeigte man mir in Zentralchina ein traditionelles chinesisches Haus, das als Museum hergerichtet worden war. Darin waren auch zahlreiche bei einer Hochzeit zu erwartende Geschenke ausgestellt. Die geheimnisvolle rote Kiste fehlte jedoch, und der junge Museumskurator war sehr überrascht, als ich nach diesem Gegenstand fragte. Einigen älteren Menschen ist diese Tradition jedoch durchaus im Gedächtnis geblieben. Ein betagter chinesischer Freund aus Schanghai, der in den letzten Jahren der Kaiserzeit geboren worden war, erinnert sich noch daran, dass sein Vater eine Liste mit Hochzeitsgeschenken überprüfte und dass die rote Kiste darauf zu den obligatorischen Gegenständen zählte.

Das Arrangieren einer Hochzeit zwischen zwei Menschen hatte nach den Vorstellungen früherer Generationen weniger mit Liebe und Romantik zu tun als vielmehr mit der Gründung einer gesicherten Familie, in der es um zukünftige Aussichten und Komfort gut bestellt war. Daran hat sich nicht viel geändert. Eltern sind sich der ihnen durch ihre Sterblichkeit gesetzten Grenzen bewusst und wissen, dass sie ihren schwer erworbenen Wohlstand nicht in die nächste Welt mitnehmen können. Sie wollen sichergehen, dass ihr weitergereichtes Erbe nicht für Belanglosigkeiten vergeudet wird. Fühlen sich die beiden Hochzeitskandidaten darüber hinaus auch noch zueinander hingezogen, dann wird dies als zusätzlicher Pluspunkt gewertet. Schließlich könnte fehlende Zuneigung das Entstehen einer neuen Generation gefährden. Fehlte es der Braut nach Ansicht des Bräutigams an Reizen, konnte er sich eine Konkubine nehmen. Dies wurde von der Ehefrau nicht missbilligt, da sich die zusätzliche Person im Haushalt ihr unterordnen musste. Je mehr Konkubinen der Ehemann hatte, desto größer war die Macht der Ehefrau.

Der Legende nach beklagte ein chinesischer Kaiser, dass die schönsten Damen bei der Wahl eines Gemahls den hübschesten Männern den Vorzug gaben, während die von der Natur weniger begünstigten Damen sich mit weniger sympathischeren Heiratskandidaten zufrieden geben mussten. Der Kaiser empfand dies als äußerst ungerecht. Er entschloss sich daher, die hübschesten seiner Untertaninnen mit unattraktiven Partnern zusammenzutun und die anziehendsten seiner Offiziere mit Frauen gewöhnlichen Aussehens. Dies tat er in der Hoffnung, so die Reize menschlicher Anziehung gerechter zu verteilen und außerdem Nachkommen zu begünstigen, die alle gleichermaßen mit gutem Aussehen gesegnet waren. Es versteht sich von selbst, dass dieser frühe eugenische Versuch zum Scheitern verurteilt war, denn die aus diesen Verbindungen hervorgegangenen Kinder gerieten mehr nach dem weniger attraktiven Elternteil als nach dem gut aussehenden.

Der chinesische Tierkreis

Auch heute noch ziehen chinesische Eltern und junge Erwachsene, die auf eigene Faust nach einem Lebenspartner suchen, halb im Ernst und halb im Scherz Horoskope zurate, um herauszufinden, welche Art Mensch für eine Ehe wohl am geeignetsten sein könnte. Sich zu verheiraten bedarf eines enormen Vertrauens und großen Mutes. Nicht jeder kann unerschrocken den Verlust persönlicher Freiheit in Betracht ziehen. Je näher der Hochzeitstag rückt, desto enger zieht sich das Netz zusammen und desto unerreichbarer wird der Schlüssel zur Freiheit. Daher überrascht es nicht, dass viele die Übereinstimmung zwischen ihrem Horoskop und dem ihres zukünftigen Lebensgefährten anstreben. In Konfuzius' »Buch der Lieder« heißt es dazu:

> Was für dumme Menschen sind sie,
> Dass sie sich übereilt in die Ehe stürzen,
> Ohne einen Augenblick lang
> Die Zeichen der Astrologen zu bedenken?

Es gibt viele einfache chinesische Sprichwörter und Weisheiten, die Rat wissen, wenn es um die Wahl des besten Zeichens geht. Manche von ihnen sind allgemein gültige Ermahnungen, welche Art Menschen man für eine dauerhafte Bindung besser nicht in Betracht ziehen sollte. Andere empfehlen in einem bestimmten Jahr geborenen Personen den passenden Partner. »Wenn das Kaninchen auf die Schlange trifft, dann steht wahres Glück ins Haus«, lautet eines der Sprichwörter. Ein anderes warnt: »Lass nie eine Tigerin in dein Heim.« Man fürchtete nicht nur die Mädchen, die im Jahr des Tigers geboren wurden, sondern auch jene, die das Pferd zum Sternzeichen hatten, vor allem dann, wenn es sich um das Feuer-Pferd handelte. Es ist kaum 100 Jahre her, da setzten Eltern unter dem Zeichen des Feuer-Pferds geborene Töchter noch aus, weil sie fürchteten, keinen Mann für sie zu finden.

Mich rief einmal eine Dame an, um sich bei mir einen persönlichen Rat zu holen. Sie erzählte, sie habe große Schwierigkeiten, einen passenden Partner zu finden. Als ich sie nach ihrem Geburtsdatum fragte, stellte ich fest, dass ihr Geburtstag in das Jahr des Pferds fiel. Ich versuchte sie zu beruhigen und erklärte ihr, dass man in China glaubte, Frauen, die im Jahr des Pferds geboren seien, hätten es immer schwer, einen Partner zu finden, da das Pferd von alters her für ein sehr männliches Zeichen gehalten wird. Sie hatte mir nicht aufmerksam zugehört, denn später beschwerte sie sich bei einem gemeinsamen Freund, ich sei äußerst beleidigend gewesen und hätte ihr gesagt, sie finde keinen Freund, weil sie aussehe wie ein Pferd!

Die zwölf Tierkreiszeichen lassen sich bis in die Regierungszeit der Tang-Dynastie (618 bis 907) zurückverfolgen. Jedes Tierkreiszeichen symbolisiert ein Jahr innerhalb eines zwölfjährigen Zyklus, der auch als »Großes Jahr« bezeichnet wird. Ein gewöhnliches Jahr wird diesem Schema zufolge als »Monat« des Großen Jahrs angesehen.

Der Ursprung der zwölf Tiernamen ist ungewiss; wahrscheinlich sind sie nicht chinesischen Ursprungs. Schäfer in den Bergen des Iran, des Irak und der Türkei bedienen sich seit Generationen des »Tierkalenders«, ohne von seinem angeblichen chinesischen Ursprung zu wissen. Als das System schließlich in die chinesische Astrologie übernommen wurde, da machten sich die Astrologen die zwölf Namen zunutze, um die zwölf Jahre, die Monate im Jahr und sogar die Stunden des Tages zu zählen. Der Tierkreis beginnt mit der Ratte, die für die Wintermitte (den kürzesten Tag des Jahres) und die Mitternacht steht. Das Pferd symbolisiert die Sommermitte (den längsten Tag des Jahres) und die Mittagszeit.

Der vollständige chinesische Tierkreis besteht aus:

I.	Ratte	VII.	Pferd
II.	Ochse	VIII.	Schaf
III.	Tiger	IX.	Affe
IV.	Kaninchen	X.	Hahn
V.	Drache	XI.	Hund
VI.	Schlange	XII.	Schwein

Oft begegnet man alternativen Übersetzungen. So kann beispielsweise das zweite Zeichen auch Kuh und Büffel sein. Das Kaninchen wird häufig durch den Hasen ersetzt, Katze ist jedoch falsch. Im Chinesischen ist das Wort für Schaf und Ziege dasselbe; doch darf Schwein nicht durch Eber ersetzt werden, da dies nicht dem chinesischen Schriftzeichen entspricht.

Bei den Chinesen fällt der Jahreswechsel mit dem zweiten Neumond nach dem kürzesten Tag im Jahr zusammen. Das bedeutet, der chinesische Tierkreis deckt sich nicht mit dem westlichen Kalender, und das Jahr beginnt irgendwann zwischen Mitte Januar und Mitte Februar. Die Daten der chinesischen Neujahrstage von 1924 bis 2013 sind der folgenden Tabelle zu entnehmen.

Welche Tierkreiszeichen zueinander passen und welche nicht, kann man leicht feststellen, wenn man die Tiernamen auf einem Zifferblatt anordnet. Diejenigen, die vier Häuser auseinander liegen, passen am besten zueinander, und jene, die zwei Häuser voneinander entfernt sind, immer noch ganz gut. Einander direkt gegenüberliegende Zeichen

Jahr	Tag	Tier	Jahr	Tag	Tier
1924	5. Feb.	Ratte	1957	31. Jan.	Hahn
1925	25. Jan.	Ochse	1958	18. Feb.	Hund
1926	13. Feb.	Tiger	1959	8. Feb.	Schwein
1927	2. Feb.	Kaninchen	1960	28. Jan.	Ratte
1928	23. Jan.	Drache	1961	15. Feb.	Ochse
1929	10. Feb.	Schlange	1962	5. Feb.	Tiger
1930	30. Jan.	Pferd	1963	25. Jan.	Kaninchen
1931	17. Feb.	Schaf	1964	13. Feb.	Drache
1932	6. Feb.	Affe	1965	2. Feb.	Schlange
1933	26. Jan.	Hahn	1966	21. Jan.	Pferd
1934	14. Feb.	Hund	1967	9. Feb.	Schaf
1935	4. Feb.	Schwein	1968	30. Jan.	Affe
1936	24. Jan.	Ratte	1969	17. Feb.	Hahn
1937	11. Feb.	Ochse	1970	6. Feb.	Hund
1938	31. Jan.	Tiger	1971	27. Jan.	Schwein
1939	19. Feb.	Kaninchen	1972	15. Feb.	Ratte
1940	8. Feb.	Drache	1973	3. Feb.	Ochse
1941	27. Jan.	Schlange	1974	23. Jan.	Tiger
1942	15. Feb.	Pferd	1975	11. Feb.	Kaninchen
1943	5. Feb.	Schaf	1976	31. Jan.	Drache
1944	25. Jan.	Affe	1977	18. Feb.	Schlange
1945	13. Feb.	Hahn	1978	7. Feb.	Pferd
1946	2. Feb.	Hund	1979	28. Jan.	Schaf
1947	22. Jan.	Schwein	1980	16. Feb.	Affe
1948	10. Feb.	Ratte	1981	5. Feb.	Hahn
1949	29. Jan.	Ochse	1982	25. Jan.	Hund
1950	17. Feb.	Tiger	1983	13. Feb.	Schwein
1951	6. Feb.	Kaninchen	1984	2. Feb.	Ratte
1952	22. Jan.	Drache	1985	20. Feb.	Ochse
1953	14. Feb.	Schlange	1986	9. Feb.	Tiger
1954	3. Feb.	Pferd	1987	29. Jan.	Kaninchen
1955	24. Jan.	Schaf	1988	17. Feb.	Drache
1956	12. Feb.	Affe	1989	6. Feb.	Schlange

Jahr	Tag	Tier	Jahr	Tag	Tier
1990	27. Jan.	Pferd	2002	12. Feb.	Pferd
1991	15. Feb.	Schaf	2003	1. Feb.	Schaf
1992	4. Feb.	Affe	2004	22. Jan.	Affe
1993	23. Jan.	Hahn	2005	9. Feb.	Hahn
1994	10. Feb.	Hund	2006	29. Jan.	Hund
1995	31. Jan.	Schwein	2007	18. Feb.	Schwein
1996	19. Feb.	Ratte	2008	7. Feb.	Ratte
1997	7. Feb.	Ochse	2009	26. Jan.	Ochse
1998	28. Jan.	Tiger	2010	14. Feb.	Tiger
1999	16. Feb.	Kaninchen	2011	3. Feb.	Kaninchen
2000	5. Feb.	Drache	2012	23. Jan.	Drache
2001	24. Jan.	Schlange	2013	10. Feb.	Schlange

stoßen sich gegenseitig ab, jene, die drei Häuser auseinander liegen, müssen zumindest mit Schwierigkeiten rechnen. Nebeneinander liegende Tierkreiszeichen werden mit den zwei Seiten einer Münze verglichen. Wenn jedoch zwei Menschen dasselbe Zeichen haben, dann hängt viel vom Wesen des Zeichens ab. Zwei Schafe, zwei Schweine oder zwei Kaninchen zum Beispiel kommen gut miteinander aus. Zwei Tiger oder zwei Hähne könnten Probleme haben.

Im Folgenden werden alle Kombinationen der Tierkreiszeichen aufgeführt und beschrieben, welche Paarungen traditionell als günstig empfunden werden und welche sorgsamer Pflege bedürfen.

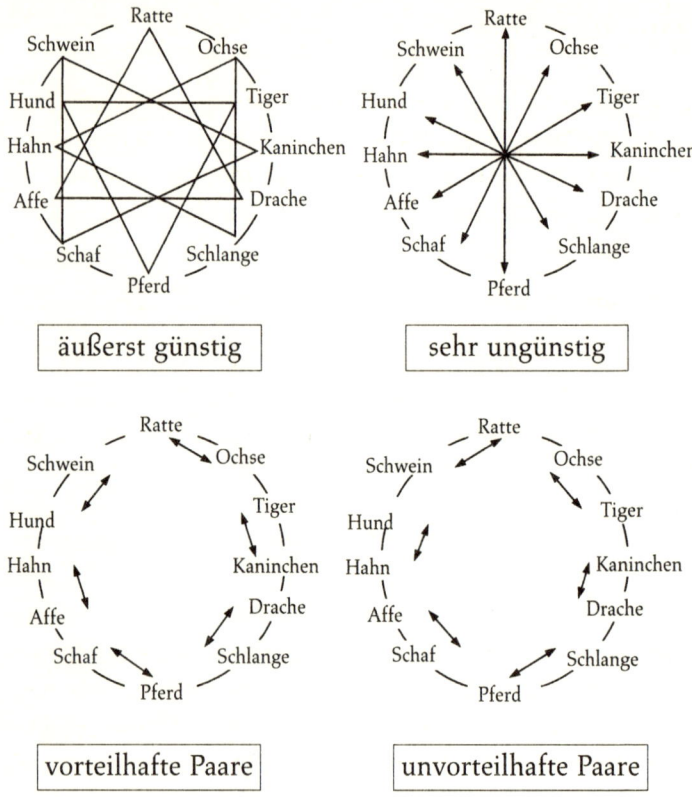

äußerst günstig

sehr ungünstig

vorteilhafte Paare

unvorteilhafte Paare

Die Ratte

Das älteste Schriftzeichen für die Ratte steht für Baby, weil das erste Tierkreiszeichen die Zeit symbolisiert, in der die Tage länger werden und die dunkelste Stunde vorüber ist. Die Ratte wurde als erstes Tierkreiszeichen ausgewählt, weil Ratten und Mäuse nachtaktiv sind. Wenn alles ruhig und still ist, dann hat man die Gelegenheit, klare Gedanken zu fassen. Somit repräsentiert die Ratte Erfindungsreichtum und Kreativität.

Ratte und Ratte

In dieser Paarung neigen beide Partner dazu, eigene Wege zu beschreiten. Aufgrund ihres im höchsten Maße unabhängigen Wesens ist es oft besser, wenn beide unterschiedliche, statt gemeinsame Interessen haben.

Ratte und Ochse

Eine höchst Erfolg versprechende Verbindung, vor allem wenn der männliche Partner die Ratte ist. Der Ochse mag zwar dominanter erscheinen, doch die Ratte braucht nur die Ermutigung und Unterstützung des Partners, um ihm ebenbürtig zu sein.

Ratte und Tiger

Zwei vollkommen unterschiedliche Charaktere, die jedoch ein gemeinsames Ziel vor Augen haben. In dieser Partnerschaft ist es besser, wenn der Mann der Tiger ist, es sei denn, die Ratte ist damit zufrieden, eher im Hintergrund zu agieren.

Ratte und Kaninchen

Die Ratte und das Kaninchen gehen möglicherweise eine zerbrechliche Bindung ein. Beide müssen das Geheimnis des Gebens und Nehmens für sich entdecken. Ein jeder von ihnen muss lernen, den Standpunkt des anderen zu verstehen. Jemand, der im Jahr des Ochsen geboren wurde, könnte diesen beiden dabei helfen, zusammenzubleiben.

Ratte und Drache

Eine höchst erfolgreiche Beziehung, die zu einem leidenschaftlichen und kraftvollen Leben führt. Diese beiden könnten von ihrer eigenen Begeisterung mitgerissen werden. Eine Partnerschaft mit allen Vorzeichen des Erfolges.

Ratte und Schlange

In einem chinesischen Sprichwort heißt es, dass die Schlange die Ratte frisst. Beide sind ausgeglichene und berechnende Persönlichkeiten. Sie neigen dazu, den Motiven des jeweils anderen zu misstrauen. Ehrlichkeit und Offenheit sind eine Grundvoraussetzung für das Gelingen der Beziehung. Geheimniskrämerei muss vermieden werden.

Ratte und Pferd

Diese beiden werden die Dinge niemals aus der gleichen Perspektive betrachten. Wenn beide ihren eigenen Raum haben, dann funktioniert diese Beziehung besser. Hocken sie jedoch zu dicht aufeinander, dann könnten Spannungen entstehen. Ein im Jahr des Tigers, Drachen, Affen oder Hundes geborenes Kind könnte diese zerbrechliche Bindung festigen.

Ratte und Schaf

Fühlen sich diese beiden zueinander hingezogen, dann gibt es dazu nicht mehr viel zu sagen. Vermutlich haben sie denselben Musikgeschmack, aber es gibt auch Interessen, die sie nicht miteinander teilen.

Ratte und Affe

Ein von Spaß erfülltes Leben steht für diese beiden im Vordergrund; gemeinsam entwickeln sie Pläne und Projekte jeder Art. Doch müssen sie unbedingt eine praktischere Herangehensweise an das Leben entwickeln. Die wunderbaren Ideen der Ratte und der große Aktivitätsdrang des Affen machen ihr Zusammenleben ruhelos.

Ratte und Hahn

Dieses Paar ist am erfolgreichsten, wenn beide ihre eigenen Wege gehen dürfen. Der Hahn weiß das empfindsame Wesen der Ratte oft nicht richtig zu schätzen. Dies kann zur Aufstauung von Groll führen. Am besten ist es, wenn sie lernen, offen miteinander über ihre Schwierigkeiten zu sprechen.

Ratte und Hund

Beide Partner benötigen einen gewissen Grad der Unabhängigkeit, doch ihre Verbundenheit ist sehr stark. Sie mögen ihre Meinungsverschiedenheiten haben, versöhnen sich jedoch rasch wieder. Ein gelegentlicher Streit ist hier ein Zeichen für eine gefestigte Bindung.

Ratte und Schwein

Sie stehen einander so nahe und sind doch voneinander so weit entfernt. Die Umstände haben diese beiden scheinbar immer enger zusammengebracht, doch gibt es Bereiche in ihrem Leben, die sie nicht miteinander teilen. Sie lernen jedoch, mit ihren Unterschiedlichkeiten zu leben.

Der Ochse

Das Symbol des zweiten chinesischen Tierkreiszeichens ist das Einzige, das aus dem vertrauten westlichen Zodiak entlehnt wurde. Das ursprüngliche chinesische Schriftzeichen ist unklar, es könnte sich jedoch um einen sprossenden Samen gehandelt haben, der neues Wachstum, Zuverlässigkeit und einen gewissen Widerstand gegenüber Veränderungen symbolisiert. In einem chinesischen Sprichwort heißt es: »Ein Ochse kann zwei Tiger außer Gefecht setzen«, und in einem anderen: »Ochse und Pferd stehen nie gemeinsam in einem Stall«.

Ochse und Ratte

Eine erfolgreiche Partnerschaft. Ob nun in der Familie oder in einem Arbeitsverhältnis, diese beiden arbeiten gut zusammen – vorausgesetzt der Ochse überlässt der Ratte die Führung. Sie fühlen sich geradezu magnetisch zueinander hingezogen.

Ochse und Ochse

Ein treues Paar, das sich vermutlich schon seit frühester Kindheit kennt. Es ist vollkommen natürlich, dass sie es schließlich miteinander versuchen. Eine solide Beziehung, aus der eine Familie hervorgeht, deren Mitglieder eng miteinander verbunden sind und eine angenehme gemeinsame Zukunft erwarten können.

Ochse und Tiger

Zu Hause hat der Ochse das Zepter in der Hand, egal wie Ehrfurcht gebietend der Tiger Außenstehenden auch erscheinen mag. Ob der Tiger nun der männliche oder der weibliche Partner ist, es ist der Ochse, der im Hintergrund die Fäden zieht. Eine Beziehung nicht frei von Schwierigkeiten.

Ochse und Kaninchen

Starke Familienbande sorgen dafür, dass sich diese beiden gemeinsam allen Problemen und Hindernissen stellen, egal welcher Art diese auch sein mögen. Sie fürchten sich nicht, zum Schutz und für das Wohlergehen ihrer Kinder Opfer in Kauf zu nehmen.

Ochse und Drache

Beide müssen ihre eigenen Wege gehen. Der Ochse zieht die Tradition vor und fürchtet sich vor allem Neuen. Der Drache liebt Risiken und will Veränderungen bewirken. Diese beiden Extreme sollten in der Lage sein, einen Mittelweg zu finden.

Ochse und Schlange

Auf den ersten Blick scheinen die beiden nicht gerade ein ideales Paar zu sein, und doch ist ihre Liebe sehr viel tiefer, als man zuerst vermutet. Obwohl beide sehr unterschiedliche Interessen verfolgen, ist es beiden wichtig, einander zu fördern. Sie bemühen sich, an den Erfahrungen des anderen Anteil zu nehmen, sind darin aber nicht immer erfolgreich. Eine sehr viel versprechende Verbindung.

Ochse und Pferd

»Ochse und Pferd stehen nie gemeinsam in einem Stall«,
heißt das Sprichwort. Diese Partnerschaft funktioniert am
besten, wenn berufliche Angelegenheiten den einen gelegentlich zwingen, sich von Haus und Hof zu entfernen.

Ochse und Schaf

Der Ochse ist so sehr daran gewöhnt, sich durchzusetzen,
dass er nicht begreift, wieso dies beim anderen gelegentlich
Ärger hervorruft. Es ist wichtig, dass der Ochse dem Schaf
gelegentlich nachgibt, sonst kann eine Katastrophe nicht
vermieden werden. Ein im Jahr der Ratte oder des Hahns
geborenes Kind festigt die Bindung.

Ochse und Affe

Ein ungewöhnlicher Interessenkonflikt bedeutet, dass Ochse und Affe nur selten einer Meinung sind. Dies kann dem
Vorankommen manchmal hinderlich sein. Beide müssen
lernen, Kompromisse einzugehen und sich beim Treffen von
Entscheidungen abzuwechseln.

Ochse und Hahn

Hierbei handelt es sich für beide Partner um eine günstige
Beziehung. Dem Hahn wird durch den Ochsen Stabilität
und ein gesundes praktisches Fundament zuteil, während
der Ochse vom Glamour des Hahns profitiert.

Ochse und Hund

Diese Beziehung führt häufig zur Konfrontation. Der Ochse legt ständig Widerspruch gegen die Vorschläge des Hundes ein. Dadurch ist Eintracht ein schwer zu erreichendes Ziel.

Ochse und Schwein

Dieses glückliche Paar kann ein angenehmes Zuhause aufbauen und den Respekt ihrer liebevollen Familie gewinnen. Ihr Leben ist konventionell, ohne dabei langweilig zu sein.

Der Tiger

Der Tiger-Monat ist der erste Monat im chinesischen Jahr und war aus diesem Grund dem Kaiser gewidmet. Es musste also ein Tier ausgewählt werden, das sich als Symbol für das Königshaus eignete. Da es vom Tiger heißt, dass er das Schriftzeichen für »König« auf seiner Stirn trägt, wurde er als drittes Zeichen im Tierkreis gewählt. Das Schriftzeichen sieht aus wie ein General in Uniform. Weil der Tiger mit militärischen Eigenschaften assoziiert wird, ist er ein starkes und mächtiges Zeichen. Aus diesem Grund hüten sich die Chinesen vor Ehefrauen, die im Jahr des Tigers geboren wurden. »Lass nie eine Tigerin in dein Heim«, lautet ein bekanntes Sprichwort. Der Tiger steht für Führungsqualitäten und königliches Auftreten.

Tiger und Ratte

Eine gute Arbeitsbeziehung. Beide erkennen die speziellen Begabungen des anderen und sind stolz auf sie. Sie scheuen sich nicht, mit den besonderen Eigenschaften und dem Erfolg ihres Partners zu prahlen. Der eine teilt zwar nicht unbedingt die Auffassung des anderen, doch er bewundert sie.

Tiger und Ochse

»Ein Ochse kann zwei Tiger außer Gefecht setzen«, lautet ein altes chinesisches Sprichwort. Der Ochse übernimmt ohne Zweifel den dominierenden Part in dieser Beziehung, und solange der Tiger das akzeptiert, geht alles glatt.

Tiger und Tiger

Alles hängt von der Einstellung ab. In dieser Beziehung stoßen zwei starke Persönlichkeiten aufeinander, die sich beide bewusst sind, dass nur sie und niemand sonst ihre Partnerschaft zum Erfolg führen können. Beide gehen möglicherweise kalkulierte Risiken in ihren Beziehungen zu anderen Menschen ein, sie sind jedoch vernünftig genug, sich das Heft nicht aus der Hand nehmen zu lassen.

Tiger und Kaninchen

Welch ein gegensätzliches Paar. Trotz aller Unterschiedlichkeit verfolgen beide dieselben Ziele. Sie erreichen diese auf unterschiedlichen Wegen.

Tiger und Drache

Zwei starke Persönlichkeiten, die gemeinsam viel erreichen. Als Familie können sie es zu einer großen Zahl von Nachfahren bringen, die allesamt auf ein von Erfolg bestimmtes Leben hoffen dürfen.

Tiger und Schlange

In dieser Partnerschaft arbeiten verborgene Kräfte, die sich nicht immer zum Guten der beiden Beteiligten auswirken. Vertrauensvolle Wesensart sollte nicht mit Schwäche verwechselt werden. Die Beziehung entwickelt sich mit der Zeit.

Tiger und Pferd

Das Zusammentreffen dieser beiden Typen ist bestimmt von sofortiger Anziehungskraft und löst unmittelbare Freude darüber aus, endlich jemanden gefunden zu haben, der sich Probleme anhört und sie auch versteht.

Tiger und Schaf

Obwohl diese beiden Charaktere diametral entgegengesetzt sind, liegen sie so weit auseinander, dass sie nicht miteinander in Konflikt geraten. Beide empfinden die Andersartigkeit des anderen als Bestandteil ihrer Persönlichkeit und sind mit dieser Sachlage zufrieden.

Tiger und Affe

Beide verfügen über eine ureigene Herangehensweise. Wenn es ihnen gelänge, ihre eigenen Fehler zu erkennen, dann würden sie nicht dazu neigen, den anderen zu kritisieren. Die Beziehung verbessert sich, wenn das Paar ein Kind bekommt, das im Jahr des Pferdes oder der Ratte geboren wird.

Tiger und Hahn

Ein Hahn beziehungsweise *ein* Tiger ist in der Regel genug. Beide sind äußerst starke und charismatische Persönlichkeiten, und dies könnte zu Zusammenstößen führen. Am besten ist es, wenn jeder seiner eigenen Beschäftigung nachgeht und seine Individualität eigenständig entwickelt.

Tiger und Hund

Diese Beziehung weist äußerst günstige Voraussetzungen auf. Zwischen beiden Beteiligten herrscht unzerbrüchliche Treue und Freundschaft, die über romantische Zuneigung hinausgeht.

Tiger und Schwein

In dieser Beziehung ist der Tiger der dominierende Partner. Harmonie entsteht, wenn der Tiger die Rolle des Familienernährers übernimmt und das Schwein ihn darin unterstützt.

Das Kaninchen

Das Kaninchen wird mit dem Frühling assoziiert. Es ist das Gegenstück zum europäischen Osterhasen. Die Stunde des Kaninchens ist die Morgendämmerung, zu der es im Tau umhertollt. Weil der Frühling mit neuem Leben in Verbindung gebracht wird, stellt das Kaninchen ein günstiges Zeichen für Kinder und Familie dar. Der chinesischen Tradition zufolge lebt das Kaninchen im Mond und produziert dort Lebenselixier. Es wird deshalb als »Schutzpatron« der Medizin und des Heilens angesehen.

Kaninchen und Ratte

Für den Kaninchen-Partner erweist sich diese Beziehung nicht als besonders glücklich. Obgleich zwischen beiden starke Zuneigung besteht, hat das Kaninchen häufig das Gefühl, dass seine Liebe nicht erwidert wird.

Kaninchen und Ochse

Dieses Paar ist sowohl romantisch als auch leidenschaftlich. Ihre Liebe besitzt eine starke körperliche Ausprägung, und was sie miteinander verbindet, wird ihnen helfen, die Probleme, die sich ihnen in den Weg stellen, zu überwinden.

Kaninchen und Tiger

Zwar ist dies für zwei derart unterschiedliche Charaktere ungewöhnlich, doch sind beide zu einer starken Beziehung miteinander fähig.

Kaninchen und Kaninchen

Für das Familienglück mit einem reichen Kinder- und Nachkommensegen stellt diese Kombination eine der besten Beziehungen dar. Oder diese beiden machen sich zu Fürsprechern fremder Kinder und Bedürftiger. Eine sehr positive Partnerschaft zweier liebevoller Menschen.

Kaninchen und Drache

Für das Kaninchen eine nützliche Beziehung; für den Drachen weniger glücklich, da er sich möglicherweise vom Charme des Kaninchens blenden lässt, leichtsinnig wird und die Kontrolle über seine Finanzen verliert. Praxisbezug ist für das Gelingen der Verbindung eine entscheidende Voraussetzung.

Kaninchen und Schlange

Einem chinesischen Sprichwort zufolge entsteht aus einer Bindung zwischen Kaninchen und Schlage wahres Glück. Zwei gleich gesinnte Menschen, die viele Interessen teilen. Eine äußerst starke Zuneigung hält diese zwei Menschen aus unterschiedlichen Lebenssphären zusammmen.

Kaninchen und Pferd

Obgleich diese beiden viele Interessen gemeinsam haben, ist der jüngere Partner für gewöhnlich der praktischere. Die Wahrscheinlichkeit häuslicher Schwierigkeiten ist groß und kann einen Schatten auf die Familie werfen. Die beiden dürfen sich nicht scheuen, Freunde um Hilfe zu bitten.

Kaninchen und Schaf

Eine paradiesische Verbindung. Dieses Paar ist äußerst glücklich, ihr Leben ist erfüllt von Romantik. Liebe und Musik sind immer zugegen, und Schwierigkeiten setzen sich nie so fest, um sich zu einem wirklichen Problem auszuwachsen. Ein wirklich starkes Band der Zuneigung verbindet diese beiden miteinander.

Kaninchen und Affe

Das Kaninchen käme mit dem Affen leichter zurecht, wenn dieser seinen Sinn für Humor besser zügeln könnte. Denn es gibt Zeiten, da ist es wichtig, das Leben ernst zu nehmen, und unklug, das Unvermeidliche zu ignorieren.

Kaninchen und Hahn

Merkwürdigerweise gleichen die Fehler, die der eine im anderen erblickt, den eigenen Mängeln. Die Beziehung wird durch Kinder verbessert, insbesondere wenn diese im Jahr des Schafs oder Schweins geboren wurden, oder aber durch ein drittes, ebenfalls in diesen Jahren geborenes Haushaltsmitglied, das den Überblick über die häusliche Situation behält.

Kaninchen und Hund

Dem Kaninchen kann man zu dieser Beziehung nicht raten, doch ist sie Erfolg versprechend, wenn sich die beiden Partner von Kindesbeinen an kennen. Begegnen sie sich erst später im Leben, dann kann es zu Interessenkonflikten über finanziellen Angelegenheiten kommen.

Kaninchen und Schwein

Ein liebevolles Heim wird von diesem hingebungsvollen Paar für die Familie bereitet. Beide geben zärtliche Eltern ab. Der eine versucht, für die Bequemlichkeit des anderen zu sorgen. Die Beziehung gedeiht eher im familiären als im beruflichen Rahmen.

Der Drache

Der Drache ist das einzige sagenumwobene Tier der zwölf Tierzeichen. Im alten chinesischen Kalender symbolisiert er den Beginn der Regenzeit und damit auch Magie und Glück. Wenn das Zeichen des Drachen günstig ist, dann schafft es Wohlstand durch glückliche Fügungen. Ist es jedoch undeutlich, dann löst es Wohlstand auf. Der Drache taucht in den klassischen chinesischen Texten an vielen Stellen auf, unter anderem in der Einleitung zum *Yijing*. Der Drache ist eine lebendige, aus sich herausgehende Persönlichkeit, in dessen Leben es zu zahlreichen dramatischen Veränderungen kommt.

Drache und Ratte

Die Ratte bringt ihren Erfindungsreichtum in diese Erfolg versprechende Beziehung ein. Hier treffen zwei Persönlichkeiten mit großen Geisteskräften aufeinander, um ein Leben durchdrungen von kreativer Begeisterung zu führen. Für den Drachen ist diese eine der besten möglichen Partnerschaften, da die Ratte seine Energien wiederzubeleben vermag.

Drache und Ochse

Der Drache wird den Ochsen als konservativ empfinden, da der Ochse seine Begeisterung für das Neue nicht teilt. Zwei Extreme, die lernen müssen, Kompromisse einzugehen.

Drache und Tiger

Dies ist eine äußerst starke Verbindung zweier entschlussfähiger Individuen. Diese Partnerschaft ist sehr geschäfts-

und karriereorientiert und steht vermutlich an der Spitze einer sehr einflussreichen Familie oder mächtigen sozialen Gruppierung.

Drache und Kaninchen

»Es erscheint eine Schar von Drachen ohne Haupt«, heißt es im *Yijing*. Obgleich sich die beiden Zeichen Drache und Kaninchen im chinesischen Tierkreis nebeneinander befinden, meinen die Chinesen, dass dem Drachen alles Glück abhanden kommt, sobald das Kaninchen auftaucht. Der Drache darf sich nicht durch Liebe blenden lassen, sondern muss praktisch und realistisch bleiben. In der Zukunft könnten weniger angenehme Zeiten zu erwarten sein, daher ist es wichtig, im Voraus zu planen.

Drache und Drache

Der Drachenhorst gilt als Glückssymbol. Ein außerordentlich extrovertiertes Paar, dem der Aufstieg in der Gesellschaft gelingt. Doch besteht die Gefahr, dass sich die beiden zu leicht von ihrem Erfolg verführen lassen.

Drache und Schlange

Lebensgefährten mit diesen Zeichen gehören zusammen wie Yang und Yin. Die Mängel des Drachen werden durch die Weisheit der Schlange kompensiert; der Drache erfüllt das Leben der Schlange in weniger günstigen Augenblicken mit Überschwang und Freude.

Drache und Pferd

Dieses Paar hat viele Gemeinsamkeiten. Das Pferd nimmt einen mäßigenden Einfluss auf das extrovertierte Wesen des Drachen, geht dabei jedoch nie so weit, die natürliche Begeisterung des Drachen zu ersticken. Eine sehr erfolgreiche Partnerschaft, in privater wie beruflicher Hinsicht.

Drache und Schaf

Die Anziehung zwischen beiden rührt vermutlich von gemeinsamen Interessen her. Das Schaf bewundert wahrscheinlich die besonderen Fähigkeiten des Drachen. Doch kann es auch Zeiten geben, in denen wenig Einvernehmen zwischen beiden herrscht.

Drache und Affe

Dies ist eine der besseren möglichen Partnerschaften für den Drachen, möglicherweise sogar für beide Partner ideal, doch unerträglich für jene, die mit diesem Paar zusammenarbeiten und -leben müssen. Vermutlich schlagen ihre Familien entsetzt die Hände über dem Kopf zusammen, doch sie nehmen nur wenig Einfluss auf das zweifellos aufregende Leben, das Drache und Affe miteinander führen.

Drache und Hahn

Diese Kombination hat als Geschäftsverbindung nur geringe Chancen; beide Beteiligten verfügen über eine äußerst kreative Persönlichkeit und werden deshalb häufig in Konflikt geraten. Daheim, wo jeder seine eigenen Wege gehen kann, mag diese Beziehung besser funktionieren.

Drache und Hund

Nicht das ideale Paar; es kann zu Auseinandersetzungen und Reibereien kommen. Ein im Jahr der Ratte oder des Pferds geborenes Kind wird die Wogen des Sturms glätten.

Drache und Schwein

»Verdeckter Drache. Handle nicht«, heißt es im *Yijing*. Ein Drache, der sich mit einem Schwein häuslich einrichtet, kann ein sehr viel ruhigeres Leben führen.

Die Schlange

Das alte chinesische Schriftzeichen für das sechste Tierkreiszeichen war ein Strich, der sich einrollte wie die Zahl »6«. Der moderne Name ist also auf ihre Ähnlichkeit mit dem Schriftzeichen zurückzuführen. Die Schlange ist ein natürlicher Gefährte des Drachen, jedoch meditativer und spiritueller veranlagt als dieser. Da die Schlange verborgene Gefühle und Innenschau symbolisiert, verweist das auf einen feinen und gebildeten Menschen mit analytischer Begabung.

Schlange und Ratte

»Die Schlange frisst die Ratte«, besagt ein chinesisches Sprichwort. Für die Schlange ist diese Beziehung weder günstig noch ungünstig, doch für die Ratte kann sie eine Verminderung ihres Glücks bedeuten. Die beiden Partner vertrauen einander nicht vollständig. Es ist wichtig für sie, voneinander zu lernen und den anderen in die Entscheidungsfindung einzubeziehen.

Schlange und Ochse

Während die Schlange die Rolle des Denkers übernimmt, bringt der Ochse seine praktischen Fähigkeiten ein. Gemeinsam können die beiden eine gute Arbeitsbeziehung schaffen. Diese Partnerschaft ist für die Schlange eine der besten.

Schlange und Tiger

Romantik und die Freuden der Liebe sind in dieser Beziehung zweifellos vorhanden. Doch die unterschiedliche Herangehensweise der Partner an das Leben bedeutet, dass es niemals zu einer vollständigen Übereinstimmung in allen Dingen zwischen ihnen kommen kann, sei dies nun am Arbeitsplatz oder daheim. Das Leben hält für sie gleichermaßen Augenblicke des Glücks und der Trauer bereit.

Schlange und Kaninchen

»Wenn Schlange und Kaninchen einander begegnen, dann entsteht wahres Glück«, besagt ein chinesisches Sprichwort. Beide Partner sind fähig, die Vorstellungen des anderen von einer liebevollen Beziehung zu erfüllen. Diesem Paar sind intelligente Kinder vorbestimmt.

Schlange und Drache

Die Schlange ist das Yin zum Yang des Drachen; die Anziehung beruht auf Gegenseitigkeit. Was dem einen Partner fehlt, das bringt der andere mit. Zwischen beiden findet ein ständiger Ideenaustausch statt, der es ihnen gestattet, ihre Partnerschaft zu entwickeln. Eine bemerkenswert stabile Partnerschaft.

Schlange und Schlange

Eine erfolgreiche Partnerschaft, die nicht nur durch die physische Anziehung, sondern auch durch die Bewunderung für die intellektuellen Fähigkeiten des anderen gefestigt wird. Beide verfügen über besondere Begabungen, die sie gerne mit ihrem Partner teilen. Diese Verbindung ist günstig für Personen, die sich eine große Familie wünschen.

Schlange und Pferd

Obwohl diese beiden viel gemeinsam zu haben scheinen, gibt es doch etliche Themen, bei denen ihre Ansichten sehr verschieden sind. Dies trennt sie zwar nicht, bringt sie jedoch auch nicht näher zusammen. Das Pferd hat einige Charaktereigenschaften, die unverrückbar sind.

Schlange und Schaf

Dieses Paar hat vermutlich durch gemeinsame Interessen zusammengefunden, vielleicht durch ihre Begeisterung Probleme zu lösen. Sie sind ein gutes Team, das sich jedoch vor der eigenen Klatschsucht hüten muss.

Schlange und Affe

Hier sind zwei, die viel voneinander lernen könnten. Ihre Persönlichkeitsanteile verhalten sich wie die Stücke zu ein und demselben Puzzle. Doch irgendetwas hält sie davon ab, ihre Beziehung so tief zu erforschen, wie es möglich wäre. Ohne Zweifel ist die gegenseitige Anziehung groß, doch gibt es auch Verständigungsprobleme.

Schlange und Hahn

Traditionell ist die Beziehung zu einem Menschen, der im Jahr des Hahns geboren wurde, die beste für eine Schlangen-Persönlichkeit. Auch in der Geschäftswelt sind die beiden gemeinsam erfolgreich.

Schlange und Hund

Es kommt häufig vor, dass beide schier daran verzweifeln, dem anderen den eigenen Standpunkt klarzumachen. Am besten ist es, Verantwortungsbereiche aufzuteilen und sich in die Angelegenheiten des anderen nicht einzumischen.

Schlange und Schwein

»Das Schwein frisst die Schlange und ist vergiftet«, sagt ein chinesisches Sprichwort. Diese Beziehung funktioniert am besten, wenn andere Familienmitglieder berücksichtigt werden müssen. Jemand, der im Jahr des Ochsen oder des Schafs geboren wurde, könnte ihnen weiterhelfen.

Das Pferd

Das Pferd symbolisiert das große Yang – die Sonne an ihrem Scheitelpunkt. Das alte chinesische Zeichen steht für die Waage und bezeichnet die Jahres- und die Tagesmitte. Weil »Yang« die männliche Kraft repräsentiert und Männer in früheren Zeiten ununterbrochen über ihre Pferde sprachen, war dies das passende Tier, um das große Yang zu versinnbildlichen. Es steht für Organisationstalent, soziales Bewusstsein und ein gutes Gespür in Personalfragen. Menschen, die im Jahr des Feuer-Pferdes (1906 und 1966) geboren wurden, sind ein besonderer Fall. Ihnen wird ausgeprägte Impulsivität nachgesagt. Das nächste Jahr des Feuer-Pferdes ist erst 2026.

Pferd und Ratte

Das Pferd kann seine Geringschätzung für einige Ansichten der Ratte nur schlecht verbergen. Eine Zeit lang hält sein Taktgefühl das Pferd davon ab, eine entsprechende Bemerkung zu machen, doch im unpassendsten Augenblick wird es plötzlich seine Beobachtungen zum Besten geben und öffnet damit einen tiefen Graben zwischen sich und der Ratte. Ein im Jahr des Tigers, Drachen, Affen oder Hundes geborenes Kind könnte dafür sorgen, dass die Probleme nicht über ein erträgliches Maß hinausgehen.

Pferd und Ochse

Ein Pferd hat keine Hörner, aber ein Ochse sehr wohl. In Anbetracht der Tatsache, dass ein Ochse mit zwei Tigern fertig wird, welche Hoffnungen kann sich das Pferd angesichts eines so Furcht erregenden Gegners machen? Diese Beziehung bedarf der sorgfältigsten Pflege.

Pferd und Tiger

Das Pferd liebt den exotischen und extravaganten Lebensstil des Tigers. Die Leute behaupten vielleicht, dass der Tiger das Pferd zum Beschreiten krummer Pfade verleitet, doch trifft dies wirklich zu? Diesem Paar fehlt es nicht an Gelegenheiten zum Abenteuer.

Pferd und Kaninchen

Vor allem das Stilgefühl des Pferdes zieht das Kaninchen an. Das Pferd lässt sich leicht rühren. Doch schon bald werden ihm die fortwährenden Schmeicheleien zu viel.

Pferd und Drache

Der Drache steuert die Extravaganz bei, die das Pferd so sehr bewundert. Im *Yijing* symbolisieren Drache und Pferd gemeinsam die doppelte Macht von Himmel und Erde.

Pferd und Schlange

Die Schlange befindet sich zwar im Tierkreis in unmittelbarer Nachbarschaft zum Pferd, doch sind sich zwei einander nahe stehende Menschen niemals unähnlich gewesen. Wenn es ihnen gelingt, jeder auf seinem Weg zu bleiben, dann werden sie sich einer befriedigenden Partnerschaft erfreuen.

Pferd und Pferd

Eine sehr befriedigende Partnerschaft. Die Familienbande sind eng geknüpft, es gibt viele Möglichkeiten für gemeinsame Erfahrungen, und die beiden werden einander unterstützen, wenn sie Schwierigkeiten haben.

Pferd und Schaf

Sie sind gegensätzlich und doch ähnlich. Diese beiden haben ihre Unterschiede sorgsam aus dem Weg geräumt. Auch wenn der eine die Ansichten des anderen nicht teilt, so respektiert er sie doch. Eine erfolgreiche Beziehung.

Pferd und Affe

Früher war es in China Sitte, im Pferdestall einen Affen zu halten, um das edle Reittier gebührend zu unterhalten. Obwohl dies inzwischen nicht mehr üblich ist, zeigt es doch den Wert, der dem Pferd in der Partnerschaft mit dem Affen beigemessen wird.

Pferd und Hahn

Man sollte meinen, dass zwischen diesen beiden Beherrschern des Hofes keine Differenzen existieren. Vielleicht gibt es dennoch gelegentlich Anlass zu Ärger, den das Pferd meist mit Gleichmut hinnimmt.

Pferd und Hund

Dies ist eine der besseren Partnerschaften für den Pferd-Typus. Die beiden verbindet ein starkes Band anhaltender Zuneigung. Durch harmonische Zusammenarbeit gelingt es ihnen, ihre finanziellen Mittel zu mehren, ihre Ziele zu verwirklichen und für sich und die ihren ein wunderschönes Zuhause zu schaffen.

Pferd und Schwein

Das Schwein erfreut sich an der Gesellschaft des Pferdes, doch sein starker Wille gerät oft in Widerstreit mit dem, was das Pferd tun möchte. Dem Pferd liegt es eher, nachzugeben als sich zu streiten. Das Leben daheim mag angenehm sein, Aufregung muss jedoch woanders gesucht werden.

Das Schaf

Das achte Zeichen im chinesischen Tierkreis steht für die Kraft des Weiblichen. Da in Schafherden weibliche Tiere überwiegen, wurde das Schaf ausgewählt, um das alte chinesische Schriftzeichen zu ersetzen, das »noch nicht abgeschlossen« bedeutet. Allein das ängstliche Schaf vermag den mächtigen Ochsen zu überwinden und zeigt, dass Liebe und Entschlusskraft schließlich allen Widrigkeiten überlegen sind. Das Schaf symbolisiert Sanftmut, Romantik und familiäre Harmonie.

Schaf und Ratte

Schaf und Ratte haben möglicherweise den gleichen Kunstgeschmack, insbesondere im Hinblick auf Musik, ein Bereich, in dem sie sich häufig nahe kommen. Doch sie könnten rasch herausfinden, dass es noch mehr im Leben gibt, und das Schaf hat vielleicht den Eindruck, dass die Ratte gute Gelegenheiten sinnlos verstreichen lässt.

Schaf und Ochse

Diese beiden scheinen ideal zusammen zu passen, doch können unterschwellige Verstimmungen existieren. Der Ochse sollte das Schaf nicht unterschätzen, denn das Schaf kann plötzlich deutlich machen, dass der Ochse nicht vollkommen ist. Das Schaf wird sich wohler fühlen, wenn dem Paar ein Kind im Jahr des Pferdes oder des Kaninchens geboren wird.

Schaf und Tiger

Je länger sie getrennt sind, desto länger bleibt die Beziehung bestehen. Sie können viel voneinander lernen, doch alles hängt davon ab, dass zunächst ein Anfang gemacht wird. Der Tiger muss erkennen, dass es etwas anderes ist, das Tun des anderen mit Neugier oder mit Interesse zu verfolgen.

Schaf und Kaninchen

Diese beiden führen eine liebevolle Beziehung. Das Schaf hat möglicherweise den Eindruck, schließlich doch noch den idealen Partner gefunden zu haben. Das Familienleben wird sich so erlebnisreich gestalten, dass keine Zeit für Streit bleibt.

Schaf und Drache

Wahrscheinlich hat der Drache den Pferch des Schafes auf dessen Einladung betreten. Das Kultur liebende Schaf fand an dem extravaganten Drachen viel zu bewundern. Doch manchmal kann das, was auf den ersten Blick tief erscheint, auf den zweiten Blick sehr seicht sein.

Schaf und Schlange

Diese beiden haben sich vermutlich bei einem gesellschaftlichen Ereignis kennen gelernt, dem beizuwohnen sie sich verpflichtet fühlten, das sie aber nicht genießen konnten. Beide verfügen über eine äußere und eine innere Persönlichkeit, und ihre Begegnung findet auf der inneren Ebene statt. Dies kann der Beginn einer tiefen und anhaltenden Freundschaft sein.

Schaf und Pferd

Sie werden durch gegenseitige Bewunderung aneinander gebunden. Obgleich sie möglicherweise vollkommen unterschiedliche Interessen haben, ist ihre gegenseitige Zuneigung andererseits so groß, dass ihre Verschiedenheit keine Rolle spielt. Eine ideale Situation.

Schaf und Schaf

Eine harmonische und einträgliche Verbindung. Außenstehende können den Eindruck gewinnen, dass im Leben dieser beiden doch etwas fehlen muss, doch nichts kommt der Nähe, die beide miteinander verbindet, gleich. Ein befriedigendes und bequemes Familienleben, wie man es sich nur wünschen kann, ist ihnen gewiss.

Schaf und Affe

Sie führen einen merkwürdigen Haushalt; einen Tag ist alles ruhig, und dann taucht die Familie plötzlich und unvermittelt ins Chaos ein. Frohsinn und Heiterkeit folgen einstudierter Ernsthaftigkeit. Es gibt keine langweiligen Augenblicke, nur stille.

Schaf und Hahn

Diese Verbindung aus stiller meditativer Art und sprudelnder Überschwänglichkeit stellt eine gute Mischung aus Vernunft und Leichtsinn dar. Beide bringen Qualitäten in die Beziehung ein, die wichtig sind, wenn beide ein erfülltes Leben führen wollen.

Schaf und Hund

Damit die Beziehung funktioniert, müssen Opfer gebracht werden. Alle Partnerschaften verlangen Kompromisse, und es kann sein, dass sich das Schaf der Führung des Hundes anvertraut.

Schaf und Schwein

Für beide Persönlichkeiten ist dies eine ideale Beziehung, um ein von Liebe und Verständnis geprägtes Familienleben zu entwickeln. Beide Partner profitieren wesentlich von dieser Verbindung, die zu Beliebtheit, Erfolg und materiellem Lohn führt.

Der Affe

Die Zeit des Affen ist die letzte Stunde des Tages vor dem Sonnenuntergang. Das alte chinesische Schriftzeichen bedeutet »strecken«, da die Arbeiter nun langsam müde werden und sich noch einmal strecken, bevor sie die letzte Aufgabe des Tages angehen. Es symbolisiert technische Begabung, handwerkliches Geschick, Kenntnis von Maschinen und außerdem die Fähigkeit, sich aus einer schwierigen Situation herauszuwinden.

Affe und Ratte

Für beide Persönlichkeitstypen ist dies eine der vorteilhaftesten Beziehungen. Zusammen geben sie ein äußerst kreatives Paar ab, doch nutzen sie ihre Kreativität oft nur für allerlei Unsinn. Davon einmal abgesehen besteht zwischen beiden ein sehr starkes Band. Glückliches Familienleben zieht berufliche Stabilität nach sich. Und sobald es ihnen erst einmal gelingt, ihre Energien in die richtige Richtung zu kanalisieren, ist ihnen der Erfolg sicher.

Affe und Ochse

Die körperliche Bindung zwischen beiden ist sehr stark. In dieser Beziehung findet sich eine starke chemische Mischung aus handfester, erdiger Leidenschaft verfeinert durch einen übersprudelnden, feurigen Geist wieder. Dies ist ein Gemisch, das sehr wohl zu Kopfe steigen und überwältigend wirken kann. Beide Partner können voneinander lernen.

Affe und Tiger

Das »Treten auf des Tigers Schwanz« ist nicht zu empfehlen, heißt es im *Yijing*, und diesen Rat sollte der Affe unbedingt beherzigen. Der Tiger kann eine Stütze sein, doch wäre es dumm, dies als selbstverständlich zu erachten. Diese zerbrechliche Beziehung erfährt eine gewisse Stabilisierung, wenn Kinder im Jahr der Ratte oder des Drachen geboren werden.

Affe und Kaninchen

Die Persönlichkeit des Kaninchens hat etwas äußerst Bezauberndes an sich, doch damit die Beziehung erfolgreich ist, muss der Affe begreifen, dass die Geschmäcker sehr unterschiedlich sein können. Was dem Affen gefällt, könnte das Kaninchen abstoßen. Vorsicht ist geboten.

Affe und Drache

Dies ist eine der besseren Partnerschaften, sowohl für den Affen als auch für den Drachen. Beide haben einen Sinn für das Unwirkliche. Das Familienleben wird sich unkonventionell gestalten. Affe und Drache sind fähig, einander zu stimulieren, und wenn es einmal Schwierigkeiten gibt, dann finden sie gemeinsam rasch eine Lösung.

Affe und Schlange

Die Schlange legt eine scheinbare Reserviertheit an den Tag, die der Affe nicht zu durchdringen vermag. Selbst wenn sich die Schlange offen und direkt gibt, zweifelt der Affe an ihrer Ernsthaftigkeit. Andererseits empfindet die Schlange den Affen als zu mitteilsam und unsicher. Sie sollten einen Weg finden, um bereitwilliger miteinander zu kommunizieren.

Affe und Pferd

Nicht nur Liebe, sondern auch Freundschaft macht die beiden zu einem Paar. Ihre von gegenseitigem Verständnis und gemeinsamen Interessen bestimmte Beziehung spiegelt sich in einem glücklichen Familienleben wider.

Affe und Schaf

Die Ziele dieser beiden Persönlichkeiten sind sehr unterschiedlich. Sie müssen sorgsam darauf achten, dass ihre Interessen nicht miteinander in Konflikt geraten. Ihre Vorstellungen von Ruhe und Entspannung könnten zu Auseinandersetzungen führen.

Affe und Affe

Diese Partnerschaft wird lange dauern; doch wie unruhig ist das Leben, das sie miteinander führen. Trotz der Unberechenbarkeit, die ihr Beisammensein mit sich bringt, würden sie keinen Tag missen wollen.

Affe und Hahn

Dies ist ein fleißiges Paar mit verschiedenen Interessen, die sich jedoch überschneiden. Gemeinsame Unternehmungen, ob beruflicher oder privater Natur, sind von Erfolg gekrönt.

Affe und Hund

In dieser guten Partnerschaft setzen sich beide für das gemeinsame Wohl ein. Zusammen stellen sie sich auftretenden Problemen. Ihr Einfallsreichtum findet für alles eine Lösung.

Affe und Schwein

In der chinesischen Literatur sind Affe und Schwein treue Gefährten, aber zugleich auch immer Rivalen. Trotz ihrer Unterschiedlichkeit sind beide abhängig von ihrer gegenseitigen Unterstützung.

Der Hahn

Im alten chinesischen System wurde die Stunde des Sonnenuntergangs durch eine Weinflasche dargestellt, denn zu diesem Zeitpunkt war der Arbeitstag vorüber und der Augenblick für eine wohlverdiente Erfrischung gekommen. Dies ist auch die Zeit, da sich die Hühner auf ihrer Stange zum Schlafen niederlassen, daher fiel die Wahl auf den Hahn als zehntes Zeichen im chinesischen Tierkreis. Er symbolisiert die Freude an der Freizeit – an Musik und Kultur, an den Genüssen des Lebens –, an Geld, Mode und Schmuck.

Hahn und Ratte

Der Hahn muss lernen, dass auch andere Menschen Gefühle haben. Die Ratte hat genaue Vorstellungen, wie die Dinge geplant werden müssen, und ärgert sich, wenn Entscheidungen getroffen werden, ohne sie vorher zu Rate zu ziehen.

Hahn und Ochse

Gemeinsam kann dieses Paar seine liebsten Ziele erreichen. Das gute Gespür des Hahns und die praktischen Begabungen des Ochsen machen ihr Zuhause, das von Frieden und Sicherheit bestimmt ist, zu einem stabilen Stützpunkt. Ihr Glück ist durch nichts zu erschüttern.

Hahn und Tiger

Werden sich beide jemals vollständig einigen? Dass sich diese charismatischen Charaktere voneinander angezogen fühlen, steht außer Frage. Doch wenn die Luft derart elektrisch aufgeladen ist, dann ist es nicht erstaunlich, wenn es gelegentlich kräftig funkt.

Hahn und Kaninchen

In der chinesischen Astrologie symbolisiert der Hahn den Sonnenuntergang und das Kaninchen den Sonnenaufgang. Diese beiden Tierkreiszeichen befinden sich an unterschiedlichen Enden des Regenbogens. 1000 Elstern müssen eine Brücke über den Himmel schlagen, bevor Hahn und Kaninchen miteinander glücklich werden können. Bis dahin kann auch ein im Jahr des Ochsen oder der Schlange geborenes Kind dem Hahn helfen, die Distanz zu verringern.

Hahn und Drache

Zwischen diesen beiden Menschen sollte eigentlich ein engeres Verhältnis bestehen. Obwohl sie viele Erfahrungen gemeinsam machen, ist ihnen ihre Individualität doch sehr wichtig. Der eine wie der andere braucht seine Unabhängigkeit.

Hahn und Schlange

Diese Beziehung gehört sowohl für den Hahn als auch für die Schlange zu den glücklichsten. Nicht nur ihr Familienleben gestaltet sich einträglich, auch ihr berufliches Zusammengehen verspricht Erfolg. In beiderlei Hinsicht passen sie gut zusammen.

Hahn und Pferd

Als sie sich kennen lernten, sah es zunächst so aus, als würde das Pferd dem Hahn die Beständigkeit bieten, die dieser benötigt. Doch Beständigkeit ist eins, aber Stagnation etwas anderes. Es ist wichtig, Kompromisse einzugehen, wenn es darum geht, das Alte festzuhalten oder das Neue einzubringen.

Hahn und Schaf

Obwohl sie vollkommen verschiedene Persönlichkeiten zu sein scheinen, gibt es auf einer tieferen Ebene doch viel, was Hahn und Schaf miteinander verbindet. Diese Beziehung könnte für den Hahn eine ausgezeichnete Wahl sein, da sie ein wenig Ruhe in sein hektisches Leben bringt.

Hahn und Affe

Dies ist ein gut aufeinander abgestimmtes Paar. Der eine sieht im anderen die Qualitäten, die ihm selbst zu fehlen scheinen. Sie harmonisieren wunderbar miteinander und geben ein beneidenswertes Paar ab. Sie sind erfolgreich und wissen genau, wie man mit Hindernissen fertig wird.

Hahn und Hahn

Eine lebhafte Beziehung, in der wenig Zeit bleibt, um innezuhalten und Bilanz zu ziehen. Dieser Beziehung täte ein wenig Selbstdisziplin der Beteiligten gut. Die Zeit verfliegt in Windeseile, und es ist wichtig, sich für die Zukunft Ziele zu setzen. Sonst wird es zwar viele Aktivitäten geben, ohne jedoch etwas zu erreichen.

Hahn und Hund

Der Hund wünscht sich, dass diese Beziehung von Dauer ist. Und tatsächlich hat sie gute Chancen, wenn feste, vielleicht unausgesprochene Grenzen gezogen werden, die keiner von beiden überschreitet.

Hahn und Schwein

Diese beiden geben ein zufriedenes Paar ab. Gemeinsam arbeiten sie daran, ihr Zuhause mit Glück und Annehmlichkeiten zu erfüllen. Ihre Nachkommen werden ihnen mit Zuneigung begegnen.

Der Hund

Das alte chinesische System stellte den Einbruch der Dunkelheit durch eine Hand dar, die einen Speer hält, denn dies war die Stunde, in der sich die Wachen postierten. Im modernen chinesischen Tierkreis übernimmt der Wachhund diese Funktion. Der Hund steht für das Zuhause, doch liegt die Betonung dabei eher auf seiner Errichtung als auf dem Leben darin. Er ist ein Symbol für Vertrauen und Treue.

Hund und Ratte

Der Hund benötigt ein gewisses Maß an Unabhängigkeit, dies verhindert jedoch nicht den Aufbau einer engen Beziehung mit der Ratte. Es besteht kein Anlass zu befürchten, dass die Ratte dem Loyalitätsanspruch des Hundes nicht gerecht wird.

Hund und Ochse

»Der Ochse widersetzt sich dem Hund«, sagt ein altes chinesisches Sprichwort. Doch viele junge Paare lehnen den Rat der Weisen ab und haben keinen Grund, diesen Schritt zu bereuen. Möglicherweise erleidet diese Beziehung den einen oder anderen Rückschlag. Doch wenn der eine den anderen so behandelt, wie er selbst gerne behandelt werden möchte, dann ist es möglich, die Differenzen in Schach zu halten.

Hund und Tiger

Hier haben sich zwei den jeweils besten möglichen Partner herausgepickt. Sie werden alles daran setzen, aus ihrem Zuhause eine sichere Festung gegen die Außenwelt zu machen. Im Alter erfreuen sie sich dann an den Früchten ihres Fleißes.

Hund und Kaninchen

Diese Verbindung ist für den Hund sehr viel befriedigender als für das Kaninchen. Verständnis für die Bedürfnisse des anderen fördert die Harmonie in der Partnerschaft.

Hund und Drache

Die Charaktere der in diesen Tierkreiszeichen Geborenen unterscheiden sich in ihrem Wesen so grundlegend, dass sie viel Mut benötigen, um gemeinsame Entscheidungen zu treffen. Die Beziehung verbessert sich, wenn ihnen im Jahr des Pferdes oder des Tigers ein Nachkomme geboren wird.

Hund und Schlange

Hier ist ein Paar mit Problemen, die sie einander nicht mitteilen wollen. Einige ihrer Ängste scheinen so unbedeutend, dass es ihnen unsinnig erscheint, den Partner damit zu belästigen. Sie müssen lernen, einander Leid ebenso wie Freude mitzuteilen.

Hund und Pferd

Das Pferd ist einer der besten Partner, den der Hund finden kann. Zwischen beiden besteht starke Zuneigung. Das Pferd wird den Erfahrungshorizont des Hundes erweitern und vom Vertrauen des Hundes begeistert sein.

Hund und Schaf

Es war ein seltsamer Augenblick, als das Schaf in das Leben des Hundes trat. Eine so merkwürdige Begegnung musste ohne Zweifel zu mehr führen. Doch gibt es für beide in der Zweisamkeit viel zu lernen.

Hund und Affe

Diese beiden fühlen sich durch ein Band der Treue aneinander gebunden, das ihre Beziehung die Zeit besser überstehen lässt als viele andere Verbindungen. Die Bindung geht über Liebe hinaus.

Hund und Hahn

Der Hund genießt die Überschwänglichkeit, die die Gesellschaft des Hahns mit sich bringt. Wenn der Hund keine derart praktisch veranlagte Persönlichkeit wäre, wäre es dem Hahn vielleicht gelungen, ihn zu gelegentlichen Exkursen ins Unbekannte zu überreden. Doch gesunder Menschenverstand behält die Oberhand.

Hund und Hund

Enge Verbundenheit ist typisch für dieses fröhliche Paar. Ob daheim oder auf Reisen, sie werden sich nie weit voneinander entfernen. Doch die Anzeichen deuten darauf hin, dass sie während ihres Lebens mehrfach den Wohnort wechseln, am Ende jedoch in ihre Heimatstadt zurückkehren werden.

Hund und Schwein

Für die Sicherheit der Familie und ein angenehmes Zuhause kann es keine bessere Partnerschaft geben als die von Hund und Schwein. Beiden ist die Familienfürsorge ein vorrangiges Anliegen, und sie lieben die Herausforderung, ihr Zuhause in eine Oase sicherer Bequemlichkeit zu verwandeln. Dabei streben sie jedoch keine sichere Festung an, in der sich die Menschen eingesperrt fühlen. Vielmehr zieht die harmonische Stimmung in ihrem Haus Freunde von nah und fern an, die an ihrem Glück teilhaben wollen.

Das Schwein

Das alte Zeichen für die Stunde vor Mitternacht mag einen schlafenden Menschen dargestellt haben. Das Schwein wurde gewählt, weil sein Grunzen an unser Schnarchen erinnert. Das chinesische Schriftzeichen für »Familie« setzt sich zusammen aus einem Dach und einem darunter befindlichen Schwein. Familie wird also gleichgesetzt mit einem Zuhause, das alle denkbaren Bequemlichkeiten bietet, um ein glückliches Familienleben zu ermöglichen. Menschen, die im Jahr des Schweins geboren wurden, tun alles, um ihr Zuhause mit Luxus und Bequemlichkeit zu erfüllen.

Schwein und Ratte

Außenstehende glauben vielleicht, das Schwein und Ratte ein vollkommenes Paar abgeben. Doch auch wenn Harmonie herrscht, die Ratte neigt zu einer Distanziertheit, die das Schwein nur schwer durchbrechen kann.

Schwein und Ochse

Dies ist eine gute solide Partnerschaft, die über Jahre bestehen wird. Die Gemeinschaftlichkeit und die tiefe Zuneigung beider zueinander ist für alle offensichtlich. Eine Beziehung, die Glück und Erfolg sicherstellt.

Schwein und Tiger

Das Schwein hat ein Problem damit, dass der Tiger Außenstehenden in einem vollkommen anderen Licht erscheint als der Familie. Das Charisma des Tigers löst sich auf, sobald die Außenwelt ausgesperrt ist. Daheim ist es das Schwein, das für den Erfolg der Beziehung sorgt, indem es sich sorgfältig um die inneren Spannungen des Tigers kümmert.

Schwein und Kaninchen

Für ein von Romantik und Bequemlichkeit erfülltes Leben hätte das Schwein keinen besseren Partner wählen können. Gemeinsam führen sie ein langes und glückliches Leben umgeben von bewundernden Enkeln.

Schwein und Drache

Das äußere Drum und Dran des Erfolgs verbunden mit einer Zurschaustellung von Wohlstand oder ein angenehmes und glückliches Zuhause? Eine Wahl muss getroffen werden, doch beide Partner haben unterschiedliche Vorstellungen davon, wie das Haushaltsgeld ausgegeben werden soll. Kompromisse müssen eingegangen und Sparsamkeit erlernt werden.

Schwein und Schlange

»Das Schwein frisst die Schlange und ist vergiftet«, so beschreibt ein altes chinesisches Sprichwort den Konflikt, den keiner der beiden gewinnen kann. Kompromisse und Verständnis sind entscheidend, wenn diese Partnerschaft aufrechterhalten werden soll. Ein im Jahr des Schafes oder des Kaninchens geborenes Kind sorgt für Stabilität in der Familie.

Schwein und Pferd

Aufregung ist im Leben dieses Paars nicht besonders groß geschrieben, aber es sehnt sich auch nicht unbedingt nach Abenteuern. Das Schwein sorgt dafür, dass alles für das gemeinsame Leben Erforderliche vorhanden ist, und das Pferd ist zufrieden damit, für das Wohlergehen der Familie zu sorgen. Schwierigkeiten ziehen unbemerkt vorüber.

Schwein und Schaf

Für das Schwein und das Schaf ist dies eine der glücklichsten Verbindungen. Ihr Zuhause ist erfüllt von stillem

Humor und fröhlicher Musik, und Freude lässt nie lange auf sich warten.

Schwein und Affe

Traditionell sind dies Gefährten, die im unablässigen Wettstreit miteinander liegen, aber dennoch auch in der schwierigsten Situation zusammen bleiben. Eine Partnerschaft, die alle Schwierigkeiten überwindet. Sie ist bestimmt von Rivalität, die jedoch nicht von Groll begleitet ist.

Schwein und Hahn

Sie sind vielleicht nicht das ideale Paar, doch verfügen sowohl das Schwein als auch der Hahn über innere Qualitäten, die der jeweils andere äußerst befriedigend findet. Sie sind von einer tiefen Zuneigung zueinander erfüllt, die keiner erklärenden Worte bedarf. Ihr Zuhause sorgt für eine sichere und wunderschöne Umgebung.

Schwein und Hund

Es ist der Ehrgeiz dieser beiden, ein vollkommenes Zuhause zu schaffen, und mit ihren hauswirtschaftlichen Fähigkeiten gelingt ihnen dies auch. Doch sie dürfen die Außenwelt nicht vollständig vergessen.

Schwein und Schwein

Das Familienleben steht für dieses Paar im Mittelpunkt. Die Außenwelt liefert alles, was zur Befriedigung der materiellen Bedürfnisse der Familie erforderlich ist. Es würde jedoch nicht schaden, gelegentlich etwas zu riskieren.

Feng Shui für Ihr Zuhause

Feng Shui im Westen

In den Achtzigerjahren lud mich eine Freundin, die in Medizinerkreisen bekannt war, zu einer Party in ihrem Londoner Haus ein. Ein paar Tage vor dem Ereignis hatte ich einen Termin bei meiner Verlegerin, und dabei fiel auch der Name meiner Gastgeberin. Meine Verlegerin wusste von ihr und bewunderte ihre Arbeit. Ich schlug ihr vor, mit auf die Party zu kommen und sie persönlich kennen zu lernen.

Auf der Party machte uns die Gastgeberin mit einem anderen Gast bekannt, einem Arzt, der seine Praxis in Hongkong hatte. »Es wird Sie interessieren, Derek kennen zu lernen«, stellte sie mich vor, »er hat gerade ein Buch über chinesische Astrologie geschrieben.«

»Geht es dabei nicht darum, wo man am besten seinen Goldfisch aufstellt?«, wollte der Mann wissen.

Ich lachte und erklärte, dass er chinesische Astrologie mit Feng Shui verwechselte; obgleich beide Themen miteinander verwandt sind, ging es in meinem Buch doch nur am Rande um Feng Shui. Meine Verlegerin machte einen zunehmend verwirrten Eindruck, als der Gast das Gespräch mit einer Reihe scheinbar sinnloser Anekdoten fortsetzte. In einer ging es um einen Kollegen, dessen Sekretärin geraten worden war, auf ihrem Schreibtisch eine Thermosflasche mit heißem Wasser aufzustellen, die ihr Chef jedoch prompt umstieß, wobei er sich verbrühte. Die Verwirrung meiner Verlegerin nahm weiter zu.

»Goldfisch? Thermosflasche mit heißem Wasser? Was hat das alles zu bedeuten?«, fragte sie mich später. Doch sobald ich anfing, ihr zu erklären, was Feng Shui ist, reagierte sie mit Begeisterung. Ob ich wohl ein Buch darüber schreiben könnte, und wie lang ich denn dafür brauchen würde?

Das Ergebnis dieses Gesprächs war *Fengshui – Kunst und Praxis der chinesischen Geomantie*, das 1986 in England und 1990 auf Deutsch erschien. Zum damaligen Zeitpunkt wusste kaum jemand etwas mit dem Thema anzufangen, obgleich es bereits ein oder zwei ernsthafte Bücher zu Feng Shui gab. Mehrere Autoren, die im Fernen Osten lebten, wie etwa J. Edkins, E. E. J. Eitel und J. J. M. De Groot hatten in der zweiten Hälfte des 19. Jahrhunderts über Feng Shui geschrieben, es dabei jedoch verworfen. Soweit ich es feststellen konnte, war Rudyard Kipling der Einzige, der das Thema in der nicht fachspezifischen westlichen Literatur in der 1909 veröffentlichten Kurzgeschichte »The House Surgeon« aufgegriffen hatte. In der Story wird ein Ereignis geschildert, das sich im Leben des Autors tatsächlich ereignet und von dem er in seiner Autobiographie *Erinnerungen – Etwas von mir für meine bekannten und unbekannten Freunde* berichtet hat.

Es war der Feng Shui, der Geist des Hauses, der die Sonne verdunkelte und jedes Mal seinen Schatten auf uns warf, wenn wir [Rock House] betraten, und uns veranlasste, unsere Zungen im Zaum zu halten.

Als mein Feng-Shui-Buch erschien, erregte es die Neugier der Medien, und eine Zeit lang hatte ich den Ruf, der Experte für ein sehr abstruses und ausgefallenes Thema zu sein. Mehrere Zeitungen interviewten mich auf sehr lustige Weise, und Fernsehsender zeigten mich, wie ich die Gärten, Häuser und Schlafzimmer inspizierte. Doch in dieser Anfangszeit wurde Feng Shui noch nicht allzu ernst genommen, und ich wurde in der Regel als harmloser Exzentriker präsentiert. Ein paar Leute, vor allem solche, die auf die eine oder andere Art mit dem Fernen Osten verbunden waren, bestellten mich in ihre Häuser und in ihre Geschäftsräume. Schließlich legte mir eine Tageszeitung die Grundrisse für das neue Haus des Herzogs und der Herzogin von York (Andy und Fergie) vor und bat mich um eine Beurteilung. Meine eher negative Einschätzung erhielt in der Presse keine große Resonanz. Doch als sich die Trennung des Paars abzeichnete, kramte ein einfallsreicher Journalist in den Akten und verkündete in seiner Schlagzeile: »Dieser Mann sah das Verhängnis kommen.«

Meine Einschätzung der Grundrisse war unter Berücksichtigung so genannter geheimer Pfeile, auf das Haus gerichteter Messer oder schädlicher Schnittlinien zustande gekommen. Tatsächlich hätte man auch unter Zuhilfenahme westlicher Psychologie zu meinem Urteil gelangen können. Lange Korridore durchschnitten das Gebäude von links nach rechts und von vorn nach hinten. Die Räumlichkeiten des Prinzen und der Prinzessin waren durch einen Flur voneinander getrennt, ein sicherer Hinweis auf eine zukünftige Entfremdung. Vom Feng-Shui-Standpunkt aus betrachtet, war auch der im Norden des Hauses befindliche Eingang ein Schwachpunkt, da ein Eingang für Mitglieder der königlichen Familie im Süden angemessener gewesen wäre.

Anfang der Neunzigerjahre wurden andere Trends offensichtlich. Die Leute fingen an, mich nach »Geldecken« und »Liebesecken« zu fragen – etwas, was mir in meinen Forschungen bislang nicht begegnet war. Und man fragte mich nach meinem »Ki der neun Sterne«. Wenigstens war mir dieser Begriff geläufig, da ich die Bücher des Japaners Takashi Yoshikawa über japanische Numerologie gelesen hatte. Ich fragte mich, ob die beiden Themen etwas miteinander zu tun hatten. Dieses Rätsel konnte ich erst lösen, als ich in London einen Vortrag von Professor Lin Yun hörte. Wie ich später herausfinden sollte, war es Professor Lin Yun gewesen, der sich die acht Einflüsse (Reichtum, Beziehungen usw.) ausgedacht hatte, um Feng Shui einem größeren Publikum zugänglich zu machen. Noch interessanter war jedoch die Tatsache, dass es in London plötzlich eine Feng-Shui-Gesellschaft, ein Feng-Shui-Netzwerk, einen Feng-Shui-Verband und zahlreiche andere Feng-Shui-Organisationen gab. Noch vor fünf Jahren hatte ich mich in London nur mit dem chinesischen Arzt aus Hongkong über Feng Shui unterhalten können. Doch was mich beunruhigte, waren die vielen exotischen Disziplinen, die sich nun mit dem Namen »Feng Shui« schmückten. Alles schien den Beinamen »Feng Shui« zu verdienen, wenn es nur abwegig genug war.

Feng Shui wurde rücksichtslos vermarktet. Offenbar war der schlimmste Kitsch an den Mann zu bringen, wenn man ihn nur mit dem Etikett »Feng Shui« versah. In der Vergangenheit waren die Leute zufrieden damit gewesen, farbige Kerzen, Gesteinsproben, Lampen mit darin umherschwimmenden Plastikgoldfischen, Fossilien, Glockenspiele oder parfümierte Bügelbrettbezüge zu kaufen, einfach weil sie ihnen gefielen und man sie so schön verschenken konnte (niemand kam auf den Gedanken, sich solche Dinge für den eigenen Bedarf zuzulegen). Nun konnte man all diesen Krimskrams kaufen und damit noch einen Zweck erfüllen: Jetzt waren es plötzlich *Feng-Shui*-Kerzen, *Feng-Shui*-Kristalle, *Feng-Shui*-Lampen, *Feng-Shui*-Bügelbrettbezüge.

Natürlich kann man im Feng Shui tatsächlich Kerzen, Kristalle, Lampen und Spiegel für bestimmte Zwecke einsetzen. Doch geschieht dies immer unter den jeweils gegebenen Voraussetzungen. Nur weil Frau Meier sich eine Kuhglocke unter das Bett hängt (»Wegen des Feng Shui, wissen Sie«), bedeutet das noch nicht, dass diese Maßnahme auch das Liebesleben von Frau Müller verbessert. Frau Weiß stellt Kristalle in ihrem Badezimmer auf, »um das Qi zu stimulieren«, und ihre Freundin Frau Schwarz, die am Telefon etwas falsch verstanden hat, fragt sich, warum sie ihre »Ski im Badezimmer stimulieren« muss. Zum Glück nimmt die Zahl derer zu, die sich ernstlich mit Feng Shui befassen, und langsam aber sicher wird der blasse Abklatsch des Eigentlichen verschwinden.

Es ist unmöglich, die gesamte Philosophie des Feng Shui auf ein paar Seiten abzuhandeln. Jeder Fall stellt sich anders dar. Personen, die sich schon längere Zeit mit Feng Shui beschäftigen, bitte ich, sich als Diskussionsgrundlage zwei Häuser vorzustellen: Beide von der gleichen architektonischen Beschaffenheit, mit Blick in die gleiche Richtung und auf der gleichen Straßenseite. Welche anderen Faktoren könnten Einfluss auf das Feng Shui dieser Häuser nehmen? Tatsächlich sind mehrere Antworten möglich. Doch hier eine von ihnen aufzuführen, würde viele fruchtbare zukünftige Gespräche ihres Reizes berauben. An dieser Stelle möchte ich mich also darauf beschränken, etwas zu den Ursprüngen des Feng Shui zu sagen, seine grundlegendsten Prinzipien zu erklären und ein oder zwei Richtlinien zu präsentieren, die sich in jeder Situation anwenden lassen.

Die Ursprünge des Feng Shui

Das Begriffspaar »Feng Shui« heißt wörtlich »Wind Wasser«; im modernen Chinesisch bedeutet es einfach »Umwelt«. Der Ausdruck selbst entstammt einer ungewöhnlichen Quelle: einem Handbuch für die Wahl geeigneter Begräbnisplätze, dem im 4. Jahrhundert geschriebenen *Zang Shu*, dem »Bestattungsbuch«. Der Begriff taucht in einer schwer verständlichen Passage auf, die besagt, dass der Platz geeignet ist, »der das Wasser zurückhält und den Wind abhält«. Die genaue Bedeutung dieser Beschreibung ist alles andere als klar. Schließlich ist es die Aufgabe jeder Art von Obdach, Wind und Wasser fernzuhalten. Doch die traditionellen Bräuche, die man heutzutage unter dem Oberbegriff Feng Shui zusammenfasst, wurden bereits 2000 Jahre vor dem *Zang Shu* im klassischen *Shijing*, dem »Buch der Lieder« wiedergegeben.

Als der Fürst von Liu, einer der Vorfahren der Zhou-Dynastie (11. Jahrhundert bis 221), im Jahr 1796 v. Chr. die Stadt Binzhou gründete, verwandte er große Sorgfalt darauf, den besten Bauplatz für seine Hauptstadt zu wählen. Das Ereignis wird aufschlussreich in dem Heldengedicht »Der Fürst von Liu« im *Shijing* des Konfuzius geschildert. Man erfährt, welche Anforderungen an die Geographie und Geologie des Ortes gestellt wurden, wie man die verschiedenen Himmelsrichtungen ermittelte und den Wasserfluss einbezog. Zudem tauchen in dem Gedicht das erste Mal in der chinesischen Literatur die Begriffe Yin und Yang auf. Sie werden hier gebraucht, um die schattige und die sonnige Seite eines Hügels zu bezeichnen.

Bestimmte Planetenstellungen empfand man als günstige Voraussetzung für das Bauen, also musste der viel versprechendste Tag für den Baubeginn gewählt werden. An diese Vorgaben hielt sich König Chu von Wei und berücksichtigte genau Tag und Stunde, als er im Jahr 660 v. Chr. seine Hauptstadt wieder aufbaute:

Die Sterne der Baumeister standen hoch am Himmel,
Als sie mit der Errichtung der Säle begannen.
Und als die Sonne vorschriftsmäßig stand,
Planten sie das Innere der Säle.

Folglich sind für die Bauplanung insbesondere zwei Dinge wichtig: die Wahl des Standorts und die Wahl des Zeitpunkts. Ein Teil der nach dem Feng Shui erforderlichen Vorbereitungen war ausgesprochen praktischer Art. So musste festgestellt werden, ob vor Ort genügend Baumaterial vorhanden war, ob der Boden eine landwirtschaftliche Bewirtschaftung zulassen würde, ob es genug Wasser für den häuslichen und den landwirtschaftlichen Bedarf gab, ob das Anwesen vor Wetter und möglichen Angreifern zu schützen war und ob günstige Transportwege existierten. Nachdem all dies in Betracht gezogen worden war, blieb noch ein geheimnisvoller Faktor, der jenseits der praktischen Welt lag und mehr mystischer als materieller Natur war. Hierzu gehörte es, mit entsprechenden Opfern und Ritualen den Segen des Himmels zu erflehen, und das Festlegen eines Glück verheißenden Termins. Ohne die Einbeziehung des Himmels fehlte dem ganzen Projekt der himmlische Auftrag und musste zum Scheitern verurteilt sein.

Was ist Feng Shui?

Feng Shui setzt sich zusammen aus ästhetischen Gesichtspunkten, gesundem Menschenverstand und einer Art spiritueller Harmonie, die auf alten Traditionen beruht – jedoch auf Traditionen, die sich durch ihre logische Beweisführung selbst rechtfertigen. Die alte Kamelle vom Klodeckel, der heruntergeklappt sein muss, macht drei Aspekte des Feng Shui deutlich. Zunächst ist da die Tatsache, dass die Toilette mit einem Klodeckel entworfen wurde, folglich kann nur der geschlossene Klodeckel ästhetisch befriedigend sein. Zweitens ist der Klodeckel praktisch, weil er verhindert, dass sich üble Gerüche im Haus ausbreiten. Der dritte und mystische

Aspekt besagt, dass Wasser Geld symbolisiert und dass mit dem Wasser auch das Geld aus dem Haus fließt.

Tatsächlich aber hat keiner dieser drei Aspekte etwas mit dem wirklichen Grund zu tun, warum Feng Shui einen geschlossenen Klodeckel verlangt. Dieses Gebot geht auf eine Beobachtung zurück, die dem Fürsten von Liu vor 3000 Jahren sicherlich vertraut war. Wenn Wasser in einer bewohnten Gegend ankommt, dann ist es sauber; wenn es sie wieder verlässt, dann ist es verschmutzt, vielleicht sogar ungesund. Deshalb darf Wasser zwar bei seiner Ankunft sichtbar sein, dann aber soll es unter der Erde abgeführt werden. Es ist eine Grundregel des Wasser-Feng-Shui, dass man zwar den Zufluss, nicht aber den Abfluss von Wasser sehen darf. Wenn man also die Regel richtig auf den Klodeckel anwenden will, dann muss man ihn schließen, bevor man die Spülung betätigt.

Drache, Vogel, Tiger und Schildkröte

Für die Gründung von Nanjing, die chinesische Hauptstadt während der Ming-Dynastie (1368 bis 1644), wählte man einen Ort, dessen Feng-Shui-Eigenschaften man für äußerst günstig hielt. Diese Einschätzung ist ausschließlich auf den Schutz zurückzuführen, den die umliegenden Berge gewährten. Von den alten Feng-Shui-Meistern wurden sie als »zusammengerollter Drache und kauernder Tiger« bezeichnet – dabei beschützte der Drache die Stadt, und der zusammengekauerte Tiger war bereit, Eindringlinge anzuspringen. In dem der Stadt nahe gelegenen Tal wurden die Tempel so angeordnet wie die Sterne des »Großen Bären«, ein Sternbild, das nach daoistischer Glaubensvorstellung der Sitz des Göttlichen ist.

In der frühen chinesischen Geschichte, noch vor der

Erfindung der Schrift, hatte man den Himmel in vier Bereiche unterteilt, denen man die Namen Drache, Vogel, Tiger und Schildkröte gab. Diese vier Himmelsabschnitte standen für die vier Jahreszeiten und Himmelsrichtungen. Übertragen auf die irdische Domäne symbolisierte die Schildkröte den Norden, der Drache den Osten, der Vogel den Süden und der Tiger den Westen. Für einen idealen Bauplatz, sei er nun für ein Haus, ein Dorf oder wie im Fall von Nanjing für eine Stadt gedacht, waren schützende Berge hinter dem Platz erforderlich und jeweils kleinere Drachen- und Tiger-Hügel links und rechts, doch der Platz davor sollte frei sein. Frisches Bergquellwasser sollte hinter dem Platz in den Schildkröten-Bergen entspringen, durch die freie Vogel-Fläche fließen und dann in der Erde verschwinden oder in einen größeren Zusammenfluss münden.

Viele Feng-Shui-Bücher legen Wert darauf, dass der Drachen-Hügel etwas höher sein soll als der Tiger-Hügel. Für gewöhnlich erklärt man diese Regel damit, dass der Drache die männliche und der Tiger die weibliche Seite der Familie repräsentiert. Dies trifft zwar zu, doch ist diese Tatsache nicht der Hauptgrund für die Regel. Im Zusammenhang mit der Wasserversorgung des Platzes hielt man es für günstig, wenn das Wasser aus dem Norden kam, den Platz umrundete, an seiner Vorderseite vorüber floss und dann ins Meer mündete. Da in China alle Flüsse zuletzt in östliche Richtung zum Meer fließen, bedeutete die Regel im Idealfall, dass der Bach aus dem Norden kommen, durch die Tiger-Hügel fließen und dann den Platz von Westen her umfangen würde. Dies setzte freilich voraus, dass die Hügel im Westen höher sein mussten als jene im Osten, denn sonst würde ja das Wasser direkt über die Drachen-Seite nach Osten abfließen, ohne die Vorderseite des Platzes zu passieren.

Übrigens bezeichnen die Begriffe »Schildkröte«, »Drache« und »Tiger« die Rückseite und Seiten eines Gebäudes, unabhängig davon, ob dieses nach Süden gerichtet ist oder nicht. Die Drachen-Seite befindet sich, wenn man das Gebäude von vorn betrachtet, immer rechts von der Tür und die Tiger-Seite links.

Ich wurde einmal von einer besorgten Dame gefragt, wo sie eine Schildkröte kaufen könne. Sie reagierte entrüstet, als ich ihr meine Unwissenheit in dieser Angelegenheit gestand und sie außerdem darauf aufmerksam machte, dass es inzwischen verboten ist, Schildkröten zu importieren.

»Aber ein Feng-Shui-Mann hat mir erklärt, dass mein Haus ohne Glück ist, weil ich keine Schildkröte habe«, erwiderte sie.

Ich fragte sie, ob das Gelände hinter ihrem Haus abfiel.

»Das stimmt«, sagte sie. »Woher wissen Sie das?«

Geduldig erzählte ich ihr, dass man im Feng-Shui-Jargon den Hügel hinter einem Haus als Schildkröte bezeichne. Da aber ihr Garten abfalle, habe sie keine »Schildkröte«. Um eine solche Schildkröte künstlich zu erzeugen, könne sie einen Grenzzaun ziehen, eine Hecke oder Bäume am Ende ihres Gartens pflanzen.

Yin und Yang

Das Begriffspaar »Yin und Yang« ist mittlerweile so weit verbreitet, dass man eine Erklärung kaum noch für erforderlich hält. Es wird achtlos in die Konversation eingestreut zu einer abgedroschenen Redewendung. Tatsächlich aber war die Vorstellung, es könne zwei grundlegende, entgegengesetzte Kräfte geben, eben Yin und Yang, eine revolutionäre Idee, der das westliche Denken bis zum elektromagnetischen Zeitalter nichts entgegenzusetzen hatte.

Vor 2000 Jahren erklärten chinesische Philosophen die Schöpfung, indem sie alles auf »Taiji«, die große Achse, zurückführten, um die sich das sichtbare Universum drehe. Dieser sich drehenden Achse entstamme die Zwillingsenergie des Yin und Yang – die Wissenschaftler heute gerne als »positiv« und »negativ« bezeichnen. Unglücklicherweise werden diese beiden Adjektive meist in der Bedeutung von vorteilhaft und schädlich gebraucht. Doch Yin und Yang sind nicht mit vorteilhaft und schädlich identisch. Der Nutzen stellt sich erst ein, wenn sich beide im Gleichgewicht befinden und miteinander kommunizieren. Auch bei einer Batterie bezeichnet man die beiden Pole als positiv und negativ und trotzdem ist der positive nicht besser als der negative.

Der Philosoph Laozi bringt dies durch seine Metapher vom Tontopf zum Ausdruck:

Man höhlet Ton und bildet ihn zu Töpfen:
In ihrem Nichts besteht der Töpfe Wert.
(*Daodejing*, Kapitel 11)

Sobald der Topf fertig gestellt ist, ist der Ton yang und der umschlossene Raum yin. Doch der Ton, der den leeren Raum umgibt, ist nicht wichtiger als das umschlossene Nichts. Denn böte der Topf keinen füllbaren Raum, dann hätte er keine Funktion. Da ein ungeformter Klumpen Ton kein Topf ist, ist es die Form, die ihm seine Funktion verleiht, auch wenn die Tonmenge dann noch immer dieselbe ist. Ohne Yin kann es kein Yang geben.

Sind Yin und Yang nicht im Gleichgewicht, dann kann es keine Kommunikation, keine Harmonie und keine Zweckerfüllung geben. Das gilt auch für Menschen. Zwei Personen in einer Partnerschaft können wie Yin und Yang sein. Befinden sich beide Pole im Gleichgewicht, dann findet Kommunikation zwischen ihnen statt. Fehlt die Harmonie, dann werden beide getrennte Wege gehen.

Das Yin-Yang-Symbol (Taiji)

Das bekannte »Taiji«-Symbol für Yin und Yang geht vermutlich auf die Zeit der Tang-Dynastie (618 bis 907) zurück. Unter chinesischen Philosophen und Traditionalisten finden hitzige Debatten darüber statt, wie das Symbol richtig abgebildet werden muss, ob der Kopf der schwarzen »Kaulquappe« oben oder unten beziehungsweise rechts oder links stehen soll. In Hongkong wurde kürzlich ein Buch veröffentlicht, welches sich auf 250 Seiten darüber auslässt, dass keine der vier möglichen Stellungen zwingend die richtige ist. Der Autor des Buches weist außerdem auf die bemerkenswerte Ähnlichkeit zwischen dem »Taiji«-Symbol und durch das Universum wirbelnden Spiralnebeln hin.

In der religiösen Bildersprache und im Symbolismus der Zhou- und Han-Dynastien (11. Jahrhundert bis 221 v. Chr. sowie 206 v. Chr. bis 220 n. Chr.) wurde die Sonne als Scheibe mit einem dreibeinigen Raben und der Mond als Scheibe mit einer dreibeinigen Kröte dargestellt. Warum diese Kreaturen mit einem zusätzlichen beziehungsweise einem fehlenden Bein abgebildet wurden, ist seit langem umstritten. Chinesische Astronomen, insbesondere Professor Xu Zhentao von der Sternwarte in Nanjing, glauben, dass der dreibeinige Rabe ursprünglich beobachtete Sonnenflecken dokumentierte, die bei Sonnenaufgang, wenn der Sonnengottheit Opfer dargebracht wurden, deutlich sichtbar waren. Der Ursprung der dreibeinigen Kröte ist anscheinend verloren gegangen, doch heißt es, dass die Flecken auf der Mondoberfläche dem amphibischen Dreifuß aus der Sage ähneln.

Die Assoziation von Yang mit der Sonne und dem dreibeinigen Raben und von Yin mit dem Mond und der dreibeinigen Kröte erklärt, warum diese in Akupunkturdiagrammen aus der Qing-Dynastie (221 bis 207 v. Chr) und vielleicht auch schon früher dargestellt werden. Für gebildete Chinesen ist diese Symbolik unmittelbar einleuchtend. Europäer, die sich mit der Akupunktur befassen, messen diesen Geschöpfen jedoch meist nur einen ornamentalen Wert bei, ohne ihre philosophische Bedeutung zu begreifen.

Das Qi

In der Physik stellt Strom oder ein Kraftfeld die Kommunikation zwischen zwei Polen dar. In der chinesischen Philosophie erfolgt die Kommunikation zwischen Yin und Yang mittels Qi. Es gibt zahllose Arten von Qi. Wenn Wasser einen Berg hinabfließt, dann ist das Qi. Wenn der Wind pfeift, dann ist das Qi. Wenn ein Blitz einschlägt, dann zeigt sich darin eine weitere Form von Qi. Und das Rollen des Donners ist noch eine.

Im Körper sorgt das Gleichgewicht von Yin und Yang für Gesundheit. Der Luftstrom durch das Atemsystem ist eine Form von Qi, der Blutkreislauf eine weitere, die Nahrung, die wir zu uns nehmen und deren unverwertbare Reste wir ausscheiden, ist wieder eine. In einem Gebäude fließt das Qi auf vergleichbare Weise. Wenn es draußen kalt ist, dann sorgt ein Ofen für Wärme. Die ihm entströmende Hitze bleibt jedoch nicht an einem Fleck stehen, sondern zirkuliert. Versammeln sich Menschen in einem Gebäude, dann ist es erforderlich, die Räume zu belüften. An verschiedenen Stellen des Hauses ist Wasser zugänglich, etwa in der Küche, in der Toilette, im Bad. Doch das Wasser stagniert nicht, es wird genutzt und daher im Fluss gehalten. Und die Menschen in dem Gebäude benötigen Korridore, Treppen und Türen, um sich im Inneren des Gebäudes bewegen zu können. Ihre Bewegung ist ebenfalls eine Form von Qi.

Damit ein Gebäude gesund ist, müssen all diese Formen von Qi fließen, doch muss dies auf eine kontrollierte Weise geschehen. Flüsse beginnen ihren Weg im freien Fluss. Doch um sie nutzbar zu machen, ist es erforderlich, ihre Ufer zu befestigen, damit sie Felder und Häuser nicht überschwemmen. Wasser, das in ein Gebäude gelangt, muss auf die gleiche Weise durch Rohre und Kanalisation unter Kontrolle gehalten werden. Man muss das Regenwasser ableiten, damit es die Grundmauern des Hauses nicht schädigt. Der Luftstrom ist ebenso wichtig. Er darf nicht wie ein Sturm durch das Haus fegen, aber auch nicht so lethargisch sein, dass stickige Luft entsteht. Vielleicht war es das, was der Philosoph, der erstmals den Begriff »Feng Shui« nennt, mit seinem Satz, »das Wasser zurückhalten und den Wind abhalten«, ausdrücken wollte.

Durch moderne Zentralheizungen, Doppelglasfenster und Isolierung ist es uns gelungen, das Qi der Wärme zu verbessern. Doch das Qi des frischen Luftstroms haben wir dabei zerstört. Die alten ineffizienten Häuser in England, in denen offene Kaminfeuer Luft durch Ritzen und Spalten zogen, waren im Grunde der Gesundheit förderlicher als die heutige versiegelte Bauweise, die keine Zirkulation mehr gestattet. Besser ist es natürlich für die unglückliche Küchenmagd geworden, die in den frühen Morgenstunden aufstehen musste, um einzuheizen, und dies nicht selten mit schneefeuchten Kohlen und nassem Holz. Die Zugluft in diesen Häusern tauschte die Atemluft fortwährend aus, befreite das Haus von Feuchtigkeit, Allergien auslösenden Schimmelsporen und in manchen Gegenden sogar von giftigen oder radioaktiven Gasen. In unseren abgedichteten Energiesparhäusern findet keine Zirkulation mehr statt, schädliche und giftige Dämpfe werden im Haus zurückgehalten.

Die harmonisierende Wirkung von Farben

Eine bedeutsame und vorteilhafte Veränderung, die sich im Laufe des 20. Jahrhunderts eingestellt hat, wird nur selten erwähnt. Menschen, die im Zeitalter des Fernsehens aufgewachsen sind, wissen sie nur selten zu schätzen, doch ältere Menschen erinnern sich sehr wohl, auf welche außerordentliche Weise Farben Einzug in unser Leben gehalten haben. Fernsehserien und -dramen bedienen sich in historischen Filmszenen auf verschwenderische Weise der Farben. Die Wahrheit ist jedoch, dass bis zur Entdeckung künstlicher Färbemittel die Welt noch vor einem Jahrhundert eher von gedämpften Farbschattierungen geprägt war. Ruß, Staub und Dreck sorgten dafür, dass die Gebäude in den Städten meist grau oder schwarz waren. Zwar sind viele alte Gebäude heute liebevoll restauriert, und man kann ihre Fassaden aus Kalkstein, Sandstein, Granit oder unterschiedlich gefärbtem Ziegelwerk bewundern, in früheren Zeiten hingegen konnte man sich höchstens ein paar Jahre lang nach der Fertigstellung eines solchen Hauses seines schönen Anblicks erfreuen. Als einzige starke Farben waren Ockertöne, Preußischblau und das Grün von Grünspan vertreten. Mit Kalk ließ sich Weiß, mit Holzkohle Schwarz und aus einer Mischung dieser Pigmente konnte man Braun- und Grautöne herstellen. Ich erinnere mich an Haushaltswarengeschäfte, in denen diese Farben aus auf der Straße aufgestellten Säcken verkauft wurden. Holz war in einer von drei Farben gestrichen: Krankenhausgrün, Wartezimmerblau oder Bahnhofsbraun. Weiß kam nur selten zur Anwendung, weil es so schnell schmutzig aussah. Doch auf dem Land war der Anblick von gekalkten Wänden nicht ungewöhnlich. Man galt als sehr kühn, wenn man irgendetwas rot anmalte.

Vor 2000 Jahren war die dem Innenarchitekten zur Verfügung stehende Farbpalette sogar noch begrenzter. Es gab eine Reihe von Färbemitteln für Stoffe wie Seide und Wolle, doch für Wände und Fußböden standen nur die in der Natur vorhandenen Farben zur Verfügung. Im *Yijing*, dem »Buch der Wandlungen«, werden insgesamt nur vier verschiedene Farben genannt: Rot, allerdings mit zwei verschiedenen Bezeichnungen, Gelb, Schwarz und Weiß. Blau- und Grüntöne kommen gar nicht vor, auch wenn manche Übersetzer Schwarz gelegentlich durch Indigoblau oder Violett ersetzen. Jedenfalls war das chinesische Wort für die Farbe des Himmels und die Farbe von Gras dasselbe. Deshalb ist es schwierig, Farben und Schattierungen zu wählen, die zu jenen passen, welche den ursprünglichen Feng-Shui-Philosophen zur Verfügung standen, und wir sind gezwungen, diese wenigen, primitiven Farben als Farbspektren zu interpretieren.

Nahmen denn die Menschen im alten China Farben gar nicht wahr? Natürlich taten sie das. Sie sahen Blumen, den vielfarbigen Himmel, Schmetterlinge, bunte Vögel und den Regenbogen. Doch weil sie sie nicht mit Farbe oder Pastellkreiden reproduzieren konnten, hatten sie keine Namen für diese Farben und unterschieden sie folglich auch sprachlich nicht voneinander. Auseinander halten konnten sie jedoch die verschiedenen Farben der Sterne und Planeten. Während wir die Sterne am Firmament alle mehr oder weniger als silbrig-weiß empfinden, machten die chinesischen Astronomen einen Unterschied zwischen dem Gelb des Saturn, dem grünlichen Blau des Jupiter und dem Rot des Mars. Dennoch besteht die uns von den Chinesen hinterlassene Farbpalette lediglich aus den Farben Weiß, Schwarz, Grün, Gelb und Rot.

Die Weißschattierungen können wir um Silber ergänzen und um alle neutralen Weißtöne wie Creme oder Magnolienfarben. Doch Pastelltöne sollten eher als richtige Farben eingestuft werden. Zu den Schwarzschattierungen gehören alle Nachtfarben wie Indigoblau, Dunkelblau und Violett. Die Grünkategorie umfasst alle Grüntöne von hellem Apfelgrün bis zu dunklem Tannengrün und die Blautöne von Meerblau bis Himmelblau. Die Rotkategorie enthält Zinnoberrot, Purpurrot, Scharlachrot wie auch alle Rosa- und Pfirsichtöne. Giftgelb, Senfgelb und Ockertöne bis zu Hell- und Schokoladenbraun gehören in die Gelbkategorie. Ihr kann man anders als Silberfarben auch Gold- und Bronzefarben zuordnen, auch wenn die chinesische Sprache vermuten lässt, Goldfarben müsse eigentlich zu den Weißschattierungen gerechnet werden.

Doch welche von diesen Farben sind yin und welche yang?

Einzelne Farben für sich genommen sind weder yin noch yang. Damit eine Farbe yin oder yang ist, muss ein Kontrast vorhanden sein. Starke, hervorstechende Farben könnten als yang und weiche Pastelltöne als yin klassifiziert werden. Doch in einer Auswahl von sehr lebhaften Farben würden einige verglichen mit anderen, die dann yin wären, yang sein. Die Pastellfarbe Pfirsichgelb ist im Vergleich zu Scharlachrot yin, doch in der Gegenüberstellung mit Rotbraun yang. Rot und Schwarz wirken beide stimulierend, wenn sie nebeneinander gestellt werden. Befindet sich vor einem schwarzen Hintergrund ein roter Farbfleck, dann ist das Rot hervorgehoben und somit yang. Umgekehrt jedoch wird das Schwarz zur dominierenden Farbe und das Rot ist nun yin. Solche klaren Kontraste fehlen, wenn Rottöne mit Braun, einer Mischung aus mehreren Farben, zusammentreffen.

Manche Farben übermitteln eine bestimmte Botschaft. Wir empfinden Rot als Warnsignal, doch dies ist nicht überall auf der Welt so. Früher druckten Banken die schlechten Nachrichten in Rot und die guten in Schwarz. Doch in China ist es genau umgekehrt: Glück verheißende Schriftzeichen werden in Rot gehalten, während Schriftzeichen, die man mit Unglück assoziiert, in Schwarz sind. In China sind Tempel, Restaurants und andere öffentliche Gebäude rot angemalt, weil rot allgemein als Glück bringende Farbe gilt. Doch ein rot gefärbtes Wohnhaus würde beim Vorübergehenden den Eindruck hinterlassen, dass die hier angebotenen Dienste von einer persönlicheren Art sind.

In der Natur warnen bestimmte Farbkombinationen vor Gefahr. Giftige Lebewesen sind oft schwarz oder gelb, um hungrige Mitgeschöpfe zu einer Überprüfung ihrer Menüwahl zu veranlassen. Raupen, Bienen, Wespen, Schlangen und Kröten schrecken Raubtiere mit ihren schwarzen und gelben Streifen ab, und es gibt sogar einige ungiftige Tiere, die sich dieser Farbgebung als schlauer Tar nung bedienen. Dieses natürliche Warnsignal ist so wirkungsvoll, dass es auch in der Industrie zum Einsatz kommt, um vor Gift- oder Atomtransporten zu warnen.

Geben Sie Acht auf Menschen, die sich – unbewusst – für diese Farbkombination entschieden haben. Ob sie es nun wissen oder nicht, sie vermitteln die Botschaft: »Abstand halten. Ich bin gefährlich!« Zu Hause sollte man Schwarz und Gelb nicht verwenden, da diese Farbzusammenstellung kein Vertrauen schafft. Ideal ist sie jedoch für Industrieanlagen, da sie Menschen vor möglichen Gefahren warnt.

Rot und Schwarz ist eine weitere mächtige Kombination. Manche Psychiater bringen sie mit schizophrenen Neigungen in Verbindung. Es handelt sich um eine hochdramatische Farbzusammenstellung, die man gelegentlich tragen darf. Doch wenn sie zur gewohnten oder bevorzugten Wahl wird, dann ist sie ein Hinweis auf Impulsivität und ein leicht aufbrausendes Naturell. Im Feng Shui symbolisieren Rot und Schwarz Feuer und Wasser und damit Unheil.

Schwarz und Weiß harmonisieren miteinander. Typische Beispiele sind die schwarzen und weißen Tasten des Klaviers und schwarze Buchstaben auf weißem Papier. Dieses Farbenpaar suggeriert Sparsamkeit, Effizienz und Kompromisslosigkeit. Die Wirkung des starken Kontrasts kann mit Blau oder Grün gemildert werden. Auf Rot und Gelb sollte man jedoch lieber verzichten, da sie den Gegensatz nur noch stärker hervorheben.

Die Landesflaggen vieler Länder haben die Farbkombination aus Rot und Weiß. Diese Farbwahl ist häufig militärischen Ursprungs wie etwa bei der österreichischen Fahne. Hier soll der »weiße Gürtel« auf das blutgetränkte Hemd eines wilden Kriegers und den unversehrten Streifen unter seinem Gürtel zurückgehen. In manchen Ländern steht vor dem Barbiergeschäft als Erkennungszeichen ein rot-weißer Pfosten. Er erinnert daran, dass ursprünglich der Barbier auch gleichzeitig der Wundarzt war. Der Feng-Shui-Symbolik zufolge harmoniert »metallisches« Weiß nicht mit dem Rot von Blut.

Violett- und Dunkelrottöne werden in China dem »himmlischen Palast« der Götter zugerechnet, doch auch im Westen hat man diese Farben häufig mit Personen in Verbindung gebracht, die zur spirituellen Welt in enger Beziehung stehen. Diese Farben werden nicht von irdischen, sondern von himmlischen Wesen, den Bewohnern des Himmelshofs, getragen. Kombiniert mit der Farbe Gelb, die für das Erdelement steht, signalisiert Violett beziehungsweise Dunkelrot die Harmonie zwischen Himmel und Erde.

Harmonische Farbkombinationen für den häuslichen Bereich

Nach den Regeln des Feng Shui sind bestimmte Farbpaare harmonisch, während sich andere, wie zum Beispiel Rot und Weiß oder Schwarz und Gelb, im Widerstreit befinden. Zunächst jedoch müssen die vor 2000 Jahren bekannten einfachen Farben in entsprechende Farbgruppen umgewandelt werden, um die große Farbbandbreite, die der Welt des 21. Jahrhunderts zur Verfügung steht, zu fassen:

Die Farbgruppe *Grün* beinhaltet alle Grüntöne und hellere Blautöne.
Die Farbgruppe *Rot* beinhaltet alle Rottöne von dunklem Rostrot bis hin zu Rosa.

Die Farbgruppe *Gelb* beinhaltet alle Gelb-, Gold- und Brauntöne sowie die natürlichen Erdfarben.

Die Farbgruppe *Weiß* beinhaltet alle zarten Weißtöne, Silber und hellere Grautöne.

Die Farbgruppe *Schwarz* beinhaltet Schwarz, alle dunklen Grautöne, Dunkelblau und alle übrigen Nachtfarben.

Günstige und ungünstige Farbkombinationen:

	günstig	*ungünstig*
Grün mit	Rot, Schwarz	Gelb, Weiß
Rot mit	Gelb, Grün	Weiß, Schwarz
Gelb mit	Weiß, Rot	Schwarz, Grün
Weiß mit	Schwarz, Gelb	Grün, Rot
Schwarz mit	Grün, Weiß	Rot, Gelb

Harmonische Dreiheiten

Wenn eine Farbzusammenstellung, ob sie nun »geerbt« wurde oder selbst gewählt ist, zwei Farben miteinander verbindet, die einander ungünstig beeinflussen, dann besteht die Lösung darin, eine dritte Farbe hinzuzufügen, die als Puffer dient. Auf diese Weise kann der ungünstige Aspekt neutralisiert werden. Bei den folgenden Dreiheiten harmonisieren die erste und die zweite sowie die zweite und die dritte Farbe miteinander, die erste und die dritte stoßen sich jedoch gegenseitig ab. Die von den beiden ersten Paaren geschaffene Harmonie reicht aus, um die ungünstige Wirkung des dritten Paars aufzuheben. Gemeinsam verfügen die drei Farben über eine zusätzliche positive Wirkung, die auf ihrer kombinierten Kraft beruht. Denken Sie bei den folgenden Zusammenstellungen daran, dass es sich nicht um einzelne Farben, sondern um Farbgruppen handelt.

Die kreative Dreiheit: Schwarz oder Dunkelblau; Hellblau oder Grün; Rottöne.

Diese Kombination eignet sich gut für Gesundheit und als Stimulus. Dunkelblau (Wasser) nährt Grün (Schöpfung und Wachstum), während Rot Bewegung schafft, die den Heilungsprozess fördert. Diese Zusammenstellung eignet sich außerdem gut für alle, die ihr Liebesleben oder ihre Beziehungsaussichten verbessern wollen.

Die geistige Dreiheit: Hellblau oder Grün; Rottöne; Gelb oder Ocker.

Diese Farbauswahl eignet sich für Personen, die lernen und ihren Geist konstruktiv einsetzen wollen und hierzu Einfallsreichtum und Durchhaltevermögen benötigen, um Schwierigkeiten zu überwinden.

Die stabile Dreiheit: Rottöne; Gelb oder Ocker; Weißtöne.

Menschen, die das Gefühl haben, dass sich ihr Leben fortwährend ändert, und sich deshalb nach Stabilität und Sicherheit sehnen, werden feststellen, dass sie diese Farbkombination um der Motivation willen mit ausreichend Stimulus und Zielstrebigkeit versorgt und sie zugleich von den ruhelosen oder trägen Qualitäten befreit, die ihnen ein erfülltes Leben unmöglich machen. Diese Farbauswahl wirkt sich günstig auf alles aus, was mit Land und Häusern in Zusammenhang steht.

Die wohlhabende Dreiheit: Gelb oder Ocker; Weißtöne; Schwarz oder Dunkelblau.

Diese Kombination eignet sich für Geschäftsleute und Händler, die ihren Wettbewerbsgeist und ihre Marketingfähigkeiten fördern wollen. Sie mildert Ehrgeiz und veranlasst Menschen, über ihren eigenen Horizont hinauszublicken.

Die kommunikative Dreiheit: Weißtöne; Schwarz oder Dunkelblau; Hellblau oder Grün.

Diese Zusammenstellung kommt Personen entgegen, die etwas mit den Medien zu tun haben, die gerne reisen oder mit Rechtsstreitigkeiten, die beigelegt werden müssen, konfrontiert sind.

Selbstverständlich gibt es Gelegenheiten, bei denen man falsch beraten wäre, diese zusätzlichen Wirkungen hervorzurufen. Ein ehrgeiziger Mensch zum Beispiel wird mit Stabilität nicht viel anfangen können. Vielmehr benötigt er das Gegenteil und würde daher die dynamischeren Qualitäten der Rot- und Weißtöne auf konstruktive Weise einsetzen wollen. In diesem Fall sollte man die dritte Farbe aus den nachfolgenden »gebrochenen« Dreiheiten auswählen. Zwar gleicht die dritte Farbe die ungünstigen Eigenschaften der miteinander im Konflikt befindlichen Paares aus, doch ruft sie nicht die oben beschriebene harmonisierende Wirkung hervor. Für jedes sich gegenseitig abstoßende Farbenpaar hat man die Wahl zwischen zwei Ausgleich schaffenden dritten Farben. Denken Sie bitte wieder daran, dass es sich bei den

Konfliktpaar	einzubringende Farben
Grün beißt sich mit Gelb	Weiß oder Schwarz
Rot beißt sich mit Weiß	Schwarz oder Grün
Gelb beißt sich mit Schwarz	Grün oder Rot
Weiß beißt sich mit Grün	Rot oder Gelb
Schwarz beißt sich mit Rot	Gelb oder Weiß

Farbbezeichnungen um Farbgruppen handelt. So umfasst die Farbgruppe Grün beispielsweise alle Grüntöne von hell bis dunkel, Türkis- und hellblaue Farbtöne.

Die harmonisierende Wirkung von Klängen

Im Feng Shui geht es darum, die äußeren Umstände der Menschen in Bezug auf die Gebäude, in denen sie leben und arbeiten, zu verbessern. Seit der Tang-Dynastie (618 bis 907) legten Feng-Shui-Gelehrte immer genauer und umfassender fest, wie man Gebäude, Häuser und Wohnungen auf die darin lebenden Menschen abstimmen kann. Aber schon während der Han-Dynastie (206 v. Chr. bis 220 n. Chr.) wurde in Schriftstücken darauf hingewiesen, dass Menschen darauf achten, um einer harmonischen Umgebung willen eine Beziehung zu den von ihnen bewohnten Gebäuden herzustellen. Dies bezeichnete man als »Eingestimmtsein« auf das Haus; der »Ton« des Menschen sollte zum »Ton« des Hauses passen; beide sollen sich zueinander wie zwei gleich gestimmte Musikinstrumente verhalten. Harmonierten der Ton des Bewohners und der Ton des Gebäudes nicht miteinander, dann wurde durch bestimmte Hilfsmittel Abhilfe geschaffen – beispielsweise durch ein von der Decke hängendes Stück Holzkohle –, um den Gleichklang des Haushalts wiederherzustellen. Leider sind weitere Informationen über diese faszinierende Praxis äußerst rar. Doch ist in einigen obskuren Schriftstücken der Ausdruck »enthaltener Ton« überliefert, der durch die Kombination bestimmter Zahlenpaare ermittelt wird.

Jedes Jahr hatte seinen eigenen »enthaltenen Ton«, der sich aus zwei chinesischen Zahlen errechnete, die gemeinsam das Datum ergaben. Da es zu jedem Ton eine passende Farbe gab, konnte man den »enthaltenen Ton« eines Jahres auch durch eine der fünf Farben zum Ausdruck bringen. Zum Beispiel wird dem Jahr 2000 der »enthaltene Ton« D und damit die »weiße Glocke« zugeordnet. Jemand, der 1966 geboren wurde, kam somit in einem Jahr zur Welt, mit dem der »enthaltene Ton« A, die schwarze Glocke, assoziiert wird. Da Schwarz und Weiß miteinander harmonisieren, gilt dies auch für die beiden »enthaltenen Töne«. Folglich wäre es für eine Person, die im Jahr 1966 geboren wurde, günstig, in einem im Jahr 2000 errichteten Haus zu wohnen. Das Jahr 1965 wird indessen dem Ton G und der roten Glocke zugeordnet. Da Rot und Weiß im Widerspruch zueinander stehen, wäre es für eine im Jahr 1965 geborene Person nicht ratsam, in einem im Jahr 2000 oder in einem anderen mit der weißen Glocke assoziierten Jahr errichteten Haus zu wohnen. Indem man jedoch die in diesem Fall harmonisierend wirkende Farbe Gelb einbringt, kann man die ungünstige Wirkung der Disharmonie zwischen roter und weißer Glocke mildern oder neutralisieren.

Stellen Sie zunächst den »enthaltenen Ton« für das Jahr fest, in dem das Haus errichtet wurde, und dann den »enthaltenen Ton« für den Bewohner. Falls die beiden »enthaltenen Töne« nicht miteinander harmonieren, so gibt es Möglichkeiten, um das Gleichgewicht herzustellen. Dies könnte durch eine harmonisierende Farbe, ein dekoratives Element oder Hilfsmittel wie Wasser, Kerzen, ein Parfüm oder sogar durch ein Windspiel (*vorausgesetzt es ruft genau die Note des dritten Tons hervor*) hergestellt werden. Die klimpernden Windspiele, die in Geschenkläden zum Kauf angeboten werden, erfüllen den Zweck nicht; es muss sich um eine einzelne Glocke handeln, die lediglich den einen, erforderlichen Ton erzeugt.

Die »enthaltenen Töne« für die Jahre 1841 bis 2020

Jahr der Hauserrichtung oder Geburtsjahr des Bewohners	Chinesischer Tonname	Bedeutung	Note	»Enthaltener Ton«
1841, 1871, 1901, 1931, 1961, 1991	Gong	Der Palast	C	Die gelbe Glocke
1842, 1872, 1902, 1932, 1962, 1992	Shang	Herbst	D	Die weiße Glocke
1843, 1873, 1903, 1933, 1963, 1993	Shang	Herbst	D	Die weiße Glocke
1844, 1874, 1904, 1934, 1964, 1994	Ji	Abgaben	G	Die rote Glocke
1845, 1875, 1905, 1935, 1965, 1995	Ji	Abgaben	G	Die rote Glocke
1846, 1876, 1906, 1936, 1966, 1996	Yu	Federn	A	Die schwarze Glocke
1847, 1877, 1907, 1937, 1967, 1997	Yu	Federn	A	Die schwarze Glocke
1848, 1878, 1908, 1938, 1968, 1998	Gong	Der Palast	C	Die gelbe Glocke
1849, 1879, 1909, 1939, 1969, 1999	Gong	Der Palast	C	Die gelbe Glocke
1850, 1880, 1910, 1940, 1970, 2000	Shang	Herbst	D	Die weiße Glocke

Jahr der Hauserrichtung oder Geburtsjahr des Bewohners	Chinesischer Tonname	Bedeutung	Note	»Enthaltener Ton«
1851, 1881, 1911, 1941, 1971, 2001	Shang	Herbst	D	Die weiße Glocke
1852, 1882, 1912, 1942, 1972, 2002	Jiao	Der Zeigestock	E	Die grüne Glocke
1853, 1883, 1913, 1943, 1973, 2003	Jiao	Der Zeigestock	E	Die grüne Glocke
1854, 1884, 1914, 1944, 1974, 2004	Yu	Federn	A	Die schwarze Glocke
1855, 1885, 1915, 1945, 1975, 2005	Yu	Federn	A	Die schwarze Glocke
1856, 1886, 1916, 1946, 1976, 2006	Gong	Der Palast	C	Die gelbe Glocke
1857, 1887, 1917, 1947, 1977, 2007	Gong	Der Palast	C	Die gelbe Glocke
1858, 1888, 1918, 1948, 1978, 2008	Ji	Abgaben	G	Die rote Glocke
1859, 1889, 1919, 1949, 1979, 2009	Ji	Abgaben	G	Die rote Glocke
1860, 1890, 1920, 1950, 1980, 2010	Jiao	Der Zeigestock	E	Die grüne Glocke
1861, 1891, 1921, 1951, 1981, 2011	Jiao	Der Zeigestock	E	Die grüne Glocke

Jahr der Hauserrichtung oder Geburtsjahr des Bewohners	Chinesischer Tonname	Bedeutung	Note	»Enthaltener Ton«
1862, 1892, 1922, 1952, 1982, 2012	Yu	Federn	A	Die schwarze Glocke
1863, 1893, 1923, 1953, 1983, 2013	Yu	Federn	A	Die schwarze Glocke
1864, 1894, 1924, 1954, 1984, 2014	Shang	Herbst	D	Die weiße Glocke
1865, 1895, 1925, 1955, 1985, 2015	Shang	Herbst	D	Die weiße Glocke
1866, 1896, 1926, 1956, 1986, 2016	Ji	Abgaben	G	Die rote Glocke
1867, 1897, 1927, 1957, 1987, 2017	Ji	Abgaben	G	Die rote Glocke
1868, 1898, 1928, 1958, 1988, 2018	Jiao	Der Zeigestock	E	Die grüne Glocke
1869, 1899, 1929, 1959, 1989, 2019	Jiao	Der Zeigestock	E	Die grüne Glocke
1870, 2000, 1930, 1960, 1990, 2020	Gong	Der Palast	C	Die gelbe Glocke

Als allgemeine Richtlinie mag gelten, dass im Feng Shui Pflanzen für das Holzelement, Kerzen für das Feuerelement, Tongefäße für das Erdelement, Düfte und Glocken für das Metallelement und Wasser für das Wasserelement stehen.

Das Haus der grünen Glocke

Der Jiao-Bewohner: Das Haus und sein Bewohner befinden sich in Harmonie miteinander. Die Situation ist günstig für Gesundheit, weibliche Belange und für eine Familie. Diese Harmonie bringt das Glück eines langen Lebens hervor.

Der Ji-Bewohner: Das Haus unterstützt den Bewohner. Es stellt eine sichere Umgebung dar, die es dem Bewohner ermöglicht, hingebungsvoll und intelligent zu arbeiten. Es wirkt sich förderlich auf Studium und Forschung aus.

Der Gong-Bewohner: Die »enthaltenen Töne« harmonisieren nicht; das Haus unterstützt seinen Bewohner nicht. Es mangelt an Stabilität. Ein Gefühl der Unsicherheit und Entschlusslosigkeit herrscht vor. Bringen Sie als vermittelnde Farbe Rot, den Ton G, Kerzen oder ein Raumdekor aus dreieckigen Formen ein, um für geistige Stimulanz zu sorgen.

Der Shang-Bewohner: Die »enthaltenen Töne« harmonisieren nicht; der Bewohner unterstützt sein Haus nicht. Es mangelt ihm an Zielstrebigkeit. Vorherrschend sind ein Gefühl der Schwäche und Lungenkrankheiten. Dem Bewohner fehlt es möglicherweise an der Neigung, einen Beruf aufzunehmen. Rechtliche Schwierigkeiten können hinzukommen. Bringen Sie als vermittelnde Farbe Dunkelblau, den Ton A, ein mit Wasser assoziiertes Hilfsmittel oder im Raumdekor unregelmäßige Formen ein.

Der Yu-Bewohner: Der Bewohner unterstützt das Haus. Dies ist eine günstige Kombination, denn das Haus sorgt für eine unterstützende Umgebung, ohne dabei jedoch Besitz ergreifend zu werden. Anpassungen sind nicht erforderlich.

Das Haus der roten Glocke

Der Jiao-Bewohner: Der Bewohner und das Haus verhalten sich harmonisch zueinander. Die Umgebung wirkt sich für die Personen unterstützend aus, die aufgrund ihrer Arbeit und der Familie viel Zeit zu Hause zubringen. Sie fördert fortgesetzte Gesundheit und Lernen.

Der Ji-Bewohner: Das Haus und sein Bewohner befinden sich in Harmonie zueinander. Die Situation begünstigt Lernen, Erfolg, das Erlangen eines guten Rufs und von Ruhm. Diese Harmonie bringt das Glück der Tugend hervor.

Der Gong-Bewohner: Das Haus unterstützt den Bewohner. Er wird sein Zuhause verbessern wollen, indem er es verschönert, erweitert und sein Land sowie allgemein seinen Besitz vermehrt.

Der Shang-Bewohner: Rot und Weiß beziehungsweise Shang und Ji harmonieren nicht; sie legen Unfälle, Verletzungen und Gewalt nahe. Bringen Sie als vermittelnde Farbe Gelb ein, den Ton C, Töpfergut oder tönerne Gegenstände und im Raumdekor horizontale Linien oder Rechtecke, um mögliche Unfälle abzuwehren.

Der Yu-Bewohner: Die »enthaltenen Töne« erzeugen eine Disharmonie. Bringen Sie als vermittelnde Farbe Grün ein, den Ton E, Topfpflanzen und im Raumdekor vertikale Streifen, um eine stimulierende Umgebung zu schaffen, die wiederum zu mehr Sozialkontakten führt.

Das Haus der gelben Glocke

Der Jiao-Bewohner: Hier mangelt es an Stabilität. Vorherrschend sind ein Gefühl von Unsicherheit und Entschlusslosigkeit. Bringen Sie Hilfsmittel ein, die in Beziehung zu der vermittelnden Farbe Rot stehen. Ein Windspiel könnte den Ton G erzeugen, Kerzen oder Dreiecke im Raumdekor wirken geistig stimulierend.

Der Ji-Bewohner: Die Menschen, die hier leben, werden in dieser Umgebung äußerst glücklich sein, ihr Haus zu einem schönen Anwesen umgestalten und sich damit den Respekt ihrer Freunde und den Neid ihrer Feinde einhandeln.

Der Gong-Bewohner: Das Haus und sein Bewohner befinden sich in Harmonie miteinander. Die Situation ist günstig für alle Belange, die mit Land und Besitz in Zusammenhang stehen. Sie ist ein Hinweis auf Stabilität und Zufriedenheit. Diese Harmonie bringt das Glück eines zufrieden stellenden Lebens hervor.

Der Shang-Bewohner: Das Haus unterstützt den Bewohner. Es fördert die Familie, indem es seine Mitglieder zu Arbeit und Wettbewerb ermutigt. Ihr Unternehmen wird gedeihen, und Sie vergrößern ihren Wohlstand, indem Sie sich auf ihre Rücklagen stützen.

Der Yu-Bewohner: Die »enthaltenen Töne« sind disharmonisch; Gelb und Schwarz sind ein Hinweis auf Gift. Die Gefahr liegt im Bereich der Krankheiten, insbesondere in solchen, von denen das Verdauungssystem betroffen ist. Neutralisieren Sie den Konflikt, indem Sie die Farbe Weiß einführen, den Ton D, Düfte mittels Räucherstäbchen oder ätherischen Ölen und mit runden Formen im Raumdekor, um bessere Geschäftsaussichten zu bewirken.

Das Haus der weißen Glocke

Der Jiao-Bewohner: Grün und Weiß beziehungsweise die Töne Jiao und Shang befinden sich im Konflikt miteinander. Anzeichen hierfür ist geminderte Sehkraft. Bringen Sie als vermittelnde Farbe Schwarz ein oder andere Farbtöne aus dieser Farbgruppe, den Ton A oder kleine Wasseranlagen wie ein für den Innenraum geeignetes Wasserspiel oder ein kleines Aquarium, um dauerhafte Freundschaften und ein aktives Gesellschaftsleben zu fördern.

Der Ji-Bewohner: Hier deuten sich Schwierigkeiten beim Umgang mit den Finanzen an. Geld zeigt sich von einer äußerst flüchtigen Seite. Stabilität wird erreicht durch den Ton der gelben Glocke: ein Windspiel, das ein tiefes C hervorbringt. Weitere mäßigende Faktoren sind horizontale Linien im Raumdekor, Töpferware oder dekorative Steine.

Der Gong-Bewohner: Das Haus fördert diejenigen, die ihr Unternehmen von Zuhause aus führen wollen. Es eignet sich sowohl als Bürogebäude wie auch als Familienwohnsitz. Günstiger ist es, wenn zu dem Gebäude ein Stück Land gehört.

Der Shang-Bewohner: Das Haus und seine Bewohner befinden sich in Harmonie miteinander. Männliche Familienmitglieder werden bevorzugt. Die Situation fördert Erfolg, Zielstrebigkeit und Profit, Handel, Warenherstellung und Geschäftsleben. Diese Harmonie bringt das Glück des Reichtums hervor.

Der Yu-Bewohner: Das Haus unterstützt den Bewohner. Die Familie unternimmt Fernreisen, und die jungen Familienmitglieder heiraten Ausländer, wandern aus und lassen sich in fremden Ländern nieder. Doch die älteren Familienmitglieder erhalten die Bindung zu ihrem ursprünglichen Zuhause aufrecht.

Das Haus der schwarzen Glocke

Der Jiao-Bewohner: Die Familie profitiert von der Unterstützung, die dieses Haus gewährt. Es begünstigt persönliche Beziehungen und das Aufziehen von Kindern. Aus den geschlossenen Ehen gehen zahlreiche Nachkommen hervor. In früheren Zeiten hätte man es als günstig empfunden, wenn das Familienoberhaupt mehrere Frauen gehabt hätte.

Der Ji-Bewohner: Schwarz und Rot befinden sich im Widerstreit. Sie symbolisieren Feuer und Wasser und weisen damit auf Unheil, Gefahren durch Eindringlinge oder Einbrecher hin. Bringen Sie als vermittelnde Farbe Grün ein, den Ton E, Topfpflanzen und als Raumdekor vertikale Streifen, um Liebesbeziehungen und Nachkommenschaft zu fördern.

Der Gong-Bewohner: Diese Farb- beziehungsweise Tonkombination lässt auf Skandal und Spott schließen, die ihrerseits vielleicht das Zerbrechen von Liebesbeziehungen bewirken. Ihre möglichen Auswirkungen können unschädlich gemacht werden, indem Sie runde Formen oder die Farbe Weiß in das Raumdekor einbringen, würzigen Duft oder ein Windspiel, das den Ton D hervorbringt. Nachdem solche Maßnahmen ergriffen sind, sollte eine finanzielle Verbesserung eintreten.

Der Shang-Bewohner: Dieses Haus wird für jene, die viel Zeit fort von Zuhause verbringen, ein sicherer Hafen sein. Es wird den zurückkehrenden Reisenden immer willkommen heißen.

Der Yu-Bewohner: Das Haus und sein Bewohner befinden sich in Harmonie miteinander. Es begünstigt Kommunikation, Reisen und Freundschaft. Es unterstützt Personen, die mit anderen Menschen zusammenarbeiten oder die sich im Rampenlicht der Öffentlichkeit befinden. Diese Harmonie bringt das Glück des Friedens hervor.

Allgemeine Feng-Shui-Richtlinien

Um diesen Abschnitt über Feng Shui für Ihr Zuhause zum Abschluss zu bringen, sollen hier noch einige allgemeine Richtlinien im Hinblick auf die verschiedenen Räume des Hauses präsentiert werden.

Die Eingangstür

Die Tür ist das Gesicht des Hauses. Das Gesicht ist die Basis des ersten Eindrucks, den man sich von einem Menschen macht, und Gleiches gilt auch für die Eingangstür eines Hauses. Die eine Haustür heißt Besucher willkommen, eine andere wirkt unfreundlich und hält den Besucher davon ab, das Haus zu betreten. Beides ist durchaus akzeptabel, da beides die Persönlichkeit des Hauses offenbart. Schwierig wird es erst, wenn eine Haustür ausdruckslos und nichts sagend ist, oder noch schlimmer, wenn nicht klar ist, wo sich die Eingangstür befindet oder welche Tür der Haupteingang ist. Ein Hauseingang, der Verwirrung auslöst, ist ein Hinweis auf die im Haus herrschende Verwirrung. Geben Sie der Tür die Gelegenheit, eine Aussage über das Haus zu machen. Die Hausnummer oder der Hausname muss deutlich sichtbar sein und sich in gutem Zustand befinden. Eine Tür, die nicht gesund und stark aussieht, wird Besucher abschrecken und Eindringlinge glauben machen, dass sie leichtes Spiel damit haben werden, in das Haus einzudringen.

Der Eingangsbereich

Der erste Eindruck nach Betreten des Hauses sollte konstruktiver Art sein. Jacken, Stiefel und anderer Kram müssen ordentlich fortgeräumt sein. Das einladendste Symbol ist ein Stuhl; eine nach dem Öffnen der Tür als Erstes ins Auge fallende Sitzgelegenheit vermittelt ein unmittelbares, freundliches Gefühl.

Es ist nicht günstig, wenn man von der Haustür aus auf die Treppe oder die Hintertür blickt. Treppen in chinesischen Häusern sind immer so platziert, dass sie dem Eingang nicht gegenüberliegen. Die Chinesen sagen, der Wohlstand stürze die Treppe hinunter und fließe aus dem Haus. Vorhänge oder Gardinen oder eine Neuplatzierung der Tür wirken dem entgegen.

Ist die Hintertür von der Eingangstür aus sichtbar, dann schneidet die durch diese Verbindung entstehende Linie das Haus entzwei. Das durch die Vordertür gelangte Qi verlässt das Haus sogleich wieder durch die Hintertür. Die Situation ist ähnlich wie in einem Eisenbahnwagon, in dem nebeneinander liegende Abteile alle auf einen einzigen gemeinsamen Gang führen. Sie vermitteln kein Gemeinschaftsgefühl.

Das Wohnzimmer

Das Wohnzimmer hat bereits zahlreiche Wandlungen durchgemacht. War man im 19. Jahrhundert besser gestellt, dann hatte man einen Salon oder einen Gesellschaftsraum, in dem man Gäste empfing. In der vornehmen Gesellschaft verfügten die Herren und die Damen jeweils über einen eigenen Salon zu Repräsentationszwecken. Im Salon der Damen übte man sich in den Künsten und musizierte, in jenem der Herren fand man sich zusammen, um zu debattieren und zu rauchen. In den Bauernhöfen hatte man eine »gute Stube«, in die man seine Gäste führte. Wer beengt lebte, bei dem setzte man sich in der Küche zusammen. Allgemein war und ist das Wohnzimmer der Raum, in dem man seine freie Zeit verbringt, mit Freunden und Verwandten Gespräche führt, sich entspannt, Musik hört oder in dem man fernsieht. Um die erforderliche erholsame und gemütliche Atmosphäre zu gewährleisten, dürfen die Fenster in diesem Raum einander nicht gegenüberliegen, da das Qi sich sonst nicht zu halten vermag. Eine andere Erklärung lautet, dass die Augen sich der Helligkeit an beiden Enden des Zimmers anpassen müssen und daher das Innere selbst nicht gut sehen können. In einem solchen Fall sollte man die Vorhänge an einer Seite zuziehen, damit das Licht nur aus einer Richtung kommt.

Die Anordnung der Sessel und Sofas sollte so sein, dass niemand mit dem Rücken zu einem Fenster oder einer Tür sitzen muss. Im Idealfall kann man Fenster und Türen vom Lieblingssessel aus sehen. Große Spiegel können angebracht werden, damit zumindest das Spiegelbild der Tür sichtbar wird.

Das Esszimmer

Esszimmer benötigen eine einfache Möblierung. Die Aufmerksamkeit soll sich auf die Speisen und die beisammen sitzenden Menschen richten. Aufregende Farbgestaltungen, raffinierte Gestaltungsmerkmale und auffällige Möbel lenken den Geist von der Mahlzeit ab und verhindern, dass sich der Körper mit seinem Verdauungsapparat und seinen Drüsen auf die Nahrungsaufnahme einstellt. Folglich ist es besser, wenn die Einrichtung des Esszimmers eher nüchtern ist.

Die Küche

Die Küche ist einer der wichtigsten Räume im Haus. Genauso wichtig ist nur das Schlafzimmer. Es überrascht mich immer wieder, wenn ich Freunde, die finanziell sehr viel besser gestellt sind als ich, in ihrem Haus besuche und dann sehe, dass ihre Küche so beschaffen ist, als würden sie grundsätzlich außer Haus essen. Als ich diesen Freunden meine Beobachtung mitteilte, sahen sie mich verblüfft an. Küche? Offenbar hatten sie noch nie auch nur einen einzigen Gedanken an ihre Küche verschwendet.

Die Küche ist das Herz eines jeden Hauses. In manchen Häusern wird in der Küche gegessen. Zwar mag es für die Familie sehr gemütlich sein, in einer großen Wohnküche miteinander zu essen, doch verschmilzt damit der Zubereitungsprozess und das Verspeisen der Mahlzeit zu einem einzigen Vorgang. Erfahrung und Sorgfalt sind erforderlich, um eine gutes Gericht zuzubereiten, und dieser Tätigkeit muss daher der ihr gebührende Respekt entgegengebracht werden. Der Speisende sollte nicht an die verschiedenen Schritte der Vor- und Zubereitung, an den anfallenden Abfall und die gebrauchten Küchengeräte erinnert werden.

In den Vereinigten Staaten ist es üblich, mit Magneten Nachrichten für die einzelnen Familienmitglieder an der Kühlschranktür zu befestigen. Ich fühlte mich abgestoßen, als ein Autor, der über den sozialen Umgang innerhalb der Familie schrieb, die Frage stellte: »Wozu sonst ist die Kühlschranktür da?« Bis zu diesem Zeitpunkt hatte ich immer angenommen, ihre Aufgabe sei es, den Inhalt des Kühlschranks sicher und kalt zu halten. Ja, ich würde sogar so weit gehen zu fragen, wer sonst sollte Zugang zur Küche haben, außer die Personen, die die Mahlzeiten zubereiten und hinterher aufräumen?

In einer richtigen Küche gibt es so viel Aktivität, dass Stabilität schaffende Hilfsmittel erforderlich sind. Die Erde sollte sich an ihrem angestammten Platz befinden. Das bedeutet, dass der Fußboden zum Beispiel aus gebrannten Tonfliesen und nicht aus Holz beschaffen oder mit Teppichboden belegt sein darf. Jenen, die sich darüber beschweren, dass ein Steinboden fußkalt ist, rate ich, Hausschuhe anzuziehen. Teppichböden nehmen Fett und kleinste Essensreste auf und sollten daher nicht festgeklebt werden. Doch auf losen Teppichen, die man fortnehmen und reinigen kann, rutscht man möglicherweise aus, und sie stellen daher eine Gefahr dar. Man sollte also besser ganz auf Teppiche verzichten.

Der Herd und das Abwaschbecken dürfen nicht direkt nebeneinander stehen, denn dies wäre nach Feng Shui ungünstig und aus praktischen Gründen gefährlich. Ist die Küche aber auf diese Weise eingerichtet, dann ist es eine gute Vorsichtsmaßnahme, einen irdenen Topf mit Salz zwischen Herd und Spülbecken zu stellen. Das Salz zwischen Wasser und Feuer wirkt ausgleichend. Aus dem Holzelement entsteht das Feuerelement, und da Holz das Element ist, aus dem alles Brennende besteht (das Brennmaterial im Herd, die Nahrungsmittel und sogar die Verpackung aus Pappe und Papier), muss es sich in sicherer Entfernung vom Herd befinden. Nichts Brennbares darf zwischen Herd und Abwaschbecken stehen: Verwenden Sie den Raum für Geschirr und Kochutensilien. Auch oberhalb des Herds darf sich nichts Brennbares befinden wie zum Beispiel zum Trocknen aufgehängte Kräuter.

Das Badezimmer

Dieser Raum wird vom Wasserelement beherrscht. Angemessene Farben für das Bad sind Schwarz und Weiß und alle Blau- oder Grüntöne. Gelb-, Braun- und Rottöne vermeidet man besser, sie entsprechen nicht der wasserdominierten Umgebung. Vielmehr legen sie Störungen des Verdauungssystems nahe oder Herz-Kreislauf-Beschwerden, denn die Farben Braun und Rot werden mit den inneren Vorgängen im Körper des Menschen assoziiert.

Viele Badezimmer befinden sich aufgrund von praktischen Erwägungen im Zentrum eines Hauses und verfügen weder über natürliches Licht noch über eine Frischluftzufuhr. In einem solchen Fall ist es deshalb ratsam, das vorhandene Licht mit Spiegeln zu maximieren. Da Glas in seiner Anmutung und in seinen physikalischen Eigenschaften Wasser gleicht, wirkt sich eine Vielzahl von Spiegeln im Badezimmer günstig aus. Bringt man Spiegel an allen vier Wänden an, dann erzeugt man einen Eindruck von Raum und Tiefe.

Man hat mich gefragt, ob es vom Feng-Shui-Standpunkt her vorteilhaft ist, Badewannen mit Sprudel- und Massagedüsen einzubauen. Die Antwort ist ein klares Ja. »Feng Shui« bedeutet »Wind Wasser«, und solche Bäder sind somit äußerst günstig.

Topfpflanzen harmonieren mit Wasser und können, wenn sie den Raum nicht dominieren und eine natürliche Lichtquelle vorhanden ist, im Badezimmer aufgestellt werden.

Das Schlafzimmer

Ich bin schon oft gefragt worden, nach welcher Himmelsrichtung man sein Bett am besten ausrichten soll. In einem

Haus bekam ich sogar ein drehbares Bett zu Gesicht, das man somit den Ausrichtungswünschen der darin schlafenden Person anpassen konnte. Jedoch ist diesem Aspekt keine so große Bedeutung beizumessen wie anderen sehr viel wichtigeren.

Zunächst einmal darf das Bett nicht so stehen, dass man, wenn man darin liegt, direkt auf die Schlafzimmertür blickt. Wenn es sich nicht vermeiden lässt, das Bett auf diese Weise aufzustellen, dann muss die Tür so eingehängt werden, dass der Blick bei ihrem Öffnen nicht sogleich auf das Kopfende fällt. Es kann äußerst unangenehm sein, wenn ein Mitglied des Hauses, ein Kind oder ein Gast die Tür in einem ungeeigneten Augenblick öffnet.

Über dem Bett, insbesondere im Kopfbereich, dürfen sich keine freiliegenden Balken oder Winkel befinden. Unsere Vorfahren, die in malerischen Fachwerkhäusern wohnten, in denen es zahlreiche sichtbare Balken gab, besaßen die Weisheit in mit einem Baldachin versehenen Betten zu schlafen, der die störenden Balken vor Blicken verbarg. In Regale und Schrankwände eingebaute Betten geben dem Schläfer das Gefühl, direkt unter einer Guillotine zu liegen. Da Spiegel stimulierend wirken, verhindern sie die ersehnte Ruhe im Schlafzimmer und sollten wenigstens vom Bett aus nicht sichtbar sein. Die Chinesen sagen, die Seele verlasse den Körper beim Schlafen, erschrecke sich, wenn sie ihr Spiegelbild in einem Spiegel sehe, und verursache dann Albträume. Ist zum Ankleiden oder zum Schminken ein Spiegel im Schlafzimmer erforderlich, dann wäre ein kippbares Exemplar gut, damit man es vom Bett aus nicht sieht. Befindet sich im Schlafzimmer ein Einbauschrank mit Spiegeltüren, dann sollte nachts ein leichter Musselinvorhang vorgezogen werden. Notfalls können auch erst einmal Tüllgardinen an Vorhangstangen mit Saugnäpfen angebracht werden.

Abschließend sei noch gesagt, dass das Schlafzimmer hauptsächlich zum Schlafen und der Liebe dient. Gegen ein oder zwei Bücher auf dem Nachttisch, mit denen der Geist vor dem Einschlafen zur Ruhe gebracht wird, ist nichts einzuwenden, doch darf es im Schlafzimmer nicht wie in einem Buchladen aussehen. Auch sollte es nicht mit der Arbeit dienenden Dingen, mit Computeranlagen oder Fitnessgeräten angefüllt sein.

Selbstverständlich kann man in Einzimmerappartements solche Ratschläge nicht berücksichtigen. In diesem Fall ist es sinnvoll, die einzelnen Bereiche klar abzugrenzen. Anfangs, als ich gerade nach London gezogen war, hatte ich nur ein möbliertes Zimmer, in dem ich Klavier spielen, mir meine Mahlzeiten zubereiten, meine Anziehsachen waschen und mich um die Blumen auf dem Fensterbrett kümmern konnte – alles vom Bett aus. Doch wenn der vorhandene Raum es zulässt, dann sollten sich nur die wirklich notwendigen Dinge im Schlafzimmer befinden.

Das Arbeitszimmer

Falls im Haus ein Raum für ein eigenes Arbeitszimmer vorhanden ist, muss sorgfältig auf die Platzierung von Schreibtischen und anderen Büromöbeln geachtet werden. Für das Arbeitszimmer im häuslichen Bereich gelten die gleichen Richtlinien wie für den Arbeitsplatz im Büro. Häufig ist es jedoch schwierig, zu Hause einen geeigneten Platz für die Büroarbeit und zum Lernen zu finden, vor allem wenn es sich um die Zimmer schulpflichtiger Kinder handelt. Muss der Schreibtisch im Schlafzimmer stehen – und dies darf nur bei Platzmangel der Fall sein –, dann sollte man unbedingt darauf achten, den Lern- und Schreibbereich vom Schlafbereich genau abzugrenzen, eventuell indem man die jeweilige Umgebung unterschiedlich gestaltet. Dies könnte beispielsweise mit verschiedenen Postern geschehen, wobei jene im Bettbereich entspannender wirken sollten. Bücher und Ordner müssen so untergebracht werden, dass man sie beim Aufwachen nicht gleich als Erstes sieht.

Fünftes Kapitel:

Das Glück eines zufrieden stellenden Lebens

*Zufriedenheit ist der Lohn eines aktiven
und tugendsamen Lebens.*

Vor 50 Jahren gab ein mutiger Verlag (Oxford University Press) ein mehrbändiges Werk über die Geschichte der Musik von ihren Anfängen bis zum 20. Jahrhundert heraus. Um dem Text Leben einzuhauchen, gab es zu den Büchern einige Schallplatten. Die erste Platte dieser Sammlung enthielt alte, orientalische Musik, darunter auch ein chinesisches Stück mit dem unnachahmlichen Titel »Das Klimpern eines älteren Herren in einem kultivierten Rauschzustand«.

In alten chinesischen Schriftstücken wurde die Zeit des Sonnenuntergangs, wie wir an anderer Stelle bereits gesehen haben, durch eine Weinflasche symbolisiert, denn dies war der Augenblick, da der Arbeiter sein Werkzeug aus der Hand legen und sich bei Wein und Musik entspannen durfte. Beides betrachtete man in China als angemessenen Zeitvertreib für einen Herrn. Doch wie bei allem im Leben empfand man auch hier das Maß als den Schlüssel zum wahren Vergnügen. Nach einem kultivierten Rauschzustand zu trachten, war durchaus akzeptabel, Trunkenheit jedoch keineswegs. Der böse Kaiser Zhou, der letzte Herrscher der Shang-Dynastie (16. bis 11. Jahrhundert v. Chr.), hatte einen Weinsee in seinem Palast, wo er junge Männer und Mädchen nackt herumtollen ließ und sie dabei beobachtete – eine Tatsache, die häufig angeführt wird, um seine ausschweifende Lasterhaftigkeit zu dokumentieren. Als die Dynastie gestürzt wurde, erließ der Fürst von Wu ein Gesetz, das es den Menschen verbot, sich zusammenzufinden, um sich zu betrinken. Andererseits finden sich in den Annalen der chinesischen Geschichte zahlreiche Weise und Dichter, die für ihre Trunkenheit wie für ihr literarisches Genie gleichermaßen gepriesen wurden.

Die Freuden der Musik

Was nun die Musik betrifft, so wird sie von den Chinesen als »Freude des Klangs« bezeichnet. Die Werke des Konfuzius sind voll von Bemerkungen zur Musik, und lange Abschnitte des *Liji*, dem »Buch der Riten«, beschäftigen sich ausschließlich mit der angemessenen Verwendung von Musik zu bestimmten Zeremonien.

Nicht alle Musik empfand man für wichtige und ernste Gelegenheiten als geeignet, darin stimmen die damaligen Kommentatoren mit den heutigen überein. Manche Musik war sinnlich und verführerisch, so etwa die Lieder, die von den Damen in den Freudenhäusern unzweideutigen Rufs gesungen wurden. Andere wirkte weich und zerbrechlich, mehr geeignet für Menschen mit einem femininen Wesen. Wieder andere war monoton und daher lästig. Und schließlich gab es auch damals schon wie heute solche, die sich lediglich durch ihre Lautstärke und ihren schrillen Klang auszeichnete. Doch als sich Konfuzius einmal im Königreich Qi (das heutige Qinan) aufhielt, da hörte er Musik, die war so schön, dass er drei Monate lang kein Fleisch aß. »Ich hätte nicht gedacht, dass die Musik eine solche Höhe erreichen könne«, äußert er sich in den *Lunyu* (VII, 13).

Doch was den Ohren des einen Musik ist, hört sich für den anderen disharmonisch an. Im Laufe der Jahrhunderte hat sich immer die ältere Generation darüber beklagt, dass die Musik der Heranwachsenden nichts als Kakophonie und Krach ohne jegliches Einfühlungsvermögen ist. Dies gilt heute wie schon zu Konfuzius' Zeiten: »›Musik‹ heißt es: wahrlich, heißt das denn Glocken und Pauken?« beschwert er sich einmal in den *Lunyu* (XVII, 11). Doch selbst Glocken und Pauken sind besser, als gar keinen Sinn für Musik zu haben. Als Shakespeare im *Kaufmann von Venedig* vermutete, ein Mann, der keine Musik in sich trage, sei fähig zu Verrat, Ränkespiel und Gewinnsucht, da wusste er wohl kaum, dass er damit in Konfuzius' Horn stieß: »Ein Mensch ohne Menschenliebe, was hilft dem die Musik?« (*Lunyu* III, 3)

Die Musik ist eine außerordentliche Kunst. Anders als die Malerei, Grafik oder Bildhauerei ist sie keine Übertragung der tatsächlichen Welt. An einem Gemälde bewunderte man, wenigstens bis zum Aufkommen der Fotografie, das Geschick, mit dem die Wirklichkeit wiedergegeben wurde; und selbst die abstraktesten Maler wie Mondrian und Jackson Pollock brachten Werke hervor, denen Bewunderung für die Verwendung von Formen und Farben zuteil wurde – Merkmale, die jederzeit überall auf der Welt anzutreffen sind. Doch bei der Musik verhält es sich anders. Musik stellt eine fortgesetzte Aneinanderreihung von auf-

und absteigenden Tönen dar, die hervorzubringen allein der Mensch fähig ist.

Musik mit einem regelmäßigen Rhythmus lädt die Menschen zum Tanzen ein. Lautstarkes Trommeln kann die Zuhörer zur Gewaltausübung veranlassen: Die meisten Kulturen kennen irgendeine Form von Kriegstanz und -musik. Melodien von großer, rauschender Tonfülle können im Zuhörer Traurigkeit auslösen. Wohl bekannte Musikstücke veranlassen den Zuhörer zum Mitsummen; für jemanden, der ein solches Konzert oder eine Oper still genießen möchte, kann die Gegenwart eines solchen begeisterten Mitsängers sehr nervenaufreibend sein. Konfuzius hatte ebenfalls Freude am Singen. »Wenn der Meister mit einem Mann zusammen war, der sang und es gut machte, so ließ er ihn sicher wiederholen und sang das zweite Mal selber mit«, heißt es in den *Lunyu* (VII, 31). Leider wissen wir nicht, welche der 100 Lieder, die Konfuzius in dem von ihm herausgegebenen *Shijing*, dem »Buch der Lieder«, sammelte, er am liebsten mochte.

Eine bestimmte Art von Musik wird mit religiösen Zeremonien und Ritualen in Verbindung gebracht, seien diese nun Hochzeiten, Beisetzungen oder große Staatsereignisse. Musik übernimmt häufig die Funktion, eine Gemeinde in einem Gottesdienst zu vereinen. Ein gemeinsames Singen der Gemeinde gibt es im Gottesdienst jeder Glaubensrichtung ebenso wie ausgebildete Chöre, Sänger, Musiker und oft sogar auch Tänzer.

Manche Seelsorger bevorzugen Musik untersten Niveaus, um so viele Menschen wie möglich anzuziehen, und bedienen sich somit der mathematischen Formel des kleinsten gemeinsamen Nenners. Doch erfüllt dies seinen Zweck als Opfergabe an den Himmel? Nicht nur die Theologen der christlichen Kirchen schlagen sich mit dieser Frage herum.

Vor mehr als 2000 Jahren war Konfuzius gewillt, Lieder zusammenzustellen und herauszugeben, die er als Opfergabe an den Himmel für würdig befand. Musik ist derart abstrakt, dass die Vollkommenheit der Harmonie, die Konstruktion einer Melodie, die Schönheit des Klangs den Himmel erreichen, gerade weil sie jenseits irdischer Vorstellung sind. Das ist der Grund, warum bei religiöser Musik jeden Glaubens nur Vollkommenheit genügt.

Zwar kann man ein Musikstück analysieren und auf der Basis seiner Übereinstimmung mit bestimmten Regeln bewerten, doch gibt es nichts, womit man erklären könnte, warum ein Musikstück dem Ohr so angenehm ist und ein anderes lahm und leblos erscheint. Wenn ich als Kind Klavier übte und meine Musik zu schwunglos klang, dann ermahnten mich meine Eltern mit den Worten: »Leg mehr Ausdruck in dein Spiel!« Doch woher kommt dieser zusätzliche »Ausdruck«?

Da ich mich zumindest in meiner Jugend intensiv mit Musik beschäftigt habe, ist es mir unmöglich, Musik zu hören, ohne sie auch zu analysieren. Das macht mir manchmal Spaß, manchmal aber auch nicht. Ich mag es nicht, wenn Musik im Hintergrund spielt. Wenn das Musikstück es wert ist, angehört zu werden, dann sitze ich gerne nur da und höre aufmerksam zu, erfreue mich an der Melodie, der Klanglichkeit, dem Kontrapunkt und an der Interpretation. Wenn Musik das Zuhören lohnt, dann sollte sie mit Respekt behandelt werden. Natürlich gibt es Musik, die man zwar hört, aber nicht anhören würde; solche Musik ist Hintergrundmusik. Jeder, der schon einmal am Telefon warten musste und dabei die immer gleiche Melodiefolge vorgedudelt bekam, weiß, wie sich solche Musik anhört und kennt den Unterschied zwischen ihr und richtiger Musik.

Manche Menschen können Stille nicht ertragen und

brauchen Hintergrundmusik bei allem, was sie tun. Warum haben viele heutzutage so viel Angst vor der Stille oder fühlen sich durch sie unangenehm berührt? Können sie es nicht aushalten, mit ihren Gedanken allein zu sein? In den Zwanzigerjahren des vergangenen Jahrhunderts war man noch auf Grammophone beschränkt, die aufgezogen werden mussten, und ein Musikstück dauerte daher kaum mehr als fünf bis zehn Minuten. Im Zeitalter der technisch möglichen ständigen Musikberieselung wird man nun fast ununterbrochen mit einer Musik beschallt, die das Klangvergnügen eines anderen Menschen ist. Zwischen Hörkonserve und Live-Musik besteht ein spürbarer Unterschied. Umherziehende Musiker mögen von unterschiedlichster Begabung sein, dennoch ist die Musik eines aufstrebenden Laien fast immer einem im Studio aufgenommenen Stück vorzuziehen. Manchmal ist die Qualität dessen, was Straßenmusiker zu bieten haben, erstaunlich gut. Doch liegt dies leider häufig daran, dass professionelle Musiker auf diese Weise ihre Existenz sichern, nachdem sich ihre Orchester aufgelöst haben – letztlich ein Symptom des alles durchdringenden Einflusses von aufgenommener Musik. Jedes Theater und jede Bühne, und sei es noch so klein, hatte früher ein eigenes Orchester im Graben; nun werden Live-Musiker häufig durch Musikkonserven ausgebootet. Die Qualität mag die allerbeste sein, weil jedoch menschliches Können und Begabung nicht sichtbar werden, fehlt aufgenommener Musik die einmalige Spannung und Lebendigkeit, die letztlich aller Musikkunst eigen ist. Es ist, als sehe man ein Fußballspiel oder einen anderen sportlichen Wettkampf im Fernsehen an, dessen Ergebnis man bereits kennt.

Konfuzius wusste, welche Bedeutung regelmäßiges Üben hat. Er hob hervor, dass gutes Benehmen nichts von der Art ist, mit dem man aufwarten kann, wenn es einem gerade in den Sinn kommt, und verglich es mit der Fähigkeit, ein Musikinstrument zu spielen: »Wenn der Edle drei Jahre lang keine Riten befolgt [sich keines guten Benehmens befleißigt], so verderben die Riten sicher. Wenn er drei Jahre lang keine Musik ausübt, so geht die Musik sicher zugrunde.« (*Lunyu* XVII, 21)

Man darf niemals davon ausgehen, dass jeder Hintergrundmusik haben will. Vor ein paar Jahren betrat ich mit drei Kollegen ein ansonsten leeres Lokal, um dort zu essen und über Geschäftliches zu reden. In dem Restaurant war es still, und das kam unseren Bedürfnissen sehr entgegen. Doch sobald wir uns gesetzt und es uns bequem gemacht hatten, stellte der Kellner die Hintergrundmusik an. Unser Wunsch, sie bitte wieder abzustellen, überraschte ihn. Nach einer Weile betrat eine weitere Gruppe das Lokal und setzte sich an einen Tisch. Wieder stellte der Kellner die Musik an. Wir sahen zu den Neuankömmlingen und stellten fest, dass die Beschallung auch sie hatte zusammenzucken lassen. Wie wir zogen sie es vor, ihre Mahlzeit zu sich zu nehmen, ohne dabei von Musik gestört zu werden. Kürzlich hat in England eine Hotelgruppe eine Gaststättenkette neu eröffnet, deren Hauptreiz darin besteht, dass es in ihnen keine Musikanlagen, Musikautomaten oder Karaoke-Nächte gibt – nur Gastlichkeit, Getränke und Gespräche.

Musik hat ihren angestammten Platz. Sie kann eine Opfergabe an den Himmel sein, den Rahmen einer feierlichen Zeremonie bilden, eine Einladung zu geselliger Heiterkeit abgeben, Vaterlandsliebe oder Leidenschaft auslösen oder um ihrer selbst willen genossen werden. Die Schwierigkeit besteht jedoch darin zu wissen, welche Art Musik der jeweilige Anlass verlangt.

Die Freuden des Weinbechers

In einem chinesischen Sprichwort heißt es: »Die Freuden des Weinbechers verlangen, dass man ihn rechtzeitig beiseite stellt; so wie ja auch die noch nicht ganz erblühte Blume die schönste ist.« Die Freuden des kultivierten Rauschzustands, die dem Geist Flügel verleihen und Vorbehalte zerstreuen, sind verloren, wenn die Grenze der Schicklichkeit überschritten wird. Zwar gibt es viele chinesische Trinkspiele, doch werden diese privat abgehalten, wo sich die Freunde im Haus des Gastgebers um den unglücklichen Verlierer kümmern können, statt ihn sich selbst zu überlassen oder hinaus auf die Straße zu werfen. Bis zur Bewusstlosigkeit zu trinken, wird als komisch empfunden, doch wäre es nicht richtig, einen Freund in der Öffentlichkeit zu demütigen.

Früher war es Sitte, nur dann zu trinken, wenn man zugleich auch aß, aber nur zu Fleisch und pikanten Gerichten und nicht zu Reis. Europäer, die bei Chinesen zu Gast sind, finden es vielleicht merkwürdig, dass der Reis nicht mit dem Fleisch und den übrigen Gerichten serviert wird. Stattdessen wird er am Ende eines Mahls aufgetragen für den Fall, dass es nicht ausreichend sättigend war. Doch sobald der Reis auf dem Tisch steht, entfernt der Gastgeber den Wein, da der gleichzeitige Genuss von Wein und Reis als ungesund empfunden wird.

Die vielleicht früheste Beschreibung eines chinesischen Festessens ist in einem der Gedichte in Konfuzius' *Shijing* wiedergegeben. Es wird König Wu zugeschrieben, einem der Begründer der Zhou-Dynastie (11. Jahrhundert bis 221 v. Chr.). Es heißt, der König sei früher ein leidenschaftlicher Weintrinker gewesen, habe sich jedoch gebessert und dann auf die Maßlosen herabgeblickt. Das Lied stellt kultiviertes Benehmen von Gästen eines zeremoniellen Mahls jenem gegenüber, das die Gäste eines weniger formellen Anlasses zur Schau stellen. Dem Gedicht ist zu entnehmen, dass das Festmahl nicht nur von Musik (Flöten, einer Art Mundorgel und Schlaginstrumenten) begleitet war, sondern dass auch ein Bogenschützenwettbewerb dazugehörte, dessen Verlierer eine bestimmte Menge Wein trinken musste. Das Festmahl endete mit einer formellen Beglückwünschung, Späßen, dem Austausch höflicher Freundlichkeiten und einem als Abschluss herumgereichten »Friedensbecher«.

Doch das Gedicht geht auch auf die ausgelasseneren Details ein. »Als die Gäste sich setzten, befleißigten sie sich zunächst eines milden und respektvollen Gesichtsausdrucks«, teilt uns das Lied mit. Aber das bleibt nicht lange so. Es wird zu viel getrunken, und die Gäste verlassen ihre Plätze und springen umher. Zunächst ist das Tanzen der Gäste noch zahm. Doch dann trinken sie noch mehr und »verabschieden sich von der Tugend«. Das Gedicht schließt mit dem Rat: »Wenn bereits drei Becher genug sind, um dich betrunken zu machen, warum dann noch mehr trinken?«

Die sieben Gelehrten im Bambushain

Ein beliebtes Thema chinesischer Maler sind die sieben Gelehrten im Bambushain, die im 3. Jahrhundert lebten. Sie werden in Lumpen gekleidet dargestellt und mit zerzausten Haaren. Dennoch betrachtete man sie als Genies. Einer dieser fröhlichen Herren war berühmt dafür, dass er nie ohne einen großen Krug Wein und einen Totengräber reiste, damit man ihn, sollte er jemals so viel trinken, dass er tot umfiele, sofort begraben konnte, noch bevor er wieder nüchtern wurde. Ein anderer der Gruppe behauptete, er wolle ohne Sarg beerdigt werden, damit sein Körper sich in Ton verwandle und damit das Material für die Herstellung eines Weinkrugs abgab. Doch der berühmteste der Gefährten war Liu Ling (265 bis 280), dessen Berühmtheit auf seinem Klassiker über das Trinken beruht. Er macht Vorschläge, wie man sich auf angenehme Weise betrinken kann, ohne langweilig zu sein. Wenn man einen Trinkspruch ausbringt, dann soll man dabei singen. Wenn man sich verabschiedet, dann macht angemessene Musik den Geist hart. Im Schnee zu sitzen, macht es leichter, die eigenen Gedanken zu lenken. Andere gute Ratschläge warnen davor, sich betrunken Zugluft auszusetzen, da dies Anfälle bewirken kann, in der Sonne zu liegen, da sonst ein Sonnenstich die Folge ist, oder im Morgentau zu liegen, da man sonst damit rechnen muss, an Rheuma zu erkranken. Er meint außerdem, dass man Furunkel bekommt, wenn man sich kaltes Wasser ins Gesicht spritzt, um schnell wieder nüchtern zu werden, und dass Baden nach dem Trinken zu Blindheit führt. Möglicherweise steht hinter dieser Argumentation die Vorstellung, dass es besser ist, auf natürliche Weise wieder nüchtern zu werden, als den Körper mit Schocks zu quälen. Wahrscheinlicher ist jedoch, dass man einfach betrunken bleiben wollte.

Die Lehrgeschichte von der Dame Yang Gui Fei

In der Regel scheint Trinken und Zechen eine Domäne der Männer gewesen zu sein. Doch gibt es immerhin die berühmte Geschichte von der »betrunkenen Königin«. Der

Titel der Geschichte ist ein wenig irreführend, da sich die Dame nur ein einziges Mal dem Rausch hingab, dies jedoch mit katastrophalen Folgen.

Kaiser Xuan Zong war einer der größten Herrscher in der Zeit der Tang-Dynastie (618 bis 907). Doch was als glanzvolle Periode in der chinesischen Geschichte begann, endete in Schande. Xuan Zong regierte von allen Mitgliedern der Tang-Dynastie am längsten: von 713 bis 756. In dieser Zeit entwickelten sich Literatur, Kunst, Wissenschaft, Philosophie und Religion zu großer Blüte. In seiner Hauptstadt Chang An empfing der Kaiser Botschafter aus Griechenland, Persien, Arabien, Korea und Japan. Zu dieser Zeit kam die Dame Yang Gui Fei an den Hof. Traditionell wird sie den vier großen Schönheiten Chinas zugerechnet. Zwar entstammte sie einer unbedeutenden Familie, doch ihre Schönheit und besonderen Talente reizten einen der zahlreichen Söhne des Kaisers, und im Jahr 735 wurde sie eine seiner Konkubinen. Drei Jahre später entschied Kaiser Xuan Zong, die Dame Yang Gui Fei gegen eine seiner Konkubinen einzutauschen.

Der Kaiser war so vernarrt in seine neue Geliebte, dass er ihr den Titel »Tai Chen« verlieh, den Namen der Tochter einer der verehrtesten Göttinnen im daoistischen Pantheon. Die Dame stieg rasch zu großer Macht auf und war der Kaiserin fast gleichgestellt. Schon bald verschaffte sie vielen ihrer Familienmitglieder Stellungen bei Hofe. Der Reichtum und die Gier dieser Familie wuchsen, und das Land wurde auf der Suche nach Edelsteinen, kostbaren Seidenstoffen und Geschenken ausgeplündert, damit die Dame Yang Gui Fei und ihre Familie den neuen Lebensstandard aufrechterhalten konnten. Yang Gui Fei war vor allem Litschis zugetan. Kuriere wurden täglich ausgeschickt, um die Früchte aus dem Süden der Hauptstadt zu holen. Da die

Früchte frisch sein mussten, starben viele der Kuriere an Entkräftung bei dem Versuch, sie rechtzeitig abzuliefern.

Die Saat der Zerstörung aber lag in Yang Gui Fei selbst. Der Kaiser hatte an seinem Hof einen tatarischen General, dem er sein Vertrauen schenkte. Obwohl einige Autoren diesen An Lushan als dick und nichts sagend beschreiben, empfand die Dame Yang Gui Fei ihn offenbar als äußerst attraktiv. Sie teilte dem Kaiser mit, dass sie ihn als ihren Sohn adoptieren würde, und der Kaiser stimmte zu. Als der Kaiser jedoch später bemerkte, dass An Lushan seine Konkubine anstarrte, als diese nackt badete, verbannte er den General von seinem Hofe. Damit besiegelte Xuan Zong seinen Untergang. Kurze Zeit nachdem der tatarische General den Hof verlassen hatte, erhielt der Kaiser die Nachricht, dass eine seiner früheren Favoritinnen im Sterben lag. Reuevoll ging der Kaiser zu ihr, um mit ihr ihre letzten Stunden zu verbringen, und musste hierzu die Dame Yang Gui Fei vorübergehend sich selbst überlassen. Ungeduldig wartete die Dame auf des Kaisers Rückkehr und begann schließlich zu trinken, um sich die Zeit zu verkürzen. Als sie betrunken war, entschied Yang Gui Fei, sich der Gunst eines der kaiserlichen Diener zu erfreuen.

Inzwischen hatte der General An Lushan dafür gesorgt, dass der gesamte kaiserliche Hof der Korruption verfiel, und löste damit 756 v. Chr. eine Palastrevolte aus. Die Armeen des Kaisers, die eine Niederlage voraussahen, schlossen sich den Aufständischen an und massakrierten gemeinsam mit ihnen die verhasste Familie der Dame Yang Gui Fei. Der Kaiser, der nicht wollte, dass die Massen seiner Geliebten ein grausames Ende bereiteten, befahl seinem Minister Gao Lizi, sie mit ihrem eigenen Schal zu erdrosseln.

Die acht Unsterblichen des Weinbechers

Während sich Kaiser Xuan Zong seinen Exzessen hingab, kam einer der gefeiertsten Dichter Chinas an seinen Hof: Li Bo (701 bis 762), ein entfernter Verwandter der kaiserlichen Familie aus Sichuan. Li Bos Mutter behauptete, dass sie während seiner Geburt vom Geist des großen weißen Planeten (der Venus) erfüllt worden war, deshalb wird Li Bo manchmal auch als der »große weiße« Dichter bezeichnet. Als er an den Hof des Kaiser kam, genoss er bereits großes Ansehen. Ein Beamter war so beeindruckt von seinen Versen, dass er in Li Bo einen »auf die Erde verbannten Unsterblichen« sah. Rasch wurde er vor den Kaiser geführt. Da Xuan Zong sich von den Versen des Dichters so gut unterhalten fühlte, ließ er ihm seine eigene Mahlzeit reichen. Außerdem versorgte er ihn reichlich mit Alkohol, dem Li Bo gerne zusprach. Dann befahl er der Dame Yang Gui Fei, Schreibutensilien für den Dichter zu holen, und seinem Minister Gao Lizi, Li Bo die Schuhe auszuziehen. Es ist nicht überraschend, dass diese beiden sich nicht gerne zu Dienern eines fahrenden Sängers machen ließen und jedes weitere Zusammentreffen Li Bos mit dem Kaiser nachdrücklich unterbanden.

Von da an führte Li Bo ein Wanderleben und verfasste Gedichte meist über die Freuden des Weintrinkens und die Schönheiten der Orte, die er auf seinen Wanderungen besuchte. Von ihm stammt der Spruch: »Drei Becher Weins erschließen das Dao; ein Besäufnis bezwingt tausend Sorgen.«

Die nachfolgende Übersetzung seines Gedichts »Ein Frühlingstag« vermittelt eine Vorstellung von der Thematik, vermag jedoch die Schattierungen der Poesie, die Wortwahl, den Rhythmus oder die Reime nur andeutungsweise wiederzugeben:

Das Leben ist ein Traum: Wozu also beten?
Besser ist's, den lieben langen Tag zu trinken und zu dösen.
Zwischen den Blumen ertönt das Lied eines Vogels.
»Ist's Morgen oder Abend«, frag ich. Er ruft: »'s ist Frühling!«
Wie schön doch der Tag ist. Noch ein Becher Wein!
Wir wollen uns betrinken, bevor der Mond aufgeht.

Li Bo gehörte einer Gruppe berühmter Dichter an, denen ihr Schaffen den gemeinsamen Titel »Die acht Unsterblichen des Weinbechers« einbrachte. Eines Abends saßen Li Bo und seine Dichterfreunde auf einem Hügel oberhalb des Flusses Yangzi in der Nähe von Nanjing. Als Li Bo das Spiegelbild des Mondes im Wasser sah, versuchte er ihn zu umarmen, fiel ins Wasser und ertrank in der Flüssigkeit, die er sein Leben lang so sorgsam vermieden hatte.

Die Freuden des Teetrinkens

»Die erste Tasse Tee befeuchtet meine Lippen und meine Kehle.«

Die Katastrophe, die über den Hof von Kaiser Xuan Zong hereinbrach – und über seinen gefeiertsten Dichter –, hätte vermieden werden können, wenn es sich bei ihrem Lieblingsgetränk um die bemerkenswerte chinesische Erfindung, den Tee, gehandelt hätte. Während Wein in China das bevorzugte Getränk ausgelassener Gesellschaften ist, wird Tee mit ruhigem Nachdenken in Verbindung gebracht. Teehäuser sind Orte der feinen Konversation. In großen chinesischen Gärten steht immer ein Teepavillon, und in jedem chinesischen Hotelzimmer besteht die Möglichkeit der Teezubereitung. Selbst im Zug wird unermüdlich Tee aus großen Kannen angeboten mit dem Ziel, die Tassen der Reisenden mögen immer gefüllt sein. Das Teetrinken ist geradezu ein Synonym für die chinesische Kultur, Tee das Nationalgetränk der Chinesen.

Obgleich das Teetrinken in China so allgemein verbreitet ist, stellt es dennoch eine relativ neue Sitte dar und lässt sich in der chinesischen Geschichte nur etwa 1500 Jahre zurückverfolgen. Zu Konfuzius' Zeiten kannte man Tee noch nicht.

»Die zweite durchbricht meine Einsamkeit.«

Aus dem 1. Jahrhundert n. Chr. stammt die Beschreibung eines Teegetränks namens »tu«. Ein paar Jahrhunderte später meint der Autor Hua Tuo, *tu* lässt den, der ihn trinkt, besser denken. Es lässt sich nicht feststellen, ob *tu* mit dem Tee, wie wir ihn heute kennen, identisch ist. Das moderne chinesische Wort für Tee, *cha*, kam erst im 6. Jahrhundert auf. Der Teestrauch (*Camellia sinensis*) gehört zur Familie der Kamelien und wuchs bis in die Zeit der Tang-Dynastie (618 bis 907) wild. Als die Kultivierung der Teepflanze begann, wurde Tee als Genussmittel besteuert.

Der Teestrauch bildet immergrüne, lanzettenförmige Blätter aus, deren Blattknospen und folgende zwei bis drei junge Blätter in China im April, dann wieder im Mai und später im Jahr noch ein drittes Mal gepflückt werden. Die dritte Pflückung ergibt jedoch lediglich einen Tee minderer

Qualität. Das Erntegut lässt man zunächst welken, trocknet es dann kurz in großen eisernen Pfannen und dann noch einmal an der frischen Luft. Die drei Teesorten schwarzer Tee, »gelber« Oolong und grüner Tee unterscheidet man nach dem Grad ihrer Fermentation, wobei schwarzer Tee stark, Oolong leicht und grüner Tee gar nicht fermentiert ist. Fermentation bedeutet, dass die Teeblätter einem Gärprozess unterworfen werden. Diese verschiedenen Handelssorten werden nach ihrer Blattqualität unterschieden und eingestuft. Allgemein kann man sagen, je kleiner das Blatt, desto geringer die Qualität.

In Ländern wie Russland, der Mongolei und Tibet bevorzugt man so genannten »Backstein- oder Ziegeltee«. Da es in großen Höhen schwierig ist, Wasser zum Kochen zu bringen und somit Tee mit dem üblichen Blatttee zuzubereiten, verwendet man den zu Tafeln gepressten abgesiebten Teestaub, indem man ihn bröckchenweise in heißem Wasser auflöst. In Tibet zum Beispiel trinkt man diesen Tee stark gesüßt und mit Butter versetzt. Das Getränk ist dann sehr dickflüssig und erinnert fast an nach Tee schmeckende Sahne.

»Die dritte Tasse Tee gelangt zu meinen trockenen Eingeweiden.«

Es scheint unglaublich, dass die Reisebeschreibungen des Marco Polo (1254 bis 1324) Tee nicht erwähnen. Gelegentlich hat man dies als Beweis dafür genommen, dass Marco Polo nie wirklich in China war und dass es sich bei seinen Schilderungen lediglich um Berichte aus zweiter Hand handle. Doch wenn Marco Polo gar nicht selbst nach China gelangte und sich auf die Beschreibungen eines anderen Reisenden stützte, wieso erwähnte dieser dann die landesweite Sitte des Teetrinkens nicht? Hielt er sie nicht für interessant oder wichtig genug? Wenn man diese Vermutung akzeptiert, dann müsste man sie natürlich auch im Fall von Marco Polo gelten lassen, und die Frage, ob der Italiener im 14. Jahrhundert wirklich selbst in China war, ist wieder offen.

»Die vierte Tasse Tee lässt mich leicht schwitzen.«

So wie englische Gärtner sich stark von der chinesischen Gartenkunst beeinflussen ließen, so übernahm man in England auch das Teetrinken und fühlte sich weniger zum Kaffee hingezogen. Seit dem 17. Jahrhundert ist Tee in England äußerst populär und bekommt erst seit relativ kurzer Zeit ernsthafte Konkurrenz durch Kaffee. Traditionell sind Engländer, Schotten, Waliser und Iren große Teekenner, doch unterscheiden sich die von ihnen aufgrund des Geschmacks bevorzugten Sorten von den in China geschätzten. Die Chinesen kennen eine große Sortenbandbreite. Manche von ihnen werden in stark konzentrierten Aufgüssen aus winzigen Schalen genossen, mildere und meist gewöhnlichere Sorten nimmt man in großen Mengen zu sich.

In Deutschland werde ich häufig zum Teetrinken eingeladen, doch ich entscheide mich meist für Kaffee. Ich tue dies aus dem gleichen Grund, aus dem Deutsche in England auf Kaffee verzichten und sich lieber für Tee aussprechen. Im Chinesischen wie im Englischen bezeichnet das Wort »Tee« ein Getränk, das ausschließlich aus den Blättern des Teestrauchs hergestellt wird. Als ich in Deutschland zum ersten Mal Tee angeboten bekam und freudig zustimmte, erhielt ich einen Kräuteraufguss. Ich frage mich, wie es wohl für einen deutschen Freund wäre, wenn ich ihm Kaffee anböte und ihn dann fragte: »Möchtest du lieber Holunder-, Himbeer- oder Maracujakaffee oder doch lieber Kaffee aus wildem Thymian oder aus Ingwer?«

Die Franzosen, die ebenfalls eine Vorliebe für Getränke aus getrockneten Kräutern haben, benennen solche Gebräue mit dem Begriff »tisane«, was eine Verwechslung mit dem Eigentlichen unmöglich macht. Die Chinesen, für die Tee ausschließlich Tee ist, bezeichnen alle übrigen Kräutergetränke als Suppen.

Getrocknete Teeblätter nehmen extrem leicht andere Aromen an. Wenn man also eine Beeinträchtigung des Geschmacks vermeiden möchte, ist es sehr wichtig, Tee in luftdicht verschlossenen Behältnissen aufzubewahren. Earl-Grey-Tee beispielsweise ist mit Bergamottöl parfümiert. Hierzu wird ein Tropfen Bergamottöl auf ein Stück Papier gegeben und auf den Boden des Behälters gelegt, in den anschließend die Teeblätter gefüllt werden. Bis der auf diese Weise zum Versand fertig gemachte Tee sein Ziel erreicht, ist er durchdrungen vom Aroma des Bergamottöls. Am Dock von Greenwich liegt noch immer der Teeklipper »Cutty Sark«, das zu seiner Zeit schnellste Segelschiff. In seinen Frachträumen wurde vor allem Tee transportiert, und obwohl die »Cutty Sark« ihre letzte Reise vor über 100 Jahren absolvierte, kann man noch heute in ihrem Inneren den unverwechselbaren Duft von Tee wahrnehmen.

»Die fünfte Tasse Tee reinigt mich.«

Der große Teeklassiker, das *Chajing*, wurde etwa 780 n. Chr. von Lo Yu verfasst. Darin wird nicht nur die Teezubereitung beschrieben, der Autor geht auch darauf ein, wie man die Freuden des Teetrinkens noch perfektionieren kann. Wenn man in seinem Büro in der Mittagspause Tee aus einem Plastikbecher trinken muss, ist das nicht ideal. Allein Tee zu trinken, ist zu einsam. Ideal ist es, wenn zwei oder drei Personen zum Teetrinken zusammenkommen. Handelt es sich um fünf oder sechs Personen, dann wird Teetrinken zu einer gewöhnlichen Erfahrung; sind es gar acht oder mehr, so gleicht die Situation der in einer Suppenküche. Das *Chajing* empfiehlt, Tee am besten dann zu trinken, wenn man entspannt ist, wenn man sich mit ein oder zwei Freunden an Kunst, Musik oder Dichtung erfreut. Im Freien kann man Tee in einem Pavillon mit Blick auf eine Brücke, einen See oder auf Blumen genießen. Der Abend nach einem großen Festmahl, wenn alle Gäste fort sind, ist ebenfalls ein guter Zeitpunkt für den Teegenuss.

Nicht nur der Zeitpunkt des Teegenusses ist wichtig, sondern vor allem auch die Mittel der Zubereitung. Um den Teeblättern ihr Aroma auf die richtige Weise zu entziehen, benötigt man vor allem einen geeigneten Teepott. Dieser vermeintlich alltägliche Gegenstand stellt in Wahrheit ein äußerst durchdachtes, geradezu wissenschaftliches Gerät dar. Der Teeaufguss besteht im Grunde aus drei Bestandteilen: den Blättern, die ungenießbar sind, der Teeflüssigkeit und einem unangenehm schmeckenden Öl, welches aus den Teeblättern durch das kochende Wasser freigesetzt wird. In Hotels und Gaststätten wird es immer mehr zur Mode, den Tee in kleinen Edelstahlkannen zu servieren. Darin schwimmen für gewöhnlich Teebeutel, die verhindern, dass Teeblätter in die Tasse gelangen. Man nimmt zwar an, dies sei die Hauptursache für die Existenz von Teebeuteln, tatsächlich ist sie jedoch rein wirtschaftlicher Natur: Kleinere Blätter und Teepartikel und damit ein Tee minderer Qualität lassen sich problemlos in kleine Säckchen verpacken und verkaufen. Sie müssen nur einmal einen solchen Teebeutel öffnen und seinen Inhalt mit lose abgepacktem Tee vergleichen, um den Qualitätsunterschied zu erkennen.

Leider ist dies aber noch nicht der einzige Nachteil der Edelstahlkannen. Der klassische Teepott besitzt eine fast S-förmige Tülle, die bereits unten am eigentlichen Corpus ansetzt, und dafür gibt es einen guten Grund. Der Tüllenschwung sorgt dafür, dass die überwiegende Menge der Teeblätter auf dem Kannenboden zurückbleibt, und das tiefe Ansetzen der Tülle verhindert, dass das auf dem Tee schwimmende bittere Öl in die Tasse gelangt.

Teekannen sind schon für sich genommen kleine Kunstwerke. Obwohl es einiger Begabung bedarf, den Corpus und den Griff herzustellen, so ist es doch die Tülle, die wahre Meisterschaft verlangt. Uneingeweihte halten fälschlicherweise oft den Teekessel, in dem das Wasser für den Tee zum Kochen gebracht wird, für den eigentlichen Teepott. Doch Teekessel oder Wasserkocher sind in der Regel eher einfach gehalten und haben meist nur einen Gießrand und nicht einmal eine eigene Tülle. Die Teekannen hingegen, in denen man den Tee zubereitet, sind häufig verziert und verfügen über die bereits beschriebene S-förmige, tief ansetzende Tülle. Ein idealer Teepott ist so beschaffen, dass sich das obere Ende der Tülle, die Auflagefläche für den Deckel und der Griff auf einer Höhe befinden, sodass Tülle, Corpus und Griff, wenn man den Teepott umgedreht auf den Tisch stellt, auf der Tischplatte aufliegen.

»Die sechste Tasse Tee ruft mich in das Reich der Unsterblichen.«

Der wahre Teekenner spricht sich dafür aus, den Tee mit Quellwasser zuzubereiten. Das Wasser darf den Siedepunkt nur eben erreichen, damit die natürlich im Wasser enthaltene Kohlensäure nicht vollständig entweicht und das Wasser keinen schalen Geschmack entwickelt. Einer meiner Freunde, der diese Regel geflissentlich beachten wollte, versuchte einmal Tee mit Wasser zuzubereiten, in dem eben erst die ersten Blasen aufstiegen. Zu diesem Zeitpunkt fing das Wasser natürlich gerade erst an, sich richtig zu erwärmen, und der Freund konnte nicht begreifen, warum der Tee ihm so farblos geriet. Damit das kochende Wasser beim Eingießen in die Teekanne nicht sofort abkühlt, wärmt man erst die Kanne mit etwas heißem Wasser an, gießt es ab und füllt die Teeblätter ein. Dann erst wird der Tee mit kochendem Wasser aufgegossen. Abhängig von der Teesorte kann es erforderlich sein, den ersten Aufguss fortzuschütten, denn zwischen den Teeblättern findet sich für gewöhnlich eine gewisse Menge Staub, von dem man den Tee mit diesem ersten Aufguss reinigt. Nun gießt man zum dritten Mal Wasser in den Teepott, und diesen Aufguss lässt man dann ziehen. Handelt es sich um den Teepott eines Kenners, der aus ziegelrotem oder schokoladenbraunem Ton besteht, dann kann man ein wenig kochendes Wasser über den Deckel gießen. Ist der Deckel abgetrocknet, weiß man, dass der Tee fertig ist. Handelt es sich bei dem Teepott um eine alltägliche Porzellankanne, dann lässt man den Tee ein oder zwei Minuten ziehen, bevor man ihn in die Tassen gießt. Tee sollte man so heiß wie möglich trinken. Wenn man will, kann man die gleichen Teeblätter ein zweites Mal aufgießen, ein drittes Mal ist jedoch nicht zu empfehlen.

Die Chinesen kennen viele verschiedene Teesorten, und Ende des 19. Jahrhunderts gab es noch viele, die heute in Vergessenheit geraten sind. In England kommt in der Kinderpantomime »Aladdin« eine Gestalt namens Widow Twankey vor, deren Name auf eine früher weit verbreitete

Teesorte aus Südchina zurückgeht. Diesen Tee gibt es inzwischen nicht mehr, doch der Name ist geblieben.

Orange Pekoe bezeichnet die Blattqualität des Tees und in diesem Fall die besonders zarten Blätter direkt unterhalb der Blattknospen. Oolong oder Wu Long heißt »schwarzer Drache«. Die Namensgebung wird zurückgeführt auf das Geschöpf, das den Busch angeblich bewachte. Wahrscheinlicher ist jedoch, dass diese Bezeichnung für halb fermentierten Tee auf ein Kunstwort zurückgeht. Pu-erh-Tee dient mehr als Heiltee denn als Erfrischung. Tatsächlich handelt es sich auch gar nicht um wirklichen Tee, sondern nur um eine dem Teestrauch nahe verwandte Pflanze. Er wird in China manchmal nach Tisch gereicht, um die Verdauung zu fördern. Eine weitere Teeart namens Po Lin machte kürzlich als Hilfsmittel beim Abnehmen von sich reden. Obgleich dieser Tee in China als Heiltee anerkannt ist, hat er in Europa bisher nicht mehr Wirkung gezeigt als irgendwelche anderen Hilfsmittel dieser Art.

»Die siebte Tasse Tee – ach, mehr kann ich nicht trinken.«

Der Garten der Glückseligkeit

Die Chinesen sind seit langem für ihre Liebe zum Garten, sowohl zum privaten wie zum öffentlichen, bekannt. Das aus dem 7. oder 6. Jahrhundert v. Chr. stammende *Yijing*, das »Buch der Wandlungen«, enthält in seinem 22. Hexagramm, »Bi/Die Anmut«, wohl die älteste Erwähnung eines Gartens:

Anmut in Hügeln und Gärten.
Das Seidenbündel ist ärmlich und klein.
Beschämung, doch schließlich Heil.

Beschrieben wird hier eine Situation, in der sich ein Mensch aus der Tiefe von Pracht und Luxus zurückzieht auf die Höhen der Einsamkeit (Hügel und Gärten), aber nur ein beschämend kleines Gastgeschenk (das ärmliche, kleine Seidenbündel) mitbringt. Da es jedoch nicht um die äußeren Gaben geht, sondern um die wahre Gesinnung, wird schließlich alles gut.

Auch im *Shijing*, dem von Konfuzius zusammengestellten »Buch der Lieder«, wird auf Gärten Bezug genommen. Viele der über 300 höfischen Festgesänge und lokalen Volkslieder waren bereits sehr alt, als Konfuzius sie in seine Anthologie aufnahm. In einem der Lieder geht es um einen jungen Mann, der heimlich zur Dame seines Herzens zu gelangen versucht, während sie hin- und hergerissen ist zwischen der Sorge, dass er in ihrem Garten alles niedertrampelt, und der Angst, was wohl die Leute sagen, wenn man sie zusammen sieht:

> Herr Zhong, vergeben Sie mir,
> Aber bitte kommen Sie nicht in den Garten,
> Sie zertreten ja die Weiden!
> Die Weiden sind mir gleichgültig,
> Gern würde ich Sie alle Tage sehen,
> Doch was werden meine Eltern sagen?

> Herr Zhong, vergeben Sie mir,
> Aber bitte kommen Sie nicht in den Garten,
> O nein, die armen Maulbeerbäume!
> Zwar sind mir die Maulbeerbäume egal,

Denn gerne würde ich Sie alle Tage sehen,
Aber was werden meine Brüder sagen?

Herr Zhong, vergeben Sie mir,
Aber bitte kommen Sie nicht in den Garten.
O! Das waren meine Kassiabäume!
Zwar mache ich mir keine Sorgen um sie,
Denn gerne würde ich Sie alle Tage sehen,
Aber was werden die Nachbarn sagen?

Es sollten 2000 Jahre vergehen, bevor der berühmteste,
wenn schon nicht der schönste chinesische Garten vom
Qianlong-Kaiser (1736 bis 1796) zwischen 1749 und 1767
in Yuanming Yuan in Auftrag gegeben wurde. Es handelte
sich um den ersten chinesischen Garten, der von einem
Europäer beschrieben wurde, von dem Jesuiten Pater Atti-
ret. Besonders in Erstaunen versetzte ihn die gewollte Unregelmäßigkeit des Gartens, denn statt regelmäßiger Wege
und geometrischer Anordnungen stieß er auf meandernde
Bäche, die mal durch enge Spalten schossen und sich mal in
flachen Becken stauten, auf Steine und Felsen an seinem
Ufer, die jedoch »mit so viel Kunstfertigkeit platziert worden waren, dass dies ein Werk der Natur zu sein schien«.

In seinem Buch »Den Garten der Glückseligkeit teilend«
dokumentiert der Künstler Wang Shimin die große Begabung des gefeierten Landschaftsgestalters Zhang Nanyuan.
Über ein Projekt, an dem der Gärtner seit 1620 arbeitete,
schrieb der Künstler: »Mit all seinen wunderbaren Hainen,
Teichen, Aussichtspunkten und Uferpavillons ist der Garten von ausgezeichneter Schönheit.« Doch die Vollkommenheit wurde nicht gleich beim ersten Anlauf erreicht; der
Garten musste im Verlauf einiger Jahre mehrmals umge-
baut werden.

Der chinesische Garten ist immer eine verkleinerte Abbildung der Natur und unterscheidet sich somit deutlich von den europäischen Gärten französischen oder italienischen Stils mit ihren genau abgezirkelten Blumenrabatten und geometrischen Mustern. Chinesische Gärten kann man sogleich als solche erkennen, und dies nicht nur wegen ihrer malerischen grünen Ziegeldächer und roten Pavillons, sondern insbesondere aufgrund ihrer charakteristischen Landschaftsgestaltung. Die scheinbare Unregelmäßigkeit solcher Gartenanlagen täuscht über ihre sorgfältige Planung und Ausführung hinweg. So wie in die gestickte Schriftrolle des Großen Plans Tintenspritzer eingearbeitet waren, um den Anschein von Unachtsamkeit und damit von Echtheit zu erwecken, so erzeugen chinesische Gärten die Illusion einer spontanen und willkürlichen Entstehung. Die scheinbare Planlosigkeit chinesischer Gärten steht im bewussten Kontrast zum Grundriss und zur inneren Aufteilung chinesischer Gebäude, die in ihrer Anordnung und Beschaffenheit genauen Regeln folgen. Alle Abmessungen, Türen, Durchgänge und auch die Möblierung ist bestimmten Formeln unterworfen.

Doch in die Planung von Gärten fließen keine festen Regeln ein, lediglich ästhetische Gesichtspunkte finden Berücksichtigung. Die Gärtnermeister der vergangenen Jahrhunderte hinterließen zahlreiche Texte, in denen sie die Grundgedanken für die Gestaltung chinesischer Gärten festhielten, doch bei diesen Gärten handelt es sich meist eher um Parkanlagen im Stil der Landschaftsparks, für die einige englische herrschaftliche Anwesen zu Recht berühmt sind. Tatsächlich ist der englische Garten auf dem Lande – und damit sind eben nicht die Vorstadtrasen mit ihren Blumenbeeten und Rosenbüschen gemeint – dem chinesischen sehr viel ähnlicher als jenem in Versailles oder Este.

Die Grundprinzipien chinesischer Gartenkunst lassen sich ebenso auf einen Park von mehreren Hektar Größe wie auf einen bescheidenen kleinen Garten hinter dem Haus anwenden. Wenn ich Freunden Fotos von meinem eigenen kleinen Garten zeige, der voll in Blüte steht, dann erweckt er den Eindruck, so groß wie ein Tennisplatz zu sein, obwohl er in Wirklichkeit doch nur aus ein paar Quadratmetern besteht.

In diesen einleitenden Absätzen habe ich bereits einige der typischen Merkmale chinesischer Gärten erwähnt. Auf den nachfolgenden Seiten sollen die wichtigsten Gesichtspunkte näher erläutert werden, die für den klassischen chinesischen Garten entscheidend sind. Dabei darf jedoch nicht vergessen werden, dass nicht alle Gärten in China »chinesische Gärten« sind, auch wenn die meisten Gärtner in der Regel Lippenbekenntnisse zu den alten Traditionen abgeben. In China gibt es ebenso viele gärtnerische Ungeheuerlichkeiten wie an anderen Orten der Welt, und auch chinesische Städte verfügen über öffentliche Parks und Gärten, die mit auffallenden Statuen und reglementierten Blumenrabatten angefüllt sind und in denen schrille verstärkte Musik den nachmittäglichen Sonntagsspaziergänger unterhält.

Doch dies sind nicht die Gärten, in denen gebildete Chinesen sich aufhalten und verweilen, um die vom Duft der Frühlingsblüten erfüllte Luft einzuatmen oder um die veränderlichen Herbstfarben zu betrachten. Nur wenn ein Garten Sie einlädt, ein wenig zu bleiben, zu meditieren und ein paar Verse eines Gedichts niederzuschreiben, kann es sich um einen echten chinesischen Garten handeln. Denn die echten chinesischen Gärten sind das Produkt eines über die Jahrhunderte exquisit ausgebildeten und geschulten Geschmacks. Sie befinden sich keineswegs alle in China.

Die Gartengestaltung

> 1. Die chinesische Gartenkunst unterscheidet statische
> und bewegliche Gärten.

Die beiden Grundtypen des chinesischen Gartens sind der
statische und der bewegliche Garten. Der statische Garten
ist so beschaffen, dass man ihn nur von einem einzigen Aus-
sichtspunkt betrachten kann, etwa von einer Terrasse oder
einem Balkon aus oder aus einem Fenster des Wohnzim-
mers. So wie der Mond, der viel kleiner ist als die Sonne,
an einem ganz bestimmten Punkt stehen muss, um sie zu
verdunkeln, so können die meist recht kleinen gärtneri-
schen Elemente wie Büsche oder kleine Mauern typische
hässliche städtische Merkmale wie etwa eine Fabrik oder ein
Heizkraftwerk ebenfalls nur von einem Standpunkt aus verbergen. Sobald man den Standpunkt wechselt, werden die
zu versteckenden städtischen Details wieder sichtbar. Das
Ziel des statischen Gartens ist es also, das Blickfeld einzu-
schränken. Die Größe eines statischen Gartens kennt keine
Ober- oder Untergrenze. Er kann aus mehreren Hektar
Parklandschaft bestehen, in dem Statuen, nachgebaute Rui-
nen oder Pagoden verteilt sind. Oder aber er umfasst nur
ein paar Büsche in Töpfen, die strategisch aufgestellt wurden, um einen fernen Müllhaufen zu verbergen.
   Der bewegliche Garten jedoch setzt eine bestimmte
Größe voraus, denn man muss in ihm umhergehen können.
Er darf aber auch nicht so groß sein, dass ein Spaziergang
darin ermüdend wirkt. Die Gelben Berge in der Provinz
Anhui sind mit viele Kilometer langen Wegen und Treppen
durchzogen. Vor ein paar Jahren, als ich mich gerade von
einer Krankheit erholte, wurde für mich eine Führung durch

diese Berge organisiert. Der Blick in Schluchten, Grotten und auf fantastisch geformte Felsen war ohne Zweifel atemberaubend, doch ich hätte die Wanderung nicht genießen können, wenn mir nicht schon zuvor klar gewesen wäre, dass wir für sie den ganzen Tag benötigen würden – wir waren am frühen Morgen aufgebrochen und erreichten unser Ziel erst bei Sonnenuntergang. Auf den letzten Metern dieses unvergesslichen Ausflugs schlängelte sich der Weg durch eine tiefe Schlucht, die einen überwältigenden Anblick bot, und der Blick auf den leuchtenden, gefärbten Abendhimmel und die über den Bergen sinkende Sonne bereitete dem Tag ein beeindruckend glanzvolles Finale.

Andere Wanderer, die gleichzeitig mit uns losgegangen waren, sich jedoch in einem körperlich besseren Zustand befanden als ich, waren schon zwei Stunden vor uns am Ziel eingetroffen. Sie planten, vor dem Sonnenaufgang aufzustehen, um zu beobachten, wie sich die Sonne am Morgen durch den Nebel über die östlichen Hänge schob – der Sonnenaufgang ist ein beliebtes Thema chinesischer Maler. Obwohl ich von der zurückliegenden Wanderung erschöpft war, entschloss ich mich dennoch, es den Enthusiasten gleichzutun. Am Morgen zwang ich mich gegen meinen inneren Widerstand zum Aufstehen, damit ich mich der Gruppe anschließen konnte. Von meinem Fenster aus sah ich, dass sich mehrere der eifrigen Wanderer bereits versammelt hatten und bereit zum Aufbruch waren. Ich beeilte mich mit dem Anziehen. Doch als ich erneut aus dem Fenster blickte, erkannte ich, dass die Gruppe zielstrebig auf die Schlucht zuhielt, in der ich am Vorabend den Sonnenuntergang beobachtet hatte. Mit einem Seufzer kehrte ich zurück in mein Bett.

Der typische Garten besteht aus einem rechteckigen Grundstück hinter dem Haus, der an drei Seiten von Zäunen umgeben ist. Die Versuchung ist groß, an das Ende des Grundstücks ein paar Bäume zu setzen, ein paar Kletterpflanzen an den Zäunen zu verteilen und eine große Rasenfläche in der Mitte am Rand mit Blumenbeeten zu umgeben. So gibt der Garten auf monotone Weise alles auf den ersten Blick preis. Er verfügt über keine interessanten Merkmale, die neugierig machen; er besitzt kein Geheimnis, keine versteckten Wege oder verborgenen Plätzchen.

Der Garten muss mit Mauern, Hecken oder ähnlichen Hilfsmitteln aufgeteilt werden, damit Teile des Gartens dem ersten Blick verborgen bleiben und Spannung erzeugt wird. Der Einwand des Gartenbesitzers läuft für gewöhnlich darauf hinaus, dass aus einem bestimmten Grund – als Picknick-, Tennis- oder Spielplatz – eine große Fläche benötigt wird. Dahinter steht letztlich die Frage, ob man einen solchen Vielzweckplatz oder eben einen Garten haben will. Falls die Antwort »beides« lautet, dann muss das Grundstück geteilt werden. Ob die vordere oder die hintere Fläche dem Garten zugesprochen wird, hängt davon ab, welche Bedeutung man der Nutzfläche einräumen will. Soll der Garten vor allem als Möglichkeit des Rückzugs genutzt werden, dann muss er sich hinter der Nutzfläche befinden. Diese Aufteilung ist vor allem dann sinnvoll, wenn es in der Familie kleine Kinder gibt, für deren Spiel die offene Fläche gedacht ist, und die Mutter ein Auge auf die Kinder haben will, während sie selbst im Haus beschäftigt ist.

> 2. Auch wenn der Garten künstlich geschaffen wird, er soll natürlich aussehen.

Ein sich selbst überlassenes Stück Land entwickelt sich zu einem Unkrautfeld, in dem die stärksten Pflanzen die schwächeren erdrücken. Die vorhandenen interessanteren Gewächse würden zwangsläufig von den für den Überlebenskampf besser gerüsteten überragt. Folglich entfernt der Gärtner in der Regel die unerwünschten Pflanzen und bewahrt jene, deren Formen, Farben, Düfte und möglicherweise sogar Geschichten ihm unter ästhetischen Gesichtspunkten am besten gefallen. Einige Pflanzen werden vielleicht ausgegraben und an eine Stelle versetzt, an der sie besser zur Geltung kommen und wo sie einen größeren Beitrag zum Gesamtbild leisten. Dann müssen Stauden, Büsche und Bäume gepflegt, bewässert und gedüngt werden. Unerwünschte Auswüchse müssen abgeschnitten, Unkräuter entfernt, Parasiten und Krankheiten bekämpft werden. Doch nach all diesen Eingriffen soll der gesamte Garten das Gefühl vermitteln, er sei so wie er ist, vollkommen natürlich und von Menschenhand unberührt.

Oft ist es leichter, diese natürliche Wirkung zu erzielen, wenn man den folgenden Ratschlag befolgt.

> 3. Es ist meistens besser, etwas fortzunehmen als etwas hinzuzufügen.

Ein altes Haus mit einem zugewucherten Garten liefert alle für einen chinesischen Garten erforderlichen Pflanzen. Denn es ist immer besser, etwas Unerwünschtes zu entfernen als das Vorhandene durch Neues zu erdrücken. Lediglich im Fall eines neu erbauten Hauses, dessen Garten noch ein kahles Grundstück ist, müssen viele neue Pflanzen angeschafft werden.

> 4. Die Basis oder Grundlinie weit entfernter Objekte sollte unsichtbar sein.

Dieser Rat ist für alle, die zum ersten Mal einen Garten gestalten, äußerst wertvoll. Egal welche Struktur sich in der Ferne auch abzeichnen mag, seien es Berge, Gebäude oder Bäume, sie sollen über etwas, was sich zwischen ihnen und dem Betrachter befindet, hinausragen. Wenn es beispielsweise Bäume im Nachbargarten sind, die man in der Ferne sieht, dann muss der Fuß dieser Bäume etwa hinter dem eigenen Gartenzaun verborgen bleiben. Doch auch der Punkt, an dem der Grenzzaun den Boden berührt, sollte durch vorgepflanzte Büsche versteckt werden. Im vorliegenden Fall sind dann drei aufeinander folgende Horizontallinien vorhanden, die Büsche, der Zaun und die Bäume, die durch ihre Anordnung den Eindruck von Tiefe vermitteln.

> 5. Ein sich windender Pfad weckt das Interesse.

Ein Gartenweg darf niemals eine gerade Linie sein, sondern muss sich zwischen den einzelnen Pflanzengruppen hindurchschlängeln. Ein Garten ist kein Ort für Menschen, die es eilig haben oder die schwere Pakete tragen müssen. Andererseits erhält sich kein Garten selbst. Das ganze Jahr über muss gepflanzt, geharkt und Unkraut gejätet werden, und ein gewundener Weg macht dem Gärtner zusätzliche Arbeit. Deshalb ist es sinnvoll, am Rande des Gartens und vor den Blicken verborgen »Funktionswege« anzulegen, die raschen und mühelosen Zugang ermöglichen.

Felsen

6. Felsen wecken die Nachdenklichkeit.

Ein chinesischer Garten ohne Felsen ist unvollständig. Doch zwischen der Art, wie die Chinesen in ihren Gärten Felsen zur Geltung bringen, und den europäischen Stein- oder Alpingärten besteht ein großer Unterschied. Der Ausspruch »Felsen rufen Nachdenken hervor« gründet auf der Tatsache, dass der unbelebte Stein einen Kontrast zu den Pflanzen bildet. Ohne den Fels wäre es nicht möglich, die Lebendigkeit der Vegetation richtig zu würdigen.

Obwohl dieser Gegensatz zwischen Stein und Pflanze im Garten von Autoren, die über chinesische Gärten schreiben, immer erwähnt wird, bleibt ein weiterer bemerkenswerter Kontrast meist unerwähnt. Chinesische Häuser sind nur in den seltensten Fällen aus Stein gebaut; für gewöhnlich bestehen sie aus Holz oder aus Ziegeln. Diese wenig substanzielle Beschaffenheit chinesischer Gebäude erklärt, warum es in China nur so wenige erhaltene Altertümer gibt. Was noch vorhanden ist, wie zum Beispiel die Palastruinen des ersten Kaisers der Ming-Dynastie (1368 bis 1644) in Nanjing, sind meist große gepflasterte Plätze oder Höfe und weniger die Mauern von Palästen.

Die Chinesen haben ein ausgeprägtes Faible für natürliche, ausdrucksstarke Felsen und sind bereit, große Summen für solche auszugeben, in denen das kreative Auge viele verschiedene Formen und Bilder erkennen kann. Merkwürdig geformte Steine haben einen hohen Preis. Die größeren von ihnen bilden Brennpunkte in Gartenanlagen; die kleineren, wertvolleren werden im Haus auf einem möglicherweise eigens für diesen Stein in Auftrag gegebenen Holzsockel präsentiert. In den größeren Gärten findet man häufig eine aus Felsen gebaute kleine Grotte, in der sich entweder Tisch und Stühle befinden oder die groß genug ist, um als Durchgang in einen anderen Teil des Gartens zu dienen. Es heißt, einer der Kaiser habe seinen eigenen Untergang herbeigeführt, indem er große Summen für den Transport riesiger Felsblöcke aus den entlegensten Ecken Chinas ausgegeben habe. Das Sammeln von Steinen erreichte durch die geradezu besessene Sammelwut des Künstlers Mi Fei im 11. Jahrhundert ihren Höhepunkt. Er war nie ohne ein oder zwei polierte Kieselsteine in der Tasche anzutreffen und war schließlich unter dem Namen Mi Dian, der verrückte Mi, bekannt.

Vier Kriterien entscheiden über die Eignung eines Steins:

- *zhou*, seine Runzeln,
- *tou*, der Blick, den er in sein Inneres gewährt,
- *xiu*, sein Korn, und
- *shou*, seine Anmut.

Zhou bezieht sich auf die Oberflächenbeschaffenheit, die möglichst knotig oder geädert sein sollte. Außerdem darf der Stein keine abgesplitterten Ecken und Kanten haben. *Tou*, die Durchdringung, bedeutet, dass der Stein über eine Art durchscheinende Qualität verfügen muss, um die Wahrnehmung seiner Tiefe zu ermöglichen. Den gewünschten Blick in sein Inneres kann er durch ein Katzenauge oder durch natürliche Verwitterungserscheinungen und -vertiefungen gewähren. Künstlich hinzugefügte Bohrlöcher, mit denen dieses Ziel ebenfalls zu erreichen wäre, sind bei Kennern verpönt. *Xiu* bedeutet wörtlich Korn, Körnung und wird als wertvolle Eigenschaft betrachtet. Das Korn des Steins bringt seine Majestät und Stärke zum Ausdruck.

Shou schließlich ist einer jener umfassenden Begriffe, die sich einer direkten Übersetzung entziehen. Wörtlich bedeutet er Schlankheit. Doch wenn der Stein zu schlank ist, dann erscheint er ausgezehrt. Er darf jedoch auch gedrungen und dick sein, wenn er dafür über andere ansprechende Qualitäten verfügt, die bei einem anderen Stein mit einer günstigeren Form fehlen.

> 7. Felsen lassen auf Wasser schließen.

Ein wichtiger Bestandteil des chinesischen Gartens ist Wasser. Da aber in kleineren Gärten vielleicht kein Platz für eine entsprechende Anlage vorhanden ist, können stattdessen sorgfältig ausgewählte und platzierte Felsen den Anschein eines Bachlaufs erwecken. Geeignet sind hierzu flach geschliffene Kieselsteine aus einem Fluss oder von einem Strand, die so angeordnet werden, dass sie den Eindruck erwecken, von Wasser umspült zu werden. Oder aber man suggeriert mit stufenförmig aufgeschichteten flachen Steinen einen Wasserfall. Die Steine, deren Aufgabe es ist, Wasser vorzutäuschen, sollten von anderer Beschaffenheit sein als die übrigen im Garten platzierten Felsen, um einen Kontrast zwischen Land- und Wassersteinen zu bewirken.

Wasser

> 8. Der Blick auf stilles und in Bewegung befindliches Wasser leistet einen Beitrag zur Qualität des Gartens.

Ist das Grundstück groß genug, dann muss Wasser als wichtiges Merkmal in Betracht gezogen werden. Als Kaiser Ming, ein Herrscher der Wei-Dynastie (220 bis 265) im 3. Jahrhundert n. Chr., mitgeteilt wurde, dass es in seinen Gartenanlagen kein Wasser gab, ließ er es künstlich mit von Tretmühlen betriebenen Wasserrädern herbeipumpen.

Das Einbringen von Wasser in einen Garten muss mit großer Sorgfalt geschehen. Sollte sich das Wasser in unmittelbarer Nähe zum Haus befinden, so gilt es, komplexe Regeln in Bezug auf seine Führung zu beachten, die ihren Ursprung im Feng Shui haben und wenig mit der Gartengestaltung an sich zu tun haben. Gärten müssen nicht zwangsläufig in Verbindung zu einem Haus stehen, und in einem solchen Fall ist die Wasserführung kein Thema.

Das Wasser im Garten kann in drei verschiedenen Formen vorkommen: als Teich, als Bach oder als Wasserfall. Es ist möglich, alle drei Aspekte in einem Garten zur Geltung zu bringen, dann macht der Wasserfall den Anfang, geht über in den Bach, der schließlich in den Teich mündet. Seen und Teiche speichern Qi, Wasserfälle und Bäche hingegen verteilen es. Im Idealfall sollte es in einem Garten sowohl stehendes als auch bewegtes Wasser geben. Wird also im Garten ein Teich geplant, dann ist es wünschenswert, an einer günstigen Stelle auch fließendes Wasser zu berücksichtigen. Zwei Dinge gibt es in einem chinesischen Garten jedoch niemals: Springbrunnen und Schwimmbecken. Ein Swimmingpool gehört an einen anderen Ort außerhalb des chinesischen Gartens, und Springbrunnen erregen die Missbilligung des chinesischen Gärtners, weil sie künstlich wirken. Wasser muss abwärts fließen und versickern; Regen fällt immer von oben nach unten und nicht umgekehrt. Ein Fels, über den Wasser in den Teich hineinplätschert, erweckt in einem ansonsten stehenden Gewässer den Eindruck von

Bewegung, selbst wenn das Wasser mittels einer elektrischen Pumpe im Teich zum Fließen gebracht wird. Wasserräder sind eine weitere Möglichkeit.

Obwohl es in den berühmten Yuanming-Yuan-Gärten in Beijing eine Reihe von Springbrunnen mit neuartigem mechanischem Zubehör gab, so befanden sich diese im europäischen und nicht etwa im chinesischen Teil der Gartenanlage.

> 9. Man soll den Zufluss von Wasser sehen, nicht aber den Abfluss.

Wenn Wasser unablässig in einen Teich fließt, dann muss er irgendwann überlaufen, wenn es keinen Bach gibt, der ihn wieder verlässt. Doch die Regeln chinesischer Gartengestaltung verlangen, dass man Wasser zwar ankommen, niemals jedoch abfließen sehen darf. Wie wir an anderer Stelle bereits festgestellt haben, steht hinter diesem Gebot die Annahme, dass das Wasser noch sauber ist, wenn es zum Haus gelangt, durch Kochen und Waschen jedoch verschmutzt wird. Schmutzwasser muss auf unsichtbarem Wege vom Haus fortgeführt werden, und dies geschieht, bis eine sichere Entfernung vom Haus erreicht ist, meist mittels eines unterirdischen Rohrs.

> 10. Brücken, die über Teiche führen, sollten die Uferböschung des Teiches nicht überragen.

Manchmal werden Schmuckteiche unabhängig von ihrer Größe um der Wirkung willen von Brücken überspannt. Dies ist auch dann zulässig, wenn der Teich klein genug ist, um ihn zu Fuß zu umrunden, oder so groß, dass man die Brücke mit einem Fahrzeug befahren kann. Eine der Regeln chinesischer Gartenästhetik verlangt jedoch, dass solche Brücken niedriger sein müssen als die Uferböschung. In der Praxis bedeutet dies, dass der Teich, wenn er sich in einem höheren Bereich des Gartens befindet, keine Brücke haben darf. Sollte eine Brücke als unverzichtbares Merkmal des Gartens empfunden werden, dann muss sich das Wasser, egal ob Bach oder Teich, im niedrigeren Bereich des Gartens befinden, damit die Brückengeländer nicht über die höchsten Erhebungen des Gartens hinausragen.

Größenverhältnisse

11. Ohne groß gibt es kein klein.

Wenn Felsen und Steine Bestandteile des Gartens sein sollen, dann dürfen sie nicht in einer Linie angeordnet sein, sondern müssen vernünftig in Gruppen platziert werden. Große Steine blicken hinab und kleine hinauf. Der Eindruck von Größe wirkt stärker, wenn Steine unterschiedlichsten Formats in einer Gruppe zusammengefasst werden, denn ohne groß kein klein und ohne klein kein groß. Diese Regel gilt nicht nur für Steine und Felsen, sondern auch für die Anordnung von Bäumen und Büschen und für die Aufteilung des Gartens in unterschiedlich große Bereiche.

12. Kleine Gärten sollen geräumig wirken, große den Betrachter nicht überwältigen.

Bei einem kleinen Garten verfolgt man das Ziel, ihn größer erscheinen zu lassen. Ein großer Garten hingegen soll nicht erdrückend wirken.

Einmal suchte ich eine wohlhabende Dame auf, die in ihrem Garten einen eigenen See hatte. Eine riesige Rasenfläche fiel zum See ab, der groß genug war, um einem Boot Raum zu bieten. Auf dem See befand sich nicht etwa ein einfaches Ruderboot oder ein Kanu, sondern ein Raddampfer. Alles Interesse richtete sich auf diesen Raddampfer. Als Laune war der Dampfer mehr als wirkungsvoll, als ein den Garten verschönerndes Element enttäuschte er jedoch.

Das beste Mittel, um einen kleinen Garten groß erscheinen zu lassen, ist genau das Gegenteil dessen, was man erwarten würde: Der kleine Garten muss in noch kleinere Bereiche unterteilt werden. In einer von Mauern umgebenen Gartenfläche verbergen zusätzlich platzierte, bis auf Augenhöhe reichende Mauern das, was sich hinter ihnen befindet. Jede Kurve, um die der Spaziergänger biegt, bietet ihm neue Überraschungen. Dabei spielt es keine Rolle, ob die Pflanzen direkt in der Erde oder in Kübeln und Bottichen wachsen. Entscheidend ist, dass der Garten sich langsam, Stück für Stück vor ihm entfaltet und nie in einem Gesamtbild. Auch wenn die klassischen chinesischen Gärten zur Gartenkunst keinen Bezug darauf nehmen, sei noch gesagt, dass Töpfe besser wirken, wenn sie unterschiedlich hoch stehen oder aufgehängt werden.

---

13. Die Gartenaufteilung schafft Tiefe.

Damit weitläufige Gärten den Betrachter mit ihrer Größe nicht erschlagen, sollte eine fortschreitende Aufteilung in kleinere Teilflächen erfolgen. Der am weitesten entfernte

Bereich bleibt dabei unberührt, die mittlere Fläche wird nur ein- oder zweimal geteilt, während hingegen im vorderen Drittel in der Umgebung des hauptsächlichen Aussichtspunkts die kleinsten Teilflächen entstehen.

14. Die Bonsai-Landschaft: das Große durch das Kleine hindurch erblicken.

Das klassische chinesische Haus verfügte über keinen Garten, sondern lediglich über einen Innenhof. In ihn fiel Sonnenlicht aus dem offenen Himmel. Doch wegen der Höhe der Mauern hing die Lichtmenge von der Richtung ab, aus der die Sonne gerade schien. Damit die Topfpflanzen in diesen Innenhöfen so viel Sonnenlicht wie möglich erhielten, wurden sie während des Tages in Abständen verschoben. So kam der Ausdruck *pen cain*, sich bewegende Pflanze zustande, woraus sich später das japanische Wort *bonsai* entwickelte. Im Laufe der Zeit wurden aus den sich bewegenden Pflanzen Miniaturpflanzen mit einem festen Standort.

In der Bonsai-Landschaft und letztlich in jedem gestalteten Garten, muss man nach Auffassung der Chinesen das Große durch das Kleine hindurch erblicken. Finden auch die übrigen bereits genannten grundlegenden Richtlinien Beachtung, dann verfügt der Garten über die erwünschte Tiefe und Natürlichkeit.

»Fremdkörper« im Garten

> 15. Das Aufstellen von kleinen und großen Figuren erhöht die Freude am Garten.

Handwerklich oder künstlerisch gestaltete Objekte im Garten kontrastieren mit der natürlichen Vegetation und lenken so den Blick auf sie. Als Erstes fallen einem in solchen Zusammenhang Skulpturen und Statuen ein, doch astronomische Instrumente sind sogar noch besser geeignet, da sie eine Parallele ziehen zwischen dem Wirken der Natur auf Erden und in den Himmeln. Es gibt viele Arten lehrreicher Instrumente, die eine Funktion erfüllen, aber auch eine ästhetische Wirkung haben. Die flache Sonnenuhr ist sicherlich der in dieser Hinsicht am häufigsten in Gärten anzutreffende Gegenstand. Doch kann man in einer dafür reservierten Ecke des Gartens noch weitere astronomische Instrumente aufstellen und kleine Wetterstationen einrichten. In alten chinesischen Texten werden äolische Pfeifen beschrieben, die erklingen, wenn der Wind aus einer bestimmten Richtung bläst. Künstlerisch gestaltete Objekte wie eine Poesielaube, in der man weise Inschriften und Verse zur geruhsamen Erbauung aufhängt, könnten aufgestellt werden.

> 16. Auf Tafeln stehen Vorschläge, wie man sich der Landschaft erfreuen kann.

Im Garten können diskret platzierte Tafeln auf bestimmte Aspekte der Landschaft hinweisen und so dazu beitragen, das Vergnügen des Betrachters zu steigern. Schweift der

Blick bis zum Horizont, dann helfen dem Spaziergänger Panoramakarten, auf denen die Wahrzeichen der Landschaft namentlich bezeichnet werden. In Hofgärten würden Tafeln die Namen der Pflanzen nennen und das Interesse auf interessante Tatsachen lenken wie etwa ihre Herkunft, ihr Alter oder ihre kulinarische Verwendung. Begeisterte Gärtner, die sich in fremden Gärten oder in Gärtnereien aufhalten, suchen immer nach den Hinweisschildern, die ihnen helfen, solche Pflanzen zu identifizieren, die sie noch nicht kennen. Wie viel Freude macht es erst, ein wenig über die Geschichte der Pflanze zu erfahren, wie etwa, dass dieser Apfelbaum aus Fallobst aus den Gärten von Maximilian I. gezogen wurde oder dass jener Busch mit dem Teebusch verwandt ist.

17. Auf Tierskulpturen darf nur ein flüchtiger Blick fallen.

Es ist nicht ungewöhnlich, in einem chinesischen Garten gelegentlich auf Tierskulpturen zu stoßen, etwa auf eine steinerne Gazelle. Solche Figuren müssen jedoch mit großer Sorgfalt ausgewählt werden. Sie müssen nicht lebensgroß, dürfen aber auch nicht so klein sein, dass sie aussehen wie Spielzeug. Drei Dinge sollte man bei der Anschaffung beachten. Die Farben der Tierskulpturen müssen jenen gleichen, die die Tiere in Wirklichkeit haben, auf keinen Fall aber dürfen sie zu grell oder lebhaft sein. Die Figur muss sorgsam vor einer Pflanze auf eine Weise platziert werden, die sie nicht klein erscheinen lässt, sondern ein perspektivisches Gefühl von Entfernung vermittelt. Und die dritte und wahrscheinlich wichtigste Regel besagt, dass die Figur nicht vollständig sichtbar und zum Teil von Pflanzen verdeckt sein soll. Ein solcher Anblick ist weit faszinierender und geheimnisvoller als eine Skulptur, die sich dem Auge ohne Einschränkungen präsentiert. Chinesen entscheiden sich gerne für ein Reh oder eine Gazelle, da das chinesische Wort für Reh, *lu*, ähnlich klingt wie jenes für Glück. Diese drei kleinen Regeln lassen sich leicht auch im europäischen Garten anwenden, selbst wenn das Langlebigkeit symbolisierende Reh durch einen Gartenzwerg ersetzt wird.

Der nächtliche und der jahreszeitliche Garten

18. Die Beleuchtung des nächtlichen Gartens soll indirekt und subtil sein.

Die Chinesen beschränken sich in ihrer Freude am Garten nicht auf den Tag, sondern suchen ihn gerne auch nachts im Licht von Laternen auf. Während solche nächtliche Gartenbesuche in China schon lange üblich sind, kommen sie bei uns gerade erst in Mode. Allerdings sind damit nicht Grillpartys mit lauter Musik, grellem elektrischem Licht und brennenden Fackeln gemeint. All diesen Dingen fehlt der ästhetische Charme eines Gartens, den man bei Laternenlicht aufsucht. Elektrisches Licht ist jedoch nicht zwangsläufig verpönt. Doch sollten die Lampen selbst versteckt sein und ihr Licht nach unten auf die glänzenden Blätter von Büschen werfen, damit es sich feiner und indirekter verteilt. Wenn man in China nachts Gäste in den Garten führt, so werden dort auch deshalb Papierlaternen aufgehängt, damit die Gäste sie mit ein oder zwei Verspaaren verzieren können.

Einer meiner Freunde, der mit ätherischen Ölen für Aromatherapie handelt, ergänzt seine chinesischen Gartenfeste noch um eine weitere bezaubernde Dimension: Er platziert versteckt Parfümdiffusoren, die einzelne Bereiche des Gartens in unwiderstehlichen Duft hüllen. Besucher, die in der Nachtluft durch seinen Garten spazieren, genießen folglich nicht nur das visuelle, sondern auch ein olfaktorisches Erlebnis.

Früher gab es in China einen Brauch, der heute mehr oder weniger in Vergessenheit geraten ist, obwohl zum Beispiel die Bewohner Hongkongs durch einen Schriftzug in den Untergrundbahnen täglich an seine Existenz erinnert werden. Am Tag des Erntevollmonds, am 15. Tag des achten chinesischen Monats, arrangierten die Frauen eines Haushalts ein besonderes Mondopfer. Heutzutage würde man diese Zeremonie wohl auf den Flachdächern von Häusern abhalten, doch in der Kaiserzeit ließen die wohlhabenderen Familien eigens einen Pavillon, die Mondterrasse, im Garten errichten, damit die Damen dort Platz nehmen und die Schönheit der Nachtgöttin genießen konnten. Die jungen Mädchen nahmen dann gerne eine mit Wasser gefüllte Schale, um darin das Spiegelbild des Mondes zu betrachten, denn es hieß, das Gesicht ihres zukünftigen Liebsten werde darin sichtbar. Als in China die Eisenbahn aufkam, bezeichnete man die Bahnsteige in den Bahnstationen als »Mondterrassen«. Wenn man nun also mit Hongkongs Untergrundbahn fährt, dann liest man auf einem kleinen Schild über den Türen die chinesischen Schriftzeichen für »Kleines Herz – Mondterrasse – großer Zwischenraum« oder weniger poetisch »Vorsicht: Lücke zwischen Zug und Bahnsteigkante!«

19. Laub abwerfende Sträucher und Bäume machen die Jahreszeiten sichtbar.

Viele ansonsten sorgfältig gestaltete Gärten sind angefüllt mit immergrünen Pflanzen, die zwar im Winter ihre Blätter behalten, aber nicht wie Laub abwerfende Sträucher und Bäume, die zugegebenermaßen mehr Arbeit machen, den Jahreszeitenwechsel sichtbar machen. Manche Bäume sind im Frühling am leistungsfähigsten: Ein paar Tage im März oder April sind die Gärten mit Kirschblüten überladen. Im Sommer erreichen manche breitblättrige Bäume ihren Höhepunkt, und im Herbst färben sich die Blätter des Ahorns wunderschön golden. Wenn im Winter die Blätter fallen, wird plötzlich der eine oder andere Blick in die Ferne möglich, der während der übrigen Jahreszeiten verstellt ist.

Einige Sträucher und Büsche wie die Schneebeere offenbaren den Wechsel der Jahreszeiten gleich mit allen ihnen zur Verfügung stehenden Mitteln, mit Blättern, Blüte und Beeren. Forsythien bilden Blüten aus, noch bevor sich die Blattknospen öffnen. Weiden mit ihrem zarten Frühlingsgrün dürfen nur in großen Gärten stehen, denn sie benötigen sehr viel Wasser und entziehen es den übrigen Pflanzen, wenn es nicht ausreichend vorhanden ist, oder gehen ein. Koniferen sind das ganze Jahr hindurch kräftig und widerstandsfähig. Wählen Sie immergrüne Pflanzen jedoch sparsam aus. Wenigstens eine Kiefer, da sie die Langlebigkeit Ihres Gartens symbolisiert, sollten Sie jedoch haben. Der beste Standort für diesen Baum ist der Norden. Weitere Koniferen und immergrüne Pflanzen können gepflanzt werden, wenn der Garten eine entsprechende Größe hat. In Gebirgsregionen erwartet man Koniferen in großer Zahl, doch auf dem flachen Land, etwa am Ufer eines Sees, dürfen sie nur als Einzelbäume stehen. Der Winter ist nur eine Jahreszeit im Jahreskreis, und daher sollten immergrüne Pflanzen zu Laub abwerfenden etwa im Verhältnis von eins zu drei stehen.

Allgemeine Richtlinien

> 20. Die Anmutung leichten Verfalls verleiht dem Garten einen ausgereiften Charakter.

Gleichgültig wie viel Geld zur Bepflanzung des Gartens zur Verfügung steht und wie begabt der Gärtner ist, nichts vermag die Hand der Zeit zu ersetzen. Ein neuer Garten mit seinen konfektionierten Pflanzen, funkelnden Accessoires und frisch ausgebreitetem Rollrasen sieht vielleicht schick und fotogen aus, doch darüber hinaus hat er vor allem eine klinische Ausstrahlung. Erst wenn die Pflanzen fest verwurzelt sind, wenn Moose und Flechten sich ausbilden, erwacht der Garten zum Leben.

Der chinesische Garten ist kein »ordentlicher«, aufgeräumter Garten. Er sollte über dunkle und geheimnisvolle Ecken und über neugierig machende Bereiche verfügen, die ein Gefühl der Kontinuität vermitteln. Kontraste sorgen auch im neuen Garten dafür, dass er »alt« wirkt, denn knorrige Wurzeln und alte, verrottende Stämme heben sich Gewinn bringend von frischen Bambustrieben oder jungen Frühlingspflanzen ab. Jugendliche Kraft und ehrwürdige Weisheit gehören zusammen.

> 21. Ein Garten soll in seiner Schönheit nicht protzig und übertrieben bunt sein.

269

Wer einen chinesischen Garten hat, muss nicht auf Blüten verzichten. Doch legt man mehr Wert auf vereinzelte Farbtupfer wie sie etwa die Paradiesvogelblume erzeugt, weil sie in ihrer Einzigartigkeit hervorstechen. Große, üppige Beete mit farbenprächtigen Blumen sind erwünscht, wenn sie sich um ihrer Wirkung willen auf eine Farbe beschränken. Doch Begrenzungen durch Setzlinge und beschnittene Hecken haben im chinesischen Garten keinen Platz. Gleichgewicht und Kontrast spielen eine entscheidende Rolle: Die junge Pflanze steht neben dem alten Baum, lebendige Stauden neben urzeitlichen Felsen, der rauschende Bach ergießt sich in den stillen Teich. Und auch Fülle und Mangel müssen ausgewogen sein. Nicht zu wenig und nicht zu viel.

---

22. Vermeiden Sie die sieben unerfreulichen Dinge.

In den vorangegangenen Absätzen wurden wünschenswerte Eigenschaften eines gut gestalteten chinesischen Gartens aufgeführt. Um des Kontrasts willen nennt der Gelehrte Yi Shan sieben Dinge, die dem Betrachter die Freude an der Landschaft und an Gärten nehmen können:

▸ Das Anschreien von Leuten, die Platz machen sollen für die Kutsche eines hohen Beamten.
▸ Das Festbinden eines Pferdes an einem Stalagmiten.
▸ Das Aufhängen von Wäsche in Kirschbäumen zur Blütezeit.
▸ Das Ausbreiten von Matten auf moosigem Untergrund zur Schaffung einer Sitzgelegenheit.
▸ Das Ziehen von Gemüse in einem Obstgarten.
▸ Das Mitführen von Gepäck bei einem Ausflug aufs Land.
▸ Das Anzünden von Fackeln bei Vollmond.

Es ist unwahrscheinlich, dass wir mit den berittenen Begleitern der Kutsche eines hohen Beamten konfrontiert werden, und auch der Anblick von Leuten, die ihr Pferd an Stalagmiten festbinden, ist selten. Doch haben die sieben unerfreulichen Dinge alter Zeit durchaus ihre Parallelen im modernen Leben.

Als Yi Shan für den Wagen des Beamten beiseite treten musste, damit dieser seinen Weg fortsetzen konnte, bereitete ihm dies keine Unannehmlichkeiten, und er fühlte sich auch nicht beleidigt. Ihn ärgerte lediglich der Lärm der berittenen Begleiter, die ihn in seiner Betrachtung der Landschaft störten. Gleiches kann man auch heute erleben, wenn der Lärm eines Radios, eines Flugzeugs oder einer Fabrik die Stille des Augenblicks zunichte macht.

Stalagmiten sind wunderschöne Schöpfungen der Natur, die hunderte von Jahren benötigt haben, um ihre gegenwärtige Gestalt auszubilden. Wer an ihnen sein Pferd anbindet, stellt seine Unwissenheit bezüglich der Landschaft und der Seltenheit solcher Naturerscheinungen unter Beweis. Nicht anders verhält es sich mit Personen, die einzigartige Bäume verschandeln, indem sie ihre Wäsche darin zum Trocknen aufhängen. Die Liste der unerfreulichen Dinge, mit denen das schöpferische Werk der Natur missachtet wird, könnte man noch um Hängematten, Schaukeln aus alten Autoreifen und Werbeplakate ergänzen. Auch wenn Moos nicht so langsam wächst wie Stalagmiten und Stalagtiten, so verstreichen doch etliche Jahre, bis sich ein geschlossenes samtenes Moospolster entwickelt. Ausgerechnet hier seine Picknickdecke auszubreiten, ist eine Missachtung dieser Naturschönheit und könnte das Moospolster sogar unwiderruflich schädigen.

Das Ziehen von Gemüse in einem Obstgarten als Unart zu sehen, löst bei europäischen Gärtnern häufig Verwunderung aus, da sie darin keinen Fehler erblicken können. Ein Küchengarten ist eben kein chinesischer Garten, weil Gemüsebeete schon von ihrem Wesen her auf Nützlichkeit abzielen. Man muss sie pflegen und überwachen, und für gewöhnlich werden sie mit Kunstdünger, Schneckenfallen, Folien und dem ganzen Drum und Dran der Gartenbautechnologie in Verbindung gebracht, deren Zweck auf Wirtschaftlichkeit und nicht auf Ästhetik ausgerichtet ist.

Als ich kürzlich in die Datscha eines Freundes bei Sankt Petersburg eingeladen wurde und er mich um meinen Rat im Hinblick auf die Gestaltung seines »Gartens« bat, stellte ich überrascht fest, dass die russische Sprache offenbar nicht zwischen Garten und Obstgarten unterscheidet. So ist es kein Wunder, dass meine Anregungen Befremden auslösten. Allerdings kann auch ein Obstgarten seine Reize haben, wenn sich die Bäume darin im Frühling in all ihrer Blütenpracht zeigen oder im Herbst voller Früchte hängen. Ein oder zwei Stunden, die man in der friedlichen Abgeschiedenheit eines Obstgartens zubringt, können äußerst befriedigend sein.

Ein letzter Rat ist allen, die einen chinesischen Garten planen, noch mit auf den Weg zu geben: Lernen Sie zunächst, Gärten richtig zu würdigen, bevor Sie sich an die Gestaltung eines eigenen machen.

Das »menschliche Glück«

Die Chinesen sagen, unser Schicksal und unser Glück wird von drei Arten des Glücks bestimmt. Die erste ist das himmlische Glück, offenbart durch die Sphären des Himmels. Die zweite ist das irdische Glück oder Feng Shui. Und die dritte Art ist das Glück in uns selbst, das menschliche Glück. Es kann sich in den Linien unserer Hände, in der Form unseres Gesichts zeigen — immer wieder hat es in der chinesischen Geschichte Gelehrte gegeben, die beides geschickt zu interpretieren wussten. Doch ebenso häufig ist unser Schicksal nicht in unseren Körperkonturen festgeschrieben, sondern in unseren Worten und Taten. Sie erzählen oft eine ganz andere Geschichte. Wie in der nun folgenden Lehrgeschichte von Wan Nian Fu entzieht sich wahre Tugend meist dem Blick und offenbart sich unerwartet.

Es waren acht Soldaten erforderlich, vier auf jeder Seite, um das Tor zum Gouverneurspalast zu öffnen und die Kutsche passieren zu lassen. Die tiefen Rinnen im Weg waren mit Schnee gefüllt, und die beiden Pferde rutschten auf dem Eis, als sie die Kutsche den Hang hinaufzogen. Die reich geschmückte rote Kutsche bildete einen auffallenden Kontrast zu ihrem einfach gekleideten einzigen Fahrgast. Es war der Gelehrte Wan Nian Fu, der Weise von 10 000 Jahren, überall im Land für seine besondere Weisheit bekannt. Der Gouverneur hätte den Gelehrten gern selbst empfangen — hatte sich nicht auch der Kaiser den Konventionen widersetzt, indem er den Dichter Li Bo persönlich begrüßte? Doch was sich ein Kaiser leisten durfte, galt noch lange nicht für einen geringeren Adligen.

Als die Kutsche zum Stehen kam, hob Wan Nian Fu die

Lederklappe und blickte hinaus. Den größeren Teil seiner Reise in die Stadt Chu hatte er auf dem Rücken eines geliehenen Esels zurückgelegt. Der Weise und sein Esel waren erleichtert gewesen, als sie am Stadtrand von der Kutsche erwartet wurden. Diener waren herbeigeeilt, um dem alten, fast blinden Mann zu helfen. Sein Gepäck war nicht der Rede wert. Nur ein paar Bündel, die alles für die Reise Notwendige und ein paar kostbare, für seine Arbeit erforderliche Bücher enthielten. Ein Diener hüllte den Besucher in einen Mantel; andere versorgten die Pferde, während ein Stalljunge sich um den treuen Esel kümmerte.

Der Kammerherr des Gouverneurs begrüßte den Weisen respektvoll und brachte die Hoffnung zum Ausdruck, die Reise möge für Wan Nian Fu angenehm gewesen sein.

»Bitte übermittle seiner Exzellenz meinen Dank für die freundliche Nachfrage und für die Gelegenheit, in seinem blühenden Staat zu Gast sein zu dürfen. Ich hoffe, dass ihm mein geringes Wissen von Nutzen sein wird.«

Behutsam nahm der Kammerherr den alten Mann am Arm. »Den Alten möchte ich Frieden geben« (*Lunyu* V, 25), zitierte er lächelnd und führte den Weisen in seine Unterkunft.

»Gute Menschen machen die Schönheit eines Platzes aus« (*Lunyu* IV, 1), erwiderte der Meister. »Wir müssen dafür sorgen, dass es so bleibt.«

Durch ein vergittertes Fenster beobachtete der Fürst von Chu die Vorgänge im Hof. Er hatte sich bemüht, den Staat mit Weisheit und Aufrichtigkeit zu regieren. Deshalb empfand er die Anwesenheit eines Diebes in seinem Haus als so beunruhigend. Wenn in seinem Haushalt keine Harmonie herrschte, wie sollte sie dann im Fürstentum von Bestand sein? Und wenn es in seinem Herrschaftsgebiet an Harmonie mangelte, dann war das gesamte Kaiserreich in

Gefahr. Es waren bereits zwei Diener der Mittäterschaft angeklagt und hingerichtet worden, noch bevor sie den Namen ihres Anstifters preisgegeben hatten. Die Diebstähle gingen weiter. Der Verdacht fiel auf zwei hohe Beamte, denen jetzt die Verbannung drohte. Doch welcher von beiden war der Täter? »Die Geraden erheben, dass sie auf die Verdrehten drücken« (*Lunyu* II, 19), das war die Pflicht eines jeden, der sich Rang und Namen erworben hatte. Das Problem musste rasch gelöst werden. Der gelehrte Wan Nian Fu hatte den Ruf, der beste Wahrsager des Kaiserreichs zu sein; es blieb dem Fürsten nichts anderes übrig, als auf die Fähigkeiten des alten Mannes zu vertrauen.

Chu Long, der älteste Sohn des Gouverneurs, beobachtete, wie der Kammerherr den Weisen in seine Gemächer brachte. Er wandte sich dem Vater zu und spottete: »Siehst du, der Kammerherr kann es nicht abwarten, den Geist des Mönches zu vergiften.«

Der Fürst warnte seinen Sohn: »Unterschätze Wan Nian Fu nicht. ›Glatte Worte und einschmeichelnde Mienen sind selten vereint mit Sittlichkeit‹ (*Lunyu* I, 3) und werden ihn nicht in die Irre führen. Und denke daran, was Konfuzius sagt: Voreingenommenheit gehört zu den vier Dingen, die man vermeiden soll (*Lunyu* IX, 4).«

Chu Lin, der jüngste Sohn, war voller Missbilligung. »Aber der Mann ist ja wie ein Bettler gekleidet. Welchen Wert kann ein solcher Landstreicher für uns haben?«

Scharf entgegnete der Gouverneur: »›Der Gebildete richtet sein Streben auf die Wahrheit; wenn einer aber sich schlechter Kleider und schlechter Nahrung schämt, der ist noch nicht reif, um mitzureden.‹ (*Lunyu* IV, 9) Hast du die Analekten des Meisters nicht studiert? Wir wollen wenigstens erst sehen, was der alte Mann uns zu sagen hat. Wir haben nichts zu verlieren.«

Wan Nian Fu ließ dem Fürsten melden, die Unbilden der Reise und sein hohes Alter ließen es nicht zu, ihm sogleich seine Aufwartung zu machen. Doch am dritten Tag wolle er seiner Exzellenz zur Verfügung stehen. Außerdem sei an diesem Tag Frühlingsbeginn, ein günstiger Zeitpunkt, um den Dieb zu stellen. Es gab jedoch noch andere Gründe, das Zusammentreffen zu verschieben. Der Mönch verbrachte die Zwischenzeit nicht nur mit Ausruhen und Meditation, er schmiedete außerdem einen ungewöhnlichen Plan.

Am nächsten Morgen erhob sich der Weise früh von seinem Nachtlager und ging im Garten umher, in dem der Schnee glänzte. Die Sonne war kaum aufgegangen, und es war kaum jemand da, um seine Gedanken zu stören. Die Zeit reichte aus, um sich an die beiden Beamten zu erinnern, denen nun die Verbannung drohte, nicht aber, um sich auch den Geist der beiden hingerichteten Diener zu vergegenwärtigen.

Wan Nian Fu kehrte in seine Unterkunft zurück und fand dort ein Frühstück aus Reis und grünem Gemüse vor. Auch ein Besucher wartete auf ihn. Das Mädchen Lien Hua setzte ihm seine Mahlzeit vor. Als sie ihm eine Schüssel mit Reis reichte, bemerkte der Alte, dass sie unglücklich war.

»Du bist beunruhigt«, bemerkte Wan Nian Fu sanft. »Am besten ist es, wenn du mir sagst, was dir Sorgen macht.«

»Mein Vater ist ein guter Mann. Er wird verdächtigt, die Schätze des Palastes gestohlen zu haben. Doch er ist loyal und tugendhaft. Er braucht solche Dinge nicht. Wäre seine Exzellenz, der Fürst, nicht so auf Gerechtigkeit bedacht, schon längst befände sich mein Vater im Exil. Doch wer könnte der wahre Dieb sein?«

»Und welcher Art ist dein anderes Problem?«, fragte der Weise.

Das Mädchen blickte Wan Nian Fu erstaunt an. »Mein Vater muss um sein Leben fürchten. Das ist doch sicherlich Grund genug für mich, mir Sorgen zu machen?«

»Das ist wohl wahr, aber dein Herz ist doppelt schwer. Vielleicht hat es etwas mit dem jungen Mann zu tun, der sich letzte Nacht im Garten aufhielt?«

Lien Hua blickte den Gelehrten ehrfürchtig an.

»Mein Wissen ist keine Zauberei. Der Duft von Osmanthus schwebt in der Luft, wo keine Blüten sind.«

Das Mädchen ließ den Kopf sinken. »Da ist ein junger Mann, der mich liebt«, gab sie zu.

»Damit willst du natürlich sagen, dass du es bist, die diesen jungen Mann liebt.«

Sie nickte schweigend. »Sein Name lautet Ta Hu. Er ist ein vornehmer und ehrenhafter Mann. Zwar bekleidet er kein Amt, doch stammt er aus einer alten Familie. Wenn mein Vater in Ungnade fällt, dann wird sie Ta Hu niemals gestatten, mich zu heiraten.«

»Und Ta Hu? Würde er dich nicht nehmen, wie du bist?«

»Er hätte nicht die Wahl. Man würde mich zu einer der Palastsklavinnen machen … auch wenn Chu Lin, der jüngste Sohn, angedeutet hat, ich solle seine Konkubine werden.«

Doch dies war eine Ehre, die sie nur äußerst ungern als solche anerkennen wollte.

Der alte Mann nahm ihre Hand, betrachtete sie ernst und berührte sie mehrmals leicht. »Der Kun-Punkt deiner Handfläche unter dem kleinen Finger, der Mutterschaft und Familie bedeutet, ist stark ausgeprägt. Die Klarheit der Nägel zeigt, dass du treu und loyal bist. Die gerade Linie, die sich von Li, unter deinem Mittelfinger, bis Qian, an deinem Handrücken, erstreckt, verweist auf tugendhaft erworbenen Wohlstand. Dein Glück ist gesichert. Dies ist nicht die Hand einer Palastkonkubine, sondern die einer Dame, die sich erfolgreich verheiratet.«

Trotz des Ruhms, der Wan Nian Fu vorauseilte, hielt es der Staatssekretär nicht für erforderlich, die dem Weisen vom Fürsten gewährte Audienz in den Annalen von Chu festzuhalten. Angesichts der unerwarteten Entwicklung, die die Dinge nahmen, waren jedoch viele der Auffassung, er hätte es tun sollen.

Die Kunde von der Anwesenheit des Gelehrten verbreitete sich rasch im Land, und der Saal füllte sich mit all den unbedeutenderen Würdenträgern, die plötzlich alle einen Grund fanden, bei Hofe ihre Aufwartung zu machen. An dem einen Ende des Saals saß der Fürst mit seinen beiden Söhnen Chu Lung und Chu Lin auf einem Podest. Der Kammerherr und andere Beamte saßen unterhalb des Podests den beiden hohen Beamten gegenüber, die des Diebstahls verdächtigt wurden und von denen einer Lien Huas Vater war. Obwohl die Anwesenden ihre kostbarsten Gewänder angelegt hatten, war es die schmale, schäbige Gestalt von Wan Nian Fu, die den Raum beherrschte. Als der Weise das Wort ergriff, wurde es still.

»Auf Einladung seiner Exzellenz bin ich gekommen, um festzustellen, wer die unehrenhafte und vertrauensunwürdige Person ist, die den gastfreundlichen Schutz des Palastes zu Unrecht in Anspruch nimmt. Heute ist Frühlingsanfang. In der Hauptstadt hat der Kaiser bereits mit den Reinigungsriten begonnen. Dem Willen des Himmels zufolge, der im ›Buch der Riten‹ festgehalten ist, muss seine Exzellenz heute die Ehrenhaften und Treuen belohnen, die Übeltäter bestrafen und die Bittgesuche seiner Untertanen anhören.

Wenn seine Exzellenz in dieser Angelegenheit nachlässig

ist, dann geschieht den Unschuldigen Unrecht, die Ungerechten bleiben ungestraft und die Gesuche des Volkes bleiben unberücksichtigt. In der Folge, so heißt es im *Yue Ling*, dem ›Buch der monatlichen Anordnungen‹, wird der Regen nicht zur rechten Zeit kommen und das Land von einer Hungersnot heimgesucht werden. Mit der Hilfe von Himmel und Erde will ich euch daher den Schuldigen in eurer Mitte offenbaren und den Unschuldigen, der ungerechtfertigt angeklagt wurde.

Wisset, dass es in der Hand eines jeden Menschen geheime Zeichen des Himmels gibt, die zeigen, wessen Taten ehrenhaft und aufrecht und wessen erbärmlich und gemein sind. Ich habe diese Zeichen ein Leben lang studiert und weiß, dass sie unfehlbar sind. Doch leider sind meine Augen nicht mehr so scharf wie einst und ich kann die winzigen Zeichen nicht mehr deutlich sehen. Daher rufe ich die Vermittler der Erde um Hilfe an.«

Danach brachten zwei Diener zum allgemeinen Erstaunen einen Tisch herbei und bauten ihn vor dem Fürsten auf. Darauf stellten sie eine Lampe, einen Spiegel aus polierter Bronze, mehrere Porzellanschalen, eine mit Wasser gefüllte Kanne und einen aus Palmblättern geflochtenen Korb, der einen großen Klumpen schwarz-violetten Ton enthielt.

»Dies ist der Botschafter der Erde«, fuhr Wan Nian Fu fort. »Er stammt aus den heiligen östlichen Bergen von Shandong. Diese magische Erde wird mir die geheimen Zeichen des Himmels offenbaren.«

Der Mönch gab den Dienern ein Zeichen, die den Ton aus dem Palmblattkorb nahmen, ihn mit Jademessern in eigroße Stücke zerteilten und in die Porzellanschalen legten. Aus der Kanne benetzten sie den Ton mit ein paar Tropfen Wasser und präsentierten ihn dann dem Fürsten unter tiefen Verbeugungen.

Die beiden Söhne starrten mit Widerwillen auf die Schalen.

Als Nächstes forderte Wan Nian Fu die beiden Beschuldigten auf vorzutreten und reichte jedem von ihnen eine tongefüllte Schale. »Nehmt den Ton in die Hand«, forderte er sie auf, »und knetet ihn, damit er als Vermittler zwischen euch und dem Himmel dient.«

Zaghaft traten sie vor das Podest und nahmen den dargebotenen schwarzen Ton in ihre Hände.

»Ihr dürft keine Angst haben, euch die Hände zu beschmutzen«, ermahnte sie der Fürst streng. »Der alte Weise hat mir bereits in die Hände geblickt und mich vieler erstaunlicher Dinge gerühmt, die sich erst noch als zutreffend erweisen müssen.«

Der erste Beamte streckte Wan Nian Fu seine geschwärzte Hand entgegen, damit dieser sie untersuche. Die Diener hielten die Lampe und neigten den Spiegel, damit das Licht direkt auf die Hand des Beamten fiel, die der Fürst interessiert betrachtete.

Wan Nian Fu untersuchte die Hand einen Moment lang. »Ich sehe das Feuerelement, das ein Streben nach Reichtum anzeigt. Der Zeigefinger weist vom Daumen fort. Dies ist ein Zeichen für finanziellen Lohn, der folgt, sobald der Beamte seine Geburtsstadt verlässt.«

»Soll das heißen, dass er in die Verbannung geht?«, wollte der jüngere Sohn Chu Lin wissen. »Ist er also der Dieb?«

»Nein, er ist nicht der Dieb. Die Zeichen in der Hand lassen auf Aufrichtigkeit und Ehrlichkeit schließen. Das Zeichen Berglicht offenbart, dass er zu jenen gehört, die sich an einer ländlichen Umgebung freuen. Zwar wird er die Stadt verlassen, doch aus ehrenhaften Gründen«, erwiderte der Mönch.

Als Nächstes trat Lien Huas Vater vor und nahm den

schwarzen, klebrigen Ton in die Hand. Wieder lenkte der Diener das Licht auf die ausgestreckte Hand.

»Die gelb-fleckige Mitte deutet auf Reichtum hin, der in mittlerem Alter erlangt wird«, erklärte der Weise.

»Gestohlene Reichtümer vielleicht«, spottete Chu Long.

»Nein, auch hier«, entgegnete der Mönch. »In der Handfläche zeigt der Ton deutlich einen Charakter mit verborgenen Tugenden. Diese Hand gehört einem freundlichen und freigebigen Menschen, der im Laufe seines Lebens noch Reichtum und Ehre erlangen wird und dessen Taten noch Generationen als Andenken bewahren werden. Die Zeichen, die auf Tugend schließen lassen, sind zahlreich, solche des Betrugs finden sich jedoch nicht.«

Es herrschte Totenstille im Saal. Da die beiden Beamten freigesprochen worden waren, war die Atmosphäre zunächst gedämpft und von Enttäuschung geprägt. Wenn keiner dieser beiden der Dieb war, wer war es dann?

Der älteste Sohn Chu Long brach das Schweigen. »Ruft den Kammerherrn! Wir wollen sehen, was der Weise zu seiner Hand zu sagen hat!«

Die Menge hielt den Atem an. Der Fürst war im Begriff, seinem Sohn Vorhaltungen zu machen, doch Wan Nian Fu nickte. Nervös trat der Kammerherr vor. Er nahm den Ton, knetete ihn und streckte seine Hand zur Begutachtung vor. Erneut studierte der Weise die Zeichen sorgfältig und erklärte dem Fürst, was er sah.

»Hier, unterhalb des Daumens, befindet sich der Punkt De-Fang, auch das Haus der Tugend genannt. Er zeigt, dass im mittleren Lebensabschnitt Reichtümer erworben werden und durch sorgsame Verwaltung erhalten bleiben. Der Punkt ist stark ausgeprägt und zeigt den Kammerherrn als einen wohlwollenden, in höchstem Maß respektierten Mann.«

»Wie gut, dass der Kammerherr entlastet ist«, sagte der Fürst. »Doch du hast den Schuldigen noch nicht gefunden. Die Frage, wer der Dieb ist, wurde noch nicht beantwortet.«

»Wir haben den Täter noch nicht ermittelt – aber wir wissen, wer den Diebstahl nicht begangen hat. Der Meister sagt: ›Der Sittliche setzt die Schwierigkeit voran und den Lohn hintan: Das mag man Sittlichkeit nennen.‹ Erfolg zählt erst an zweiter Stelle. Einige der Hindernisse haben wir bereits ausgeräumt. Nun müssen wir nach den Palastdienern schicken, damit einer nach dem anderen vortrete.«

»Aber das wird furchtbar lange dauern!«, rief der Fürst. »Können wir nichts tun, um das Verfahren abzukürzen?«

Der Weise schüttelte verneinend den Kopf. »Wenn man rasche Erfolge wünscht, so (erreicht man) nichts Gründliches; wenn man auf kleine Vorteile aus ist, so bringt man kein großes Werk zustande«, zitierte Wan Nian Fu. »Je rascher wir voranschreiten, desto schneller können wir mit Erfolgen rechnen. Kann ich seine Exzellenz inzwischen vielleicht damit unterhalten, dass ich seinen beiden Söhnen aus den Händen lese und damit die Zukunft seiner Nachkommen?«

Mit einer vagen Handbewegung stimmte der Fürst zu.

»Ich fasse mit meiner Hand diesen Dreck nicht an!«, erklärte der älteste Sohn Chu Long.

»Ich befehle es dir«, erwiderte der Fürst und kehrte an seinen Platz zurück. Mit einem Blick tiefster Verachtung nahm der junge Mann den Ton und schloss seine Hand zur Faust. Wan Nian Fu versuchte seine Belustigung über Chu Longs Unbehagen zu verbergen, als dieser seine Hand vorstreckte, die nun der eines Holzkohlenverkäufers glich.

»Seine Exzellenz muss keine Angst um die Zukunft seiner Dynastie haben. Zwar muss euer Sohn die Diplomatie erst noch lernen, doch im Verborgenen schlummert in ihm bereits Tugend, die nur darauf wartet, sich zu offenbaren.

Dies ist ein ehrlicher junger Mann, der zwar noch leichtsinnig ist, der aber seinen Vorfahren Ehre machen wird.«

Widerwillig, doch insgeheim zufrieden, kehrte Chu Long auf seinen Platz neben seinem Vater zurück. Der Fürst wies den jüngeren Sohn Chu Lin an vorzutreten.

Als er seine Hand ausstreckte war es, als verdunkle eine Wolke den Himmel. Wan Nian Fu runzelte die Stirn, dann blickte er zum Fürsten und gab ihm ein Zeichen. Der Fürst seufzte und trat dann an den Tisch, um die Hand seines zweiten Sohnes zu betrachten.

Mit schrecklicher Stimme verkündete Wan Nian Fu: »Der Botschafter der Erde, der heilige Ton von Shandong, hat das Schriftzeichen für Verrat in die Hand geschrieben.«

»Unsinn«, sagte der jüngere Sohn, »hier steht gar nichts geschrieben.«

»Nein, natürlich nicht«, rief der Fürst wütend, »weil du nämlich Angst hattest, den Ton richtig zu kneten, aus Furcht, er könnte deine Schuld verraten. Hat Konfuzius nicht gesagt: ›Wenn einer sich innerlich prüft, und kein Übles da ist, was sollte er da traurig sein, was sollte er fürchten?‹ Du bist es, der in die Verbannung geht. Öffnet das Tigertor! Fort mit dir!«

Zwei Wachen liefen hinüber zur Westseite der Versammlungshalle. Das Tor dort, das mit einem die Zähne fletschenden Furcht erregenden Tiger bemalt war, wurde nur geöffnet, wenn ein Familienmitglied auf schändliche Weise Verrat begangen hatte. Chu Lin sah seinen Vater mit einem letzten flehenden Blick an, doch der Fürst wandte ihm und der Menge den Rücken zu, um seinen Schmerz zu verbergen.

Lin, der den Familiennamen nicht mehr länger tragen durfte, lief aus dem Saal und hörte, wie hinter ihm das Tigertor ins Schloss fiel.

Der Saal leerte sich, und nur Wan Nian Fu und der Fürst blieben zurück. Der Gouverneur vergrub sein Gesicht in den Händen. »Wie wird man jetzt über mich reden«, klagte er.

»Man wird sagen, dass du ehrenvoll und tugendhaft gehandelt hast«, erwiderte der Mönch. »Denke an Konfuzius' Worte: ›Der Edle hat für nichts auf der Welt eine unbedingte Voreingenommenheit oder eine unbedingte Abneigung. Das Recht allein ist es, auf dessen Seite er steht.‹ Außerdem muss man frei sein von vier Dingen, um zur Tugend zu gelangen: von Meinungen, Voreingenommenheit, Starrsinn und Selbstsucht. Du aber hast dich tugendhaft verhalten, indem du Entschlossenheit und Beständigkeit aufgebracht hast.

Heute, am Tag des Frühlingsanfangs, solltest du die Übeltäter bestrafen, die Tugendhaften belohnen und die Bitten des Volkes anhören. Die erste dieser Aufgaben hast du erfüllt. Nun ist es an der Zeit, die zu entschädigen, die zu Unrecht angeklagt wurden. Die Geister der unglücklichen Diener deines früheren Sohnes können wir nicht zurückholen. Auf gewisse Weise waren auch sie tugendhaft, denn sie bezahlten die Loyalität, die sie ihrem Herrn entgegenbrachten, mit ihrem Leben. Vielleicht könntest du von dem Geld, das deinem Sohn zugestanden hätte, ihren Familien eine Pension aussetzen. Von den beiden hohen Beamten würde der erste bestimmt gerne einen hohen Posten irgendwo auf dem Land, fort von der Hektik der Stadt innehaben. Der zweite hohe Beamte hat eine junge Tochter, die schon bald eine Mitgift benötigen wird.«

Der Fürst blickte den Mönch erstaunt an.

»Und deine eigene Belohnung? Wie soll sie aussehen? Vergib mir, weiser Alter, dass ich einen solchen Vorschlag mache, aber würdest du einen Posten hier an meinem Hof annehmen, damit du mich weiter beraten kannst? Mit deiner Weisheit könnte der Staat um seiner Erleuchtung willen Berühmtheit erlangen. Du würdest ein wohlhabender Mann mit Reichtümern, die …«

Wan Nian Fu gebot ihm Einhalt.

»Mit Konfuzius antworte ich: ›Wenn der Reichtum (vernünftigerweise) erjagt werden könnte, so würde ich es auch tun, und sollte ich mit der Peitsche in der Hand dienen; da man ihn aber nicht erjagen kann, so folge ich meinen Neigungen.‹«

»Doch deine Fähigkeit, die Zeichen des Himmels in den Händen und Gesichtern zu lesen, sicherlich gibt es hier doch Menschen, an die du diese Fertigkeit weiterreichen kannst?«

Wan Nian Fu seufzte: »Im Hinblick auf die Linien in den Händen und im Gesicht, die Anordnung von Augen, Nase, Mund und Ohren, welche die Wissenschaftler unter dem Begriff ›Physiognomie‹ zusammenfassen, all dies hat der Meister bereits in den neun Dingen, an die der Edle denken soll, erklärt: ›Beim Sehen denkt er auf Klarheit, beim Hören denkt er auf Deutlichkeit, in seinen Mienen denkt er auf Milde, in seinem Benehmen denkt er auf Würde, in seinen Worten denkt er auf Wahrheit, in seinen Geschäften denkt er auf Gewissenhaftigkeit, in seinen Zweifeln denkt er an das Fragen, im Zorn denkt er an die Schwierigkeit (der Folgen), angesichts des Empfanges denkt er auf Pflicht.‹ Mehr habe auch ich in den vergangenen drei Tagen nicht getan. Der Meister hat außerdem gesagt: ›Wer nicht den Willen Gottes kennt, der kann kein Edler sein. Wer die Formen der Sitte nicht kennt, der kann nicht gefestigt sein. Wer die Rede nicht kennt, der kann nicht die Menschen kennen.‹«

Mit diesen Schlussworten aus den *Lunyu* verabschiedete sich Wan Nian Fu. Der Fürst wollte ihm die Kutsche schenken, die ihm vom Stadtrand abgeholt hatte, doch der Weise der 10 000 Jahre meinte, für den Esel sei sie zu schwer zu ziehen, und überließ sie Ta Hu und Hua Lien als Hochzeitsgeschenk.

Literatur

Ehrenstein, Albert [Hrsg.], *Schi-king. Das Liederbuch Chinas. Hundert Gedichte. Gesammelt von Kung-fu-Tse.* Leipzig: Tal, 1922.

Fischer-Schreiber, Ingrid, *Das Lexikon des Taoismus.* München: Goldmann, 1996.

Der Gelbe Kaiser. Grundlagenwerk der chinesischen Medizin. München: O. W. Barth, 1998.

Hempen, Carl-Hermann, *Die Medizin der Chinesen. Erfahrungen mit fernöstlicher Heilkunst.* München: Bertelsmann, 1988.

I Ging. Das Buch der Wandlungen. Aus dem Chinesischen übertragen und herausgegeben von Richard Wilhelm. München: Diederichs, 1989.

Konfuzius, *Gespräche (Lun-yu).* Übersetzt von Ralf Moritz. Stuttgart: Philipp Reclam jun., 1998.

Kungfutse, *Gespräche – Lun Yü.* Übersetzt von Richard Wilhelm. München: Diederichs, 1996[7].

Li Gi. Das Buch der Riten, Sitten und Bräuche. Hrsg. und übersetzt von R. Wilhelm. München: Diederichs, 1997.

Das Liederbuch der Chinesen. Herausgegeben von Guofeng A. Hetzer und H. Köser. Frankfurt: Insel, 1990.

Walters, Derek, *Feng Shui – Die Kunst des Wohnens.* München: Goldmann, 1995.